JN098594

自治体議員が知っておくべき

政策財務
の
基礎知識

予算・決算・監査を政策サイクルでとらえて
財政にコミットできる議員になる

ETO TOSHIAKI, NIIKAWA TATSURO

江藤俊昭・新川達郎

［編著］

第一法規

目次

細目次

第2章 自治体政策財務における予算と議会の基礎知識

［執筆者］新川達郎

第1節 予算制度と予算・決算の意義

第二部　政策財務の最前線

第4章　決算審査と議会

［執筆者］第1節　江藤俊昭
　　　　　第2節　湯澤啓次

第1節　改めて決算審査の充実を
　　　──政策サイクルの中に決算審査を位置付ける

第2節　行政評価を起点とした政策サイクル
　　　──飯田市議会の決算審査

第 5 章　予算審査と議会

［執筆者］第 1 節　江藤俊昭
第 2 節　清川雅史
第 3 節　川上文浩

第 1 節　改めて予算審査の充実を
——政策サイクルの中に予算審査を位置付ける

第 2 節　市民意見を起点とした政策サイクル
——会津若松市議会の決算・予算審査

第 3 節　民意を反映する政策タイムライン
——可児市議会の予算審査

第 6 章　監査委員と地方議会の連携による議会力アップ
——議員選出監査委員の活用

［執筆者］江藤俊昭

第三部　議員実践レポート

第9章　議選監査の実践的活用

［執筆者］桑畠健也

序章

議会改革の到達点と議会による政策財務

［執筆者］
江藤俊昭

第1節　読者に向けて——本書の特徴

　地方財政をテーマとして扱った書籍は多い。大きな書店の書棚やインターネットを探していただければすぐにそれが理解できるであろう。本書は、こうした豊富な書籍群に一石を投じたいという想いで出版するものである。地方財政は、地域経営の本丸であるからだ。

　議会・議員は、予算・決算等の議決を通して、すでに地方財政にかかわっている、ともいえる。しかし議会は権限があるとはいえ、多くの議会で、議決責任を果たしているとはいいがたい現状もある。議案審議・審査は議案が提案されてからの期間が短すぎる（実際は、開会される前の全員協議会の説明があったとしても、議案の抱える課題を考慮する時間が少ない）、執行部との質疑に終始して議員間討議が欠如した議会運営となっている（修正・附帯決議が少ない）などの問題がある。

　地域経営の本丸である地方財政に、議会・議員がかかわるための手法開発を担いたいと考えて本書を出版する。読んでいただきたい方々を次のようにイメージしている。どの方々も地方財政、政策財務（この意味は後述）が地域経営の本丸だということを理解し、それに責任を持つ視点を有し実践している、あるいは、これから実践しようとする方々である。

① 議会からの政策サイクルを作動させている議会・議員（先駆議会）

　議員が議決責任を自覚して活動するためには、機関として議会を作動させることが不可欠である。それは、本書に通底している「議会からの政策サイクル」である。それを充実させること（地方財政にかかわること）が、議会の政策財務である。その理論を学び実践を追体験していただきたい。この水準の議

会の議員は、第一部を踏まえて第二部の議会からの政策サイクルの充実を学んでいただきたい。また、第三部で触れる議員力があるからこそ第二部が活きることも理解してほしい。

② 議会という機関としての作動は現状では難しくとも、住民福祉の向上を目指したい議員

　議会が住民福祉の向上のために活動するには機関として作動することが重要ではあるが、従来は議員・会派による活動が主となっていた（一般質問・会派代表質問等）。それを打開するために議会からの政策サイクルが開発されているが、それが作動できていない議会もある。しかし、そうした議会でも、住民福祉の向上のために、議員・会派としての活動はできる。その実践は住民福祉の向上に結実する。そして、その活動はやがて議会内で広がり、議会改革の契機となる。本書はそのための理論を学び、実践を追体験できる書としても位置付けている。この水準の議会の議員は、第一部とそれを踏まえて第三部を学ぶことになるが、さらなる議会改革には第二部が重要である。その視点から本書を読み込んでほしい。

③ 地域経営を担う住民

　議会・議員は地域経営にとって重要な役割を担っている。とはいえ、その議員を選出するのは、また日常的に議会・議員を統制・監視するのは住民である。住民が的確に地域経営の方向、議員を評価する目を養うことは住民自治にとって不可欠である。そのための書としていただきたい。同時に、大上段に構えていると思われるかもしれないが、議員の選出、議会・議員の統制・監視を超えて自らが議員として登場するための書と考えている。第一部の政策財務の基礎知識とともに、議会や議員の新たな活動を追体験してほしい。

　このように、先駆議会の議員、それを実践してはいないが住民福祉の向上を目指す議員・会派、そして自治を担う住民に本書を手に取っていただきたい。さらに、住民自治を進化・深化させるには、首長、職員の姿勢・活動が本書で指摘する二元的代表制（機関競争主義）に適合する必要がある。

　政策財務を切り口として住民自治の進化・深化を目指す、理論と実践の書である。

第2節 議会の政策財務の意義

　自治体議会における議会改革はその本史に突入した。今日では、議会改革はさらに「第2ステージ」へと向かっている。「第2ステージ」の要諦は、議会改革を、形式的な（運営）改革から実質的な（内容）改革へと進化・深化させることである。そして「議会からの政策サイクル」は、その新たな議会のための重要な手法である。

　政策サイクルの作動には、政策法務や政策財務などに関する専門的な知見が必要である。「政策法務」は、徐々にではあれ、議会において実質的な取組が行われるようになってきた（この意義と課題は、本書の課題である政策財務の検討の後、終章において検討することとしたい）。そして、本書で主題的に論じることとなる「政策財務」も、議会からの政策サイクルにとって不可欠である。

　政策財務は、財務を通じて政策を実現する手法である。財政は、自治体のための財力の取得・維持管理・執行をさすが、財務ではこれらを含めてそれらに関する事務、本書に引き付けて言えば政策サイクルの作動というシステムを含みこむ用語として活用している。つまり、地域政策への予算決定・執行・評価だけではなく、それを作動させるシステム（組織政策）を対象とする。財政は民主主義と連動しなければならず、財政民主主義として存立する。財政をめぐる民主主義が確立されなければならない。政策財務には議会からの政策サイクルが不可欠である。政策法務も同様である。法務は法律・条例・規程・要綱等を通じて政策を実現する手法であり、執行法務・訴訟法務・立法法務などといった法律知識の活用だけではなく政策サイクルというシステム、つまり地域政策の系列だけではなくシステム（組織政策）の知識とその作動を含みこむ用語である。「法治国家」として法体系には民主主義が組み込まれる。政策法務には議会からの政策サイクルが不可欠である。政策財務と政策法務を活性化させるには、議会改革の第2ステージと連結し、本書に通底している議会からの政策サイクルを開発し実践することが不可欠である。

　地域経営における政策には、「組織政策」（自治・議会基本条例、会議規則

等）、そして「地域政策」がある。地域政策とは、地域の現状を変化させるものである。それらは、規制、経済的誘導に加えて、説得（正統性）によって達成される。具体的には、規制は条例・規則等、経済的誘導は財政的措置（その根拠となる条例）、説得は討議（と、それに基づく条例・財政的措置）といったものを想定できる。

　政策法務や政策財務を通して政策サイクルを作動させる、つまり実質化するには、まず、それらを正確に理解するための基礎的な知識が必要である。同時に討議、つまり、議員間討議、議員と首長等の討議、そして住民・議員・首長等の三者間での討議が欠かせない。これらの討議空間を通じて形成された「地域政策」に正統性が付与される。

　議会の政策法務や議員間討議などに代表される議会改革は、今日進展している。他方、議会の政策財務の進展は遅い。政策財務の要諦は、何よりも、自治体の巨大な財政を方向付け、監視することである。自治体財政が地域経営にとって重要な要素であるにもかかわらず、これまで議会において政策財務が進展しなかった。これには２つ理由がある。１つは議会改革の問題であり、もう１つは自治体財政の問題である。

　まず、議会改革の問題についてであるが、執行部の追認機関と化していた従来の議会では政策法務も政策財務も視野には入らなかった。議会改革が進展しても政策財務に関わることはほとんどなかった。議会改革は、運営の改革から住民福祉の向上に連動する実質的な改革へと移行しているにもかかわらず、である。

　今、「議会からの政策サイクル」の作動が必要である。「議会から」という修飾語が付されていることから分かるように、ここでは議会発の政策提言が重視されている。このことにより、個別の提言とともに、それらの「見える化」として有用な政策条例制定が脚光を浴びるということは理解できるだろう。終章では議員提案条例の重要性は依然としてある一方で、首長から提案される条例案の審議や既存の条例の検証の重要性も強調する。議会の政策法務の力点移動である。それとともに、政策財務は地域経営にとって不可欠である。議会からの政策サイクルに財務を含みこむことが必要となっている。本書で紹介するように、その実践が徐々にではあれ始まっている。

　もう1つは、自治体財政の問題点である。議会は財政において大きな権限を有している。それにもかかわらず、議会はなかなかその本丸にかかわれなかった。図表1は、地方自治法（以下「自治法」という）で議会が財政に関わる関係を抜粋したものである。まさに、地域における財政民主主義を作動させる要素である。財政における議会の役割が大きいことが理解できるであろう。

図表1　自治法における地方財政に関する議会の役割

> 地方自治法（昭和22年法律67号）〔抄〕
> 〔議決事件〕
> 第九十六条　普通地方公共団体の議会は、次に掲げる事件を議決しなければならない。
> 　一　条例を設け又は改廃すること。
> 　二　予算を定めること。
> 　三　決算を認定すること。〔後略〕
>
> 〔担任事務〕
> 第百四十九条　普通地方公共団体の長は、概ね左に掲げる事務を担任する。
> 　一　普通地方公共団体の議会の議決を経べき事件につきその議案を提出すること。
> 　二　予算を調製し、及びこれを執行すること。〔中略〕
> 　四　決算を普通地方公共団体の議会の認定に付すること。〔後略〕
>
> （予算の調製及び議決）
> 第二百十一条　普通地方公共団体の長は、毎会計年度予算を調製し、年度開始前に、議会の議決を経なければならない。この場合において、普通地方公共団体の長は、遅くとも年度開始前、都道府県及び第二百五十二条の十九第一項に規定する指定都市にあつては三十日、その他の市及び町村にあつては二十日までに当該予算を議会に提出するようにしなければならない。
> 2　普通地方公共団体の長は、予算を議会に提出するときは、政令で定める予算に関する説明書をあわせて提出しなければならない。
>
> （決算）
> 第二百三十三条　会計管理者は、毎会計年度、政令で定めるところにより、決算を調製し、出納の閉鎖後三箇月以内に、証書類その他政令で定める書類と併せて、普通地方公共団体の長に提出しなければならない。
> 2　普通地方公共団体の長は、決算及び前項の書類を監査委員の審査に付さなければならない。
> 3　普通地方公共団体の長は、前項の規定により監査委員の審査に付した決算を監査委員の意見を付けて次の通常予算を議する会議までに議会の認定に付さなければならない。

> 4　前項の規定による意見の決定は、監査委員の合議によるものとする。
> 5　普通地方公共団体の長は、第三項の規定により決算を議会の認定に付するに当たつては、当該決算に係る会計年度における主要な施策の成果を説明する書類その他政令で定める書類を併せて提出しなければならない。
> 6　普通地方公共団体の長は、第三項の規定により議会の認定に付した決算の要領を住民に公表しなければならない。
> 7　普通地方公共団体の長は、第三項の規定による決算の認定に関する議案が否決された場合において、当該議決を踏まえて必要と認める措置を講じたときは、速やかに、当該措置の内容を議会に報告するとともに、これを公表しなければならない。

　自治体財政は独自財源だけで運営されてはいない。依存財源（国庫支出金、地方交付税等）がその多くの割合を占めている。三位一体改革は、逆説的ではあるが自治体財政が補助金に大きく依存していることを分かりやすく示した事例である。

　また、自治体財政は厳格に規定されている。自治法（2編9章）だけではなく、自治法施行令（2編5章）、自治法施行規則（14〜16の2）（「別記のとおり」という規定によって、予算や決算のあり方を縛っている）などによってである。「これだけかんじがらめになっていると、財務とは決まりきったことを淡々とこなす作業、財務に政策は入る余地がない、と思われるのも、むしろ当然である」。自治法の「財政」が全部改正されたのは（1968（昭和43）年）、「政府の地方財政計画に自治体財務を組み込む」ためである。この改正によって「細かい規定が定められていると、それを守っていれば適切な仕事をしているような錯覚を起こす」効果があった（田口2009：60-61）。

　この文脈では、予算書にも問題もある。現状の予算書は、住民や議員にとって分かりやすいものにはなっていない。かつての経験から神原勝氏は次のように述懐している。「予算案を審議する議会の議員が『予算書がわからない』というのは非難されるべきことではなく、そう思うのが正常な感覚で、そうしたわからない予算書にこそ問題があり、批判されるべきではないか」と（神原2019：30）。

　こうした構造的問題はあるものの、自治体財政において変化はある。公会計改革である。現金主義・単式簿記による予算・決算制度を補完するものとして、財務書類（貸借対照表、行政コスト計算書、純資産変動計算書及び資金収

支計算書等）の開示や複式簿記の導入等が総務省によって推進された。「地方公共団体の厳しい財政状況の中で、財政の透明性を高め、住民に対する説明責任をより適切に果たすとともに、財政の効率化・適正化を図るため」である。

　自治体の予算書の改革も行われている。「○○○予算」（実施する事業名などが不透明な従来型予算）に対して、「単独型事業別予算」（説明欄で節の歳出を事業ごとに組替えてはいるが、次の「連動型事業別予算」の一望性はない：北海道芽室町、登別市）や、「連動型事業別予算」（一望性のあるかたちで事業評価や決算、次年度予算に連動した仕組みになっている：東京都国分寺市）も作成されるようになってきた（神原2019：36）。予算書の作成の仕方も議論しなければならない。

　また、住民が予算策定にかかわる実践も行われている。「1989年にブラジルのポルトアレグレ市で始まってから2000年に入って急速な広がりをみせてきた」（兼村2016：64）。日本でも住民参加制度の中で予算を提案することは従来からも行われていた。最近では、住民が決算書を解読しながら財政分析を踏まえて財政全般について提案する住民活動も生まれている。住民と歩む議会は、まさにこうした動きをさらに進める役割を担う。

　議会が政策財務に関われない2つの理由（議会と財政）があるとはいえ、徐々にではあれ変化の兆しはある。本書で議論するように、議会からの政策サイクルが作動し始め、本丸である財政や総合計画に関わるようになってきた。まさに住民の福祉向上に連動させる実践である。

第3節　議会活動の連続性の担保による追認機関からの離脱──動き出した議会からの政策サイクル

　議会改革の本史のさらなるバージョンアップ（第2ステージ）のもっとも重要な1つが、議会からの政策サイクルの構築である。

　議会からの政策サイクルを回さない限り、つまりプツンプツンと定例会ごとに活動が途切れてしまうと、議会は執行部の追認機関にならざるを得ず、住民福祉の向上にはつながらない。従来の議会を想定してほしい。定例会4回で、閉会中の審議（委員会）は限定された付託事項（多くは議案）といった状況が

続いていた。定例会も期間が限られ（せいぜい3週間）、議案は定例会が開催
されてから行うことにより（招集前に説明会が行われようとも）十分な審議が
できなかった。結果として、そのような議会では質問が重視され、議案審査は
不十分で追認機関にならざるを得ない。議会活動には連続性が必要だ。

　連続した議会運営をすることによって、追認機関からの離脱、住民福祉の向
上が目指される。それが議会からの政策サイクルである。

　議会はそれを実践するための様々な権限を持っている。法定の権限として議
決（自治法96①②、附帯決議を含む）、条例案提案、検査・検閲・調査、監査
請求等、そして法定ではないが重要な影響力がある道具として要望・意見書・
提言・報告書（決議を含むものがある）、質疑・質問（会派・一般）、委員会か
らの提言等である。これらを駆使して議会は住民福祉の向上を目指す。

　体系的な議会からの政策サイクルを提示することになるが、それの構成要素
となる各層（個別）の議会からの政策サイクルは、先進的な議会においてすで
に実践されている。たとえば、条例の制定及びその検証、予算・決算の審議
（議決）の連動、行政計画への関与など、新たな地域経営にとっての道具の活
用を、先駆議会は発見している（図表2参照）。これらを駆使して、住民福祉

図表2　主要な地域経営手法（条例・財政・計画）への議会のかかわり

	従来	新たな動向と課題 （矢印は課題）	もう一歩
条例	政策条例のほとんど全てが首長提案。議決時の審議のみ	議員提案による条例の検証（三重県議会）→首長提案条例（かなり前の条例を含めて）については検証対象外	議会での検証を充実させるために首長に数年ごとの検証を義務付け（重要な条例については時限立法とする（大津市））
財政	決算は終了した事項とみなし、予算を重視（増大思考）	行政評価・決算認定の充実・予算要望・予算審議といった連続→総合計画との連動の弱さ	① 決算案が提出される前に決算審議において議論すべき論点を明確化 ② 総合計画との連動（改正を含めて）
総合計画	抽象的な基本構想のみを審議・議決	総合計画策定時に議会から提案（多治見市議会等）→事業の拡大志向・他の行政計画との連動ができていない	① 総合計画策定時に実施されている総合計画の検証を踏まえて新たな総合計画審議の論点の明確化 ② 多様な行政計画との連動

の向上を目指してほしい。

第 **4** 節　議会からの政策サイクルに必要な要素

　議会からの政策サイクルは、議会基本条例において宣言された新たな議会（共時的）を通時的に、したがって過程（プロセス）として作動させたものである。議会からの政策サイクルには、次の要素が不可欠である。

① 　起点としての住民との意見交換会（議会報告会）。前の期の議会からの申し送りとともに、住民の意見を参考にして議会として取り組む課題・調査研究事項を抽出する。住民との意見交換会はこの起点だけではなく、政策過程全体にわたって張りめぐらされている。

② 　一方では、それを踏まえた決算・予算審議。住民の意見を踏まえた審査を行う上でその論点を明確にしておく。議会独自の行政評価の実施はこの文脈で理解できる。それによって決算審議・認定は充実し、それを予算要望につなげる。

③ 　他方では、住民の意見を踏まえて政策課題の抽出と調査研究、政策提言。委員会等の所管事務調査として行われる。

④ 　これらの流れを束ねる総合計画。総合計画を意識した活動を行う。議会は総合計画を所与のものではなく、変更可能なものとして考える。

　この議会からの政策サイクルを作動させるためには、前述のように、連続性、つまり、通年的とともに通任期的な発想と実践が不可欠である。定例会を1回とした通年議会や、自治法において新たに規定された通年期制、さらに定例会は4回としながらも閉会中にも委員会を中心に充実した活動する議会も含めて、通年的な発想で活動する議会は広がっている。そして、議員任期は4年間であるがゆえに、その4年間の議会の目標を決めてそれを意識して活動し首長等と政策競争をする。こうした通任期的な発想や実践も生まれている。

第 5 節　「議会から」の意味

　議会からの政策サイクルは、執行機関が回す政策サイクルとは当然異なる。執行機関の財源・人員を考慮して、同じことをやろうとすれば息切れをおこす。そのこと以上に重要なことは、執行機関とは異なる「議会から」という特徴を意識して独自な政策サイクルを回すことである。それには、議会の３つの特性を確認することが必要である[1]。

① 　執行機関の執行重視に対する議会の住民目線重視。執行機関は数値目標や首長のマニフェストを優先する。それに対して、議会はそれらを無視するわけではないが住民の目線を重視する。

② 　執行機関の縦割りの組織運営に対する議会の合議制（多様性）の組織運営。執行機関は、組織原則として官僚制を採用し縦割り行政となる。合議体である議会は、様々な角度から地域を観察し提言できる。

③ 　執行機関の補助機関（職員組織）の膨大さや財源の多さに対する議会の資源の少なさ。議会の資源は、執行機関のそれと比べた場合、大幅に劣っている。

　こうした議会の３つの特性を踏まえれば、議会からの政策サイクルは総合性の視点からのものとなる。執行機関のような全てにかかわる包括性は困難である。そこで、具体的には総合計画と「ニッチ」分野にかかわる必要がある。前者は全体にかかわる重要なテーマという意味ととともに、多様性を有する議会が得意とする分野である。また、後者は縦割り行政の弊害を打開できる議会の特性を発揮できる。

　本書では、政策提案・提言だけではなく、総合計画や財政を視野に入れた政策過程全体にかかわることを強調するために、政策形成ではなく、議会からの政策サイクルという用語を用いている。ぜひ、政策財務を軸とした議会からの

1　議員提案条例を重視したサイクルではあるが、「議会から」という特徴として、滋賀県大津市議会は、執行機関の縦割りの狭間にある、執行機関の率先垂範が期待できない、執行機関が当面の対応で飽和状態にある、といった行政課題に率先して取り組むことを強調する。会津若松市議会が強調する「ニッチ（行政が取り組んでいない隙間）」を豊富化している。

政策サイクルの実践の紹介を読み、それを追体験していただきたい。

第 6 節　本書の構成

　第一部は、政策財務についての基礎知識である。地方財政に関する書籍は多い。本書は、それらと共通する事項もあるが（政策財務を理解する上で不可欠な事項）、議会が財政民主主義からかかわる手法を提示していることにその特徴はある。地方財政と議会政策財務の基礎知識を確認した後で（第 1 章）、予算と議会の基礎知識（第 2 章）、決算と議会の基礎知識（第 3 章）を配置している。地方財政過程では、当然であるが予算に基づき執行され、それが決算に至る。議会が政策財務とかかわる基礎知識を学ぶ上での基本的な構成としている。

　第二部の第 4 章と第 5 章では、政策財務における決算と予算それぞれの審議の作法を検討している。基本的視点の確認とともに、先駆的議会の実践を追体験できる。長野県飯田市議会、福島県会津若松市議会、岐阜県可児市議会などの実践の意義が理解できる。議会、及び議員として決算や予算審議に活用できる視点もここで示している。注意していただきたいのは、決算審議を第 4 章、予算審議を第 5 章としていることである。通常の財務の議論とは逆である。これは、監視を重視しそれを踏まえた政策提言といった政策サイクルの発想を政策財務でも活用しているからである。監視と提言（決算と予算）は、連続していることを強調しているので、関連付けて叙述されている。決算についての第 4 章でも予算審議が、逆に予算についての第 5 章でも決算審議が議論される。

　さらに監査委員、とりわけ議選監査委員と議会の連動による議会力アップを検討しその作動を提起しているのが第 6 章である。2017（平成29）年自治法改正により議選監査委員は選択制が導入された。議選監査委員は従来評判がよいとはいえなかったが、政策財務、議会力アップ、住民自治の観点から大いに活用できる。その実践へと舵を切ることを提案している。なお、すでに議選監査委員を廃止した自治体では、議会は監視力をアップさせる手法の開発に責任を負っていることも同時に指摘している。

　続く第三部では、政策財務にかかわる議会からの政策サイクルの作動に不可欠な「議員力」の向上のための実践事例を紹介している。財務の基礎知識（第一部）とともに、議員にとっては、政策財務を議員が作動させる上で瞬発力が必要であり、それを養う論点を掲載している。本書では、議会からの政策サイクルを強調しているが、それを作動させるには、「議員力」の向上も不可欠である。「議員力」と「議会力」が相互作用して、両者がともに発展していく。議会からの政策サイクルを回している議会はもちろん、回していない議会においても、住民福祉の向上のために活動する議員を目指すためには不可欠な能力である。これを修得するには、議員・会派の研鑽、議会の研修・議会版 OJT（On-the-Job Training、現場で行う実践的教育）とともに、議会間・議員間ネットワークが必要である。

　最後の終章では、議会による政策財務とともに政策法務の重要性とその異同を確認している。議会改革の第 2 ステージである、議会改革を住民の福祉向上に連続させるためには知識が必要である。それには、福祉、教育、環境といったものから、政策サイクルというシステムの知識まで多様である。議会改革の第 2 ステージには、知識形式としての政策財務や政策法務が重要である。本書は開発が遅れている議会による政策財務に焦点を合わせた。これらを踏まえながら（政策財務と政策法務の異同を確認しながら）議会による政策法務を考える上での視点を確認したい。

＊　＊　＊

　最初から読み進めることを薦めているが、関心ある章、節から読んでも政策財務に関心ある読者は理解できる。そのために詳細な索引も設けている。ぜひ活用いただきたい。なお、本書では「審査」という用語を多用している。「審議（本会議）」と「審査（委員会）」を区別する場合もある。より広い視点を強調する意図から「審査」としている。

　議会改革の進展によって、地域経営のまさに本丸である政策財務や総合計画に積極的にかかわる、地域経営に責任を持つ議会の実践が始まっている。議会の政策財務の息吹を感じよう！

〔参考文献〕

兼村高文編著（2016）『市民参加の新展開――世界で広がる市民参加型予算の取組み』イマジン出版

神原勝（2019）「何をみれば政策がわかるか――連動型事業別予算のすすめ」『北海道自治研究』2019年12月号（No.611）

田口一博（2009）「きょうからあなたも政策財務」『月刊自治研』2009年2月号（Vol.51、no.593）

第一部

政策財務の基礎知識

第1章

地方財政と議会政策財務の基礎知識

［執筆者］
新川達郎

第1節　地方財政と政策財務の考え方

1　地方財政とは何か

　地方財政と議会の基本的な関係を考えるとき、地方財政とは何かということについて、理解しておかなければならない。一般的には地方財政は地方自治体の収支のことと捉えられるが、実は文字通り「地方」自治体の「財」務の「政」策である。別の言い方をすれば政策にかかわる財務ということもできる。確かに「財務」だけでは金銭出納の事務という日常的な処理のイメージが強いが、地方自治体の財務はすべからくその運営にかかわっており、地方自治の目的が住民福祉の実現という政策目標を掲げている以上、財務もまた政策の主要な手段となるのである。財務の事務処理が全て政策的かどうかについての議論はあろうが、全ての政策は財務を伴っているし、政策の下におかれていない財務は存在しないのである。地方財政という場合には、地方自治体の財政の現状を踏まえて、どのような財政運営ができたのか、そして今後どのように運営していくのかという財政にかかわる政策を展開していくという意味が込められている。

　もちろんこれまで使われてきた地方財政という言葉には、大きくは2つの意味がある。1つ目は、一般的には「地方財政とは何か」と問われた場合には、1700団体以上ある地方自治体の全ての財政を合わせたものをいうことが普通である。国の財政というと日本国政府の財政であり単一の団体の財政であるが、地方財政は全地方自治体の財政の合計としていわれることが多いという点では異なっている。

　2つ目には、それぞれの地方自治体の財政という意味である。それぞれの地方自治体とその議会や議員にとって問題になるのは、本来は、各地方自治体の財政運営であり政策財務である。全ての地方自治体は地方自治の本旨に従って自主的自律的に運営されることが当然であり、実際にはそれぞれの地方自治体ごとにその地域の社会や経済の違いから来る財政運営つまりは政策財務の違いが生まれる。

　しかしそれにもかかわらず、日本の地方自治体財政においては、国の財政制度やその運営によって大きく影響を受ける仕組みとなっていること、また国と地方の双方が共通の財政規律とその財政枠組みの下におかれていることから、全地方自治体を合わせた地方財政という枠組みで考えていくことが有用な側面も多くなっている。そのことが一見して、地方財政や地方自治体の政策財務が、会計処理的な専門性に属するものであり、行政の専権に見られる要因ともなっているが、実はそうではないことは先に触れたように地方自治体の政策決定としての財務運営という観点から明らかであろう。

　現実の地方自治体財政は、その政策財務の方針に従って、地方財政の全体の枠内においてという制限はあるが、その中での自由度はあり、つまりは政策的運営ができるしそれが地方自治の本旨に沿うということができる。財務の政策決定によって各地方自治体が自主的に財政運営を進めることになっているのである。その一方では、国の財政も地方の財政と密接に関連しており、地方自治体の政策財務の動向によって国の財政そして国の政策も影響を受けることになっており、お金の側面でも政策の側面でも相互に依存する関係にあるともいえる。

　繰り返しになるが改めて整理すると、ここでいう地方財政とは、1つには、大まかにいえば「地方」とひとくくりにされる都道府県や市区町村といった地方自治体のお金の出し入れについての、一般的な状況やそのルールということである。財政とは、一般的には国や地方自治体（中央政府と地方政府）がその活動を支えるために営んでいる経済行為をいうのであり、金銭価額による収入と支出として表される。もちろん、財政のもう1つの意味は、国や地方自治体の表面的な経済活動の収支だけを意味しているのではなく、国や地方の政府部門がその経済運営を進めて行く方針を定めるという重要な政策決定であるこ

と、またその経済活動を通じて国民生活や住民生活に大きく影響する政策の財務的条件を定めることを意味する。これを踏まえるなら、経済を通じた政策的な活動を意味しているのであり、まさに政策の財務ともいえる。この政策財務の特質を典型的に示すのは予算制度である。予算編成は最も重要な財政運営の方針決定であるが、そこには政策的な観点からの歳入歳出の決定があり、政策的な観点からの事業費等への予算配分が行われているのである。この点については、第2章、第3章及び第二部以下で詳しく触れられる。

2　政策財務の役割

　国や地方の財政の基本的な機能は、資源配分機能、所得の再配分機能、景気の調節機能という3つとされている。資源配分という観点から地方自治体が提供する様々な行政サービスは、社会福祉や学校教育など地域住民自身ではできないことや、事業者（企業）などによってマーケットの取引を通じて提供され得ないものを供給して住民の必要に応えている。資源配分は、資源の配分先の優先順位付けとその意思決定を行うものであり、まさに政策決定機能である。

　所得の再配分機能という点では、一般的には所得の累進課税などによって高所得層と低所得層の格差を是正するとともに、公平平等な行政サービス提供の資金とすることを通じて全ての住民の福祉の向上を果たそうとする。地方自治体の場合には住民税や固定資産税をはじめとする税制がそうした機能を果たしている。使用料や手数料などの受益者負担といわれるものにもそうした機能があるかもしれないが、公正な再配分という点では逆進性も指摘されている。いずれにしても再配分もまた重大な政策決定であり、納税や様々な負担という義務を課す政策決定であり、その原資を公平・平等に配分しようという政策決定でもある。

　景気調節機能については、景気のよい時期、つまり好況期においては税制等によって投資や消費を抑制し、不況期においては課税の縮小や社会保障の確保によって、経済社会の安定に貢献する。地方自治体の政策決定との関係でいえば、景気調節機能は、地域経済の刺激策として地元企業など事業者に対する資金や情報面での支援をすることや、工場団地の造成や産業道路の整備など産業インフラストラクチャー整備など間接的な環境づくりといった産業政策などに

限られている。景気調節機能は大きくはマーケットの働きに依存していることから国の役割が大きく、特定の地域の経済問題といえども、地方自治体単独で効果的な政策を打ち出すには限界がある。したがって地方財政がこれら3つの役割を全て単独で果たせるというのではなく、国の財政とあいまってこれらの機能を果たすことになる。

3　地方財政制度の枠組み：予算主義

　地方財政の制度上の枠組みの基本は、まず地方自治法9章「財務」で定められている。その1節は「会計年度及び会計の区分」を定めており、地方自治体の会計年度は、毎年4月1日から翌年の3月31日までとし、毎年度の歳出にはその年の収入を当てなければならないとされている。地方自治体の財務は単年度の収支によることが法定されているのである。単年度会計主義については、批判はあるが、民主主義的統制という観点からこれが原則とされている。なお地方自治体の会計については、一般会計のほかに、条例で特別会計を設けることができるが、もちろん単年度会計主義の原則に立っている。

　地方自治体の財政運営のもう1つの重要な特徴は、予算主義である。各会計年度が始まるまでに、当該会計年度の全ての収支についてはこれを歳入歳出予算に組み入れておかなければならない。全ての収支が入るということから総計予算主義とされており、歳入歳出の執行までにあらかじめ予算を編成し、議会の議決を受けなければならないとされているのである。予算編成については、そこで定めるべき事項が細かく法令で定められている。例外的な処理はあるものの、会計原則どおり予算において歳入と歳出の均衡がとられることとなっている。予算制度においては、民主主義的な財政統制を実現すること、総合的な視点を持って合理的計画的な財政運営を図ること、歳入歳出各費目の効果的効率的な運用を目指すことなどが目的とされている。予算制度については、章を改めて触れることにしたい。

〔参考文献〕
小西砂千夫（2018）『新版　基本から学ぶ地方財政』学陽書房
神野直彦・小西砂千夫（2020）『日本の地方財政（第2版）』有斐閣

第 2 節　地方財政と国の財政

1　地方財政と国の財政との関係

　地方財政の運営については地方財政法がその運営の基本に関する原則を定めるとともに、国の財政との関係の基本原則を定めて、地方財政の健全性を確保すること、そして地方自治の発達に寄与することを目指している。地方財政法は、地方自治体財政の健全な運営を義務付けており、国や他の地方自治体財政に影響するような施策を禁止している。また、予算編成に当たっては、合理的な基準で経費を算定すること、また財源を正確に捕捉して経済実態に即した収入算定とすることが求められている。同時に、歳出面では目的達成に必要かつ最小限度の支出とすること、歳入面では適実かつ厳正な収入確保とすることが求められている。

　地方財政は国の財政と密接な関係にあることから、地方自治体には国の政策に反することや国の財政に悪影響を及ぼすような施策を禁止するとともに、国には地方財政の自主的で健全な運営の助長努力を求め、地方自治体の自立性を損ないまた負担を転嫁する行為を禁止している。

　地方財政法は地方自治体の財政規律に関して、積立金による年度間財政調整のあり方、借入の条件や目的に関する地方債の発行条件、財産の管理や運用のあり方などを定めている。また、地方自治体の事務の経費は全て地方自治体が負担する原則を、一方、国が全部又は一部を負担する法令に基づく事務、例えば建設事業や福祉事業などについての国負担の原則を、明らかにしている。

　図表1-1と1-2からも国から地方への財源資金の移動が明らかに示されているように、地方自治体の歳入とそれに基づく歳出は、国の歳入と歳出に大きく影響されることになる。その枠組みの中で、地方自治の本旨に基づいて、自主性を持って効果的効率的に財政運営を進めることが、地方自治体には求められているのである。別の言い方をすれば地方自治体は政策主体として、財政についても自主的自立的にその政策財務の運営をしなければならないことが法定されているのである。

2　国と地方の財政の動向

2020（令和２）年度の国の一般会計予算は、102兆円という歳入歳出規模となり、前年度に初めて百兆円を越えたがさらに増えている。国家財政の規模は地方財政にも連動することから、地方自治体の財政規模も大きくなっている。高齢化が進行する中で、社会保障関係経費が年々増える傾向にあるが、また積極的な財政政策が採られていることも、その理由として背景にはあろう。

2020（令和２）年度の国の一般会計予算に基づくと、歳出面では36兆円が社会保障関係費であり、16兆円が地方交付税交付金、23兆円が国債費となっている。歳入面では、税収が64兆円、公債金が33兆円である（図表1-1参照）。一方、全ての地方自治体の歳出入をあわせた地方財政の見通しを見ると、総額では90兆円であり、歳出面では一般行政経費が40兆円、給与関係経費が20兆円、公債費が12兆円となっている。歳入では、地方税収は40兆円、地方交付税等は17兆円、地方債は９兆円などとなっている（図表1-2参照）。国の歳入は税金と借金（公債）が中心であり、地方の歳入は税金と国からの交付金等、そして地方債が中心である。歳出は給与や事業費などの行政経費と、公債や地方債等の借金の元利償還が主となっている。

国の財政も地方財政も、基本的には図表1-1にあるように、１年間を単位として運営されている。また、歳出と歳入の収支を均衡させていることも特徴で

図表1-1　国の一般会計予算（2020（令和２）年度）

歳出（経費）	金額（兆円、％）		歳入	金額（兆円、％）	
社会保障関係費	35.9	34.9	所得税	19.5	19.0
地方交付税交付金等	15.8	15.4	法人税	12.1	11.8
公共事業	6.9	6.7	消費税	21.7	21.2
文教及び科学振興	5.5	5.4	その他税収	10.2	9.9
防衛	5.3	5.2	（税収小計）	63.5	61.9
その他経費	10.0	9.7	その他収入	6.6	6.4
国債費	23.4	22.7	公債金	32.6	31.7
合計	102.7	100.0	合計	102.7	100.0

出典：財務省

ある。会計年度は毎年4月に始まり3月に終わるのであり、これも国と地方に共通している。

図表1-2　地方財政の見通し（2020（令和2）年度通常収支分）

歳出（経費）	金額（兆円、%）	歳入	金額（兆円、%）
給与関係経費	20.3	地方税	40.9
一般行政経費	40.4	地方譲与税	2.6
維持補修費	1.5	地方交付税等	16.6
投資的経費	12.8	国庫支出金	14.7
公債費	11.7	地方債	9.3
その他	4.0	その他	6.6
合計	90.7	合計	90.7

出典：総務省

〔参考文献〕

小宮敦史（2020）『図説　日本の財政（令和元年度版）』財経詳報社
総務省（2020）『令和2年版　地方財政の状況（地方財政白書）』

第3節　地方自治体の歳入歳出

1　地方自治体の歳入歳出の構成

　地方自治体の財政運営は基本的な枠組みとしての歳入と歳出によっている。金銭単位の収入と支出として、財政運営は表されることになる。その収入や支出に関する決定こそが、最も重要な政策決定の1つである。

　地方自治体の収入についてはこれを歳入というが、そこにはまず中心的なものとして地方税法が定める税がある。住民税や固定資産税などがよく知られている。また、分担金、使用料、手数料、加入金などを徴収することができる。そのほか地方交付税法に基づく地方交付税交付金や、国からの補助金や負担金である国庫支出金も大きな収入割合を占めている。地方債を発行して借り入れ

ることも行われている。歳入予算については、図表1-2にあるとおりであるが、その性質別に「款」に大別し、さらにそれを「項」に区分することが法定されている。

　歳出は、予算に従って執行される。歳出予算は、法によって、議会費や総務費などのような目的別に大項目である「款」から始まり、その中を細分化して「項」に区分することとしている。さらに予算書ではこれら款と項はさらに「目」、そして「節」に分けられる。予算として議会の議決を受けるのは「款」と「項」までである。

　地方自治体の財政運営は、その歳入歳出の会計の締めくくりである決算を通じて、その結果が明らかになる。予算編成において予定した収入があったのか、また計画どおりに支出ができたのかが問われるのである。決算に際しては、会計年度が終わると、出納を閉鎖して歳入歳出の金額を明らかにして決算書を調製する。この決算は監査委員の監査に付され、監査委員意見とともに議会に提案される。議会では、この決算書を審議し、問題がなければ認定し、また問題があれば時には不認定の議決を行うことになる。そして住民に公表されることになる。各地方自治体の財政運営においては、予算編成に始まり、予算執行そして決算を経ることで毎年度のサイクルが完結するのである。このサイクルが適法かつ公正に、また効果的効率的に進められることが財政運営の要諦ということになる。

2　地方自治体の会計とその推移

　すでにふれたように地方自治体の財政運営は、地方自治法で定められているとおり、会計上の区分を行って実施されている。地方自治体の財政は「一般会計」と「特別会計」に区分され、その会計は歳入と歳出から構成される。総計予算主義が原則であり、一会計年度の全ての収入と支出とが歳入歳出予算に計上されなければならない。そしてこの一会計年度の歳出はその年度の歳入を充てることとなっており、毎年度の歳入と歳出は均衡しなければならないのである。この歳入は、歳出に必要な資金の供給源という意味から、財源とも呼ばれており、これが不足すれば歳出に振り向ける経費も支払えず事業が滞ることになる。

　このように地方自治体がその活動をする際に消費する金銭は、その年度の歳入によってまかなわれなければならない。財政は、原則として毎年度の歳入によって支えられているといってよいのである。その歳入は、全ての地方自治体を合わせると100兆円規模の収入となり、巨額に上る。近年ではほぼ毎年、100兆円規模で推移しているが、2011（平成23）年度からは災害復興費として東日本大震災分の3～6兆円が毎年上積みされている。地方自治体の種類別に総額を見ると、都道府県が約50兆円、そして市町村が約60兆円となっている。政令指定都市や中核市、特別市を除いた一般市では23兆円、町村では7兆円となる。平成の大合併など市町村合併による町村の減少はあるが、近年この傾向も大きくは変化していない。

〔参考文献〕
大和田一紘・石山雄貴（2017）『四訂版　習うより慣れろの市町村財政分析』自治体研究社
月刊「地方財務」編集局（2020）『九訂　地方公共団体歳入歳出科目解説』ぎょうせい

第4節　地方財政調整制度と地方財政計画

1　地方財政の役割を維持していくための地方財政調整制度

　日本の地方自治体の財政は、すでにふれてきたように国の財政と密接にかかわりあっている。それは次に述べる地方交付税や国庫支出金（補助金、負担金）などのように国から地方への財政移転に端的に示されるし、国の定める法律によって地方自治体の財政運営の規律が定められている点にも如実に表れているといってよい。その一方では、地方財政法が定めるように地方財政の自主性や健全性の確保は重要と考えられているし、国による地方財政への介入も福祉や保健の分野に見られるようにその範囲は法令によって厳格に規定されている。国の財政も地方財政も相互に自律性をもって他に迷惑をかけないようにするというのが原則なのである。

　しかしながら国民や住民のための行政サービスを提供するという立場から

は、国の仕事と地方の仕事を明確に分けることはできずどちらか一方が担わざるを得ない場合も多く、１つの仕事の中に国と地方の役割が分担されていて、それがサービスに必要な経費の負担割合という形になっていることもある。実際に一人一人の国民生活に即した行政は地方自治体でなければ実施できないところもある。例えば生活保護費について見ると、これは法定受託事務であり、国の仕事を地方が受託して実施することが法律で定められている。その費用負担を見ると国が保護費の４分の３を負担し、生活保護行政を執行している福祉事務所設置の都道府県や市町村が４分の１を負担するのである。なお、地方が負担しなければならない理由や４分の１の負担の根拠については地方自治体側からは疑問が示されており、国の責任逃れと地方への負担転嫁だという指摘が再三なされている。

　それはさておき、その一方で考えておかなければならないのは、地方財政がそれぞれの地方自治体の社会的経済的事情によって大きく異なった特徴を持つことである。簡単に言ってしまえば、東京都のように人口千数百万人を擁し、企業活動などが活発で経済的な活動が集中しているところは、税収も巨大であり財政的にも豊かである。これに対して人口が千人しかいない町や数百人の村を考えてみればわかる通り、その地方税収入は少なく財政的にも貧しいといわれることになる。ところが、地方自治の仕組みは基本的に全ての都道府県と市区町村に等しく権限と責務を配分し、規模の大小を問わず同様の体制で同様の仕事をしなければならない。公選の長と議会の設置は全ての地方自治体に共通しているのである。もちろん住民数が多く対象者が多ければ規模の経済が働く。絶対的な経費額それ自体についてはもちろん大規模な地方自治体はその経費も多額を必要とするが人口にほぼ比例して収入も大きくなることから、規模の経済を活かして効率的に事務執行ができる可能性が高まる。ところが、小規模自治体では、それとは逆に、法律で義務付けられた事務であれ任意的な事務であれ、これらをやりくりしながら執行しようとすると、効率悪く実施することになる。

　このような事情からすれば経済力が弱く、税収が見込めない小規模自治体の財政はすぐに破綻しそうであるが、実際にはそうはならない。地方財政調整制度が、地方自治体間の財政力格差を埋め合わせるために働いているのである。

具体的には地方交付税制度が地方自治体ごとの財政力の不均衡を是正していることになる。2000年代に入ってからの市町村財政収入において、地方税収入は、都市では50～80％を占めているのに対して、町村では30％程度にとどまっている。しかしながら使途を特定されない財源である一般財源は町村でも80％を確保しているところもある。地方自治体ごとの収入の格差を埋め合わせているのが地方交付税であり、地方財政調整制度が機能しているということができる。

　地方財政調整制度は、地方交付税法に基づいて、地方財源とされる税金の一部を国が徴収（間接形態の課徴）をして、一定の基準に従って格差是正のために再配分される仕組みである。その時の一定基準が地方交付税の算定方式である基準財政需要額と基準財政収入額の測定であり、それに基づいて収支不足分を補うのが地方交付税ということになる。この制度によって、住民一人当たりの地方税収入において都道府県レベルでは最多の東京都と最小の沖縄県の差が約３倍となるところを、地方交付税の交付によって是正することになる。都道府県であれ市町村であれ、この地方財政調整制度によって、国民の健康で文化的な生活を目指すナショナルミニマムの保障という考え方に基づいて、一定程度の住民福祉を担うことができるようになっている。

2　毎年の地方財源の確保と地方財政計画

　国も地方もその財政運営は国民経済の動向によって大きく左右される。基幹的な収入である税は、景気によってその額が大きく左右されるし、それによって景気調節機能を果たすのもまた税の役割でもある。ともあれ、毎年度変動する税収に対して、地方財源を安定的に確保することは、国全体の運営の観点からも、地方自治体のそれぞれにとっても極めて重要である。地方交付税を配布するにしても、それは毎年の国と地方の収支の見込みに即して進められる必要があるし、そうすることによって地方財源が確保されることになる。

　その役割を担っているのが、地方交付税法に規定される地方財政計画である。地方交付税法７条は「内閣は、毎年度左に掲げる事項を記載した翌年度の地方団体の歳入歳出総額の見込額に関する書類を作成し、これを国会に提出するとともに、一般に公表しなければならない」と地方財政計画の策定を規定し

ている。計画に記載される収入に関しては「一　地方団体の歳入総額の見込額及び左の各号に掲げるその内訳」について記載されることになっており、内訳とは「イ　各税目ごとの課税標準額、税率、調定見込額及び徴収見込額」「ロ　使用料及び手数料」「ハ　起債額」「ニ　国庫支出金」「ホ　雑収入」である。また歳出については「二　地方団体の歳出総額の見込額及び左の各号に掲げるその内訳」が記載されることになっており、内訳としては「イ　歳出の種類ごとの総額及び前年度に対する増減額」「ロ　国庫支出金に基く経費の総額」「ハ　地方債の利子及び元金償還金」である。

　このように、地方財政計画は、それが策定される年度の翌年度における地方自治体の歳入歳出についてその見込みを明らかにするものであり、規模や活動の面でも多様な地方自治体についてその全体の財政規模を見通して、財源を確保しようとするものである。そこでは税収の増減につながる経済の動向や国と地方の政策展開、それらの基礎となるこれまでの財政事情を踏まえて、歳入については税目ごとの見込み額、使用料手数料、国庫支出金、地方債収入などが、歳出については歳出の種類ごとに、また国庫支出金が充てられる額、地方債の元利償還金などが計上される。歳入総額の中には、地方交付税総額が含まれており、地方税や国庫支出金などと合わせて地方歳入の構成を示すことになる。これらによって、地方自治体が次年度に確保すべき財源だけではなく、一般会計について地方財政の歳入歳出の大まかな枠組みが示されることになる。

　地方財政計画は単年度会計の計画であり計画期間の前年度中に策定され、2月頃に次年度の計画が閣議決定される。通例、その後は通常国会に提出され、一般に公表されることになる。もちろん、毎年度策定されることから、その時々の特徴を持つことになるが、基本的な枠組みやそれまでのトレンドを踏まえたものになることは言うまでもない。

〔参考文献〕
神野直彦・池上岳彦編（2003）『地方交付税　何が問題か―財政調整制度の歴史と国際比較』
　東洋経済新報社
内閣（2020）「令和2年度地方財政計画」

第5節　地方交付税

1　地方交付税の基本的な性格：地方自治体間の財政調整

　地方交付税とは、地方自治体の税源であるものを、国が国税として一旦は徴収し、一定の基準に基づいて、地方自治体に配布する財源であり、地方交付税法によってその原資や配布の方式が定められている。国が課税し徴収する形式（間接課徴）をとるが、地方自治体の固有財源（地方税）であるとされている。また、地方税に相当する固有財源であるから、使途目的を特定されない一般財源であり、地方自治体の自主的な判断によってその使い道を決めることができる。法律では、国は地方自治体に対しその使途について制限を加えてはならないとしている。

　地方自治体それぞれに対する配布という考え方が生まれてきた背景には、それぞれの地方自治体ごとに人口規模や経済力の違いが大きいことからそれぞれの地方財源からの収入の額に大きな開きがあることが理由としてある。財政力の違いがあるにもかかわらず、地方自治体は住民自治と団体自治の原理や法律に従って一定の水準でその運営を行わなければならない。地方自治制度においては法定受託事務を除く事務を自治事務としている。法定受託事務は国が負担するべき原則があるが、一方この自治事務にも法令で義務付けられているものがあるなど、地方自治体として執行しなければならないものは多い。

　現実に地方自治体で地域の住民から徴収する地方税を中心とする自己財源だけでその事務の経費を支弁すること、つまりは行政サービスに必要な財源資金を賄うことが難しい場合がある。直接徴収する地方税ではその地方自治体の必要な行政の経費を賄えないとき、地域住民の負担を求めることも考えられるが、住民の負担の能力や公平・公正な負担という観点からはそれ以上は求められないという場合がある。しかもこうした事情は地域ごとに複雑に異なっているのであり、その不足額は地方自治体ごとに異なっている。そのための財源の不均衡を、一定の客観的合理的な基準に基づいて、地方自治体ごとに算定し補填することが地方交付税の配布の役割ということになる。反対に、直接徴収す

る地方税などの財源が豊かな団体の中には、一定の計算式では財源不足状態にならないことから「不交付団体」として地方交付税が配布されないところも出てくるのである。

　このような考え方から、地方交付税制度は、地方財政調整制度ともいわれている。それぞれの都道府県や市町村の財源の偏在あるいは財政力の不均衡を調整する目的があるからである。経済活動が活発な地域であれば地方税収入も期待でき十分な行政サービスが提供できるが、そうでない地方自治体では収入が少なく行政サービスを切り詰めざるを得ないようでは、住民自治と団体自治による地方自治の保障をすることにならない。そのために全ての地方自治体が少なくとも一定の水準のサービスを提供することができるよう、財源不足を補い団体間の財政調整を果たそうというのが地方交付税の目的なのである。

2　地方交付税の種類と交付額

　地方交付税は、普通交付税と特別交付税の2種類からなる。地方交付税法によって交付税総額の94％を占める普通交付税と、交付税総額の6％である特別交付税の2種類に区分されている。地方交付税の原資となるのは、法人税と所得税の収入額の33.1％、酒税の収入額の50％、消費税の収入額の19.5％、地方法人税の収入額の合計額であり、地方交付税法によってその配分割合が定められている。

　地方交付税の大部分を占める普通交付税は、地方財政調整制度の趣旨を実現するための一般的な財源資金の配付である。2019（令和元）年度の普通地方交付税は、15兆2,100億円であり前年度よりもわずかに増えている。そのうち道府県分は8兆1,796億円、市町村分は7兆304億円となっている。不交付団体は都道府県では東京都だけ、市町村は85団体となっている。都道府県別に見ると、北海道が6,017億円と交付額が最も多く、交付団体では愛知県が715億円と最も少ない。もちろん東京都は不交付団体なので0円である。市町村では、原子力発電所や大規模な公共施設が所在する場合、大規模な事業所や工場などが集積している場合、経済活動などが活発な場合あるいは都市富裕層が多く居住する場合などの背景を持っていて不交付団体となる地方自治体がある。

　特別交付税とは、普通交付税制度では十分に調整することができない財政収

支の問題が発生したときに、これらを補うための制度である。都道府県や市町村では、通常は想定できないような支出が必要になる場合や、突発的な収入不足に対処しなければならない場合が発生する。例えば、近年では地震や風水害などの自然災害が全国各地で発生しているが、全ての都道府県や市町村に均等に発生しているわけではない。災害が発生した地方自治体には特別交付税が支給されることになる。

　具体的に2019（令和元）年度の特別交付税の交付状況を見ると、その交付額は1兆658億円となっている。そのうちの災害関連経費は1,471億円と最も多く、次いで公立病院等の地域医療の確保に955億円、バス・航路・鉄道支援など地域交通に722億円などとなっている。なお2019（令和元）年度の災害としては、8月大雨、房総半島台風や東日本台風などであり、その災害関連経費が特別交付税となっている。また、新型コロナウイルス感染症対策についても15億円が措置されている。

3　地方交付税の算定

　普通地方交付税の算定に当たっては、客観的な基準に基づいて公平に配分されることが基本となる。しかしながらそれと同時に、それぞれの地方自治体の地理的特性や人口構造、社会経済的な環境あるいは行政の実情を反映していなければ、公正な算定とは言えない側面もある。そのために、一定の基準に従って、各地方自治体の収入と支出を共通の単位に基づいて算定して、その差額を財源不足額として地方交付税額とする方式をとる。具体的には、次のように、ある地方自治体が必要とする標準的な支出額に該当する基準財政需要額と標準的な税収見込みに一定率をかけた基準財政収入額との差額が、収入不足の場合にはその不足額を普通交付税額として配付することになる。なお不足額が発生しない場合、つまりは収入のほうが大きい場合には交付税額は0円となり不交付団体ということになる。

【各地方自治体の地方交付税額（マイナス分の絶対額）＝財源不足額（マイナス分）＝基準財政収入額－基準財政需要額】

4　基準財政収入額

　地方交付税額の計算式でいう基準財政収入額とは、「標準的な地方税収入」に原則として0.75（75％）をかけたものとされる。

【基準財政収入額＝標準的な地方税収入×75％（または100％）】

　「標準的な地方税収入」とは、地方税法に定める法定普通税を主とする収入であり、その見込み額をもって地方税収入とする。市町村の場合でいえば、一般財源としての市町村民税や固定資産税をはじめとする法定普通税の全て、利子割交付金や配当割交付金などの税交付金、地方譲与税、その他交付金等となっている。また目的財源としては目的税である森林環境譲与税などの譲与税や交通安全対策特別交付金が算入される。なおそのほかに特定目的の財源が多数あるが、入湯税、都市計画税、水利地益税などの目的税、負担金や使用料手数料などについては、特定財源として特定の行政重要に応えるものであることから、一般財源を充当する基準財政需要額に対応する基準財政収入額には算入しない。

　基準税率・基準率について、75％を算入するのは地方税や税交付金、市町村交付金などであり、100％を算入するのは税源移譲相当額、地方譲与税、地方消費税交付金、交通安全対策特別交付金とされている。なお地方税などを75％の算入としているのは、基準財政収入額を見積もるときに、それぞれの地方自治体の財源涵養の自主的な努力の成果を全て交付税算定基礎にするのではなく、一定程度は努力が直接報われるようにしていこうとすることもあって、積極的に地方税収等の増収努力に意欲を持って取り組むことを奨励しているともいえる。

5　基準財政需要額

　一方、基準財政需要額は、各地方自治体の支出の実績や予算に根拠を置くのではなく、客観的な条件に対する合理的で妥当な水準の行政需要として算定される。その水準の根拠は地方財政計画であり、国の財政や国民経済に関連付け

られている。また基準財政需要額は、地方自治体が必要とする一般財源としての財政需要額を示すとされている。

　基準財政需要額の算定方法は、法定の単位費用に国勢調査人口などの測定単位を掛け算し、さらにそれに補正係数をかけたものの総計である。

【基準財政需要額＝行政項目ごとの法定単位費用×測定単位（国勢調査人口など）×補正係数（段階補正や寒冷地補正など）】

　まず「単位費用」は地方交付税法2条6号に定められている通り、人口や面積、行政規模などが標準的な地方自治体（費用ごとに規模を細かく設定）を選び、細目や細節にあたるような行政項目について合理的で妥当な水準の行政や施設維持に必要な経費を基準として算定される。その計算式は標準規模の市町村の国勢調査人口などの測定単位を分母とし、当該行政項目の標準的な市町村の標準的な一般財源規模を分子として、当該行政項目の単位費用が計算される。この単位費用は全国一律のものである。

　単位費用の算定の水準については、その考え方としては、給与費や建設事業費、一般行政経費などで次のようにされている。給与水準や職員数については、地方財政計画の考え方に基づいたものとされる。給与水準は各人事委員会の勧告等を反映したもの、職員数は定員純減の取り組みを勘案したものなどとされている。建設事業や一般行政経費については、国の負担を伴う場合と伴わない場合に区分され、国の負担を伴うものについては、国の予算に伴う地方負担額の総額が基準財政需要額の全国総額にほぼ算入される水準とされている。国の補助金や負担金等を伴わない場合には地方財政計画や地方自治体の決算状況を参考に経費積算が行われるという。

　事務費用の算定には、まず地方自治体の義務的・標準的な事務を設定し、標準とした地方自治体における行政規模を設定してこれに必要な職員数を設定、事務事業の細目や細節にわたる金額（給与費や需用費など）を個別に算定して積算していく。こうして算定された行政事務の種類ごとの一般財源所要額を、標準とした地方自治体の測定単位（国勢調査人口など）で除算して、単位費用が算定されるのである。

　同一の単位費用を客観的な測定単位に乗じて算定する財政需要額は、平等な扱いではあるが、地方自治の実態からすると実質的な不平等を生むことがある。それぞれの地方自治体は異なる地理的条件や環境条件、社会的経済的にも大きく異なる条件の下で活動している。そのため、客観的な単位費用と測定単位の設定では対応しきれない個々の地方自治体の事情に対処する必要があり、そのために導入されているのが「補正」であり、それを算定式にかけあわせる乗率としたのが「補正係数」である。

　補正は、単位費用として客観的に計算されたものと、個別の地方自治体の実際の単位当たりの経費との差として表れる。個別に計算することが難しく、また不平等を生む可能性もあることから、実際的な理由からではあるが、個々に補正するのではなく、補正係数という一定の乗数をかけあわせて補正することとしている。補正係数は多ければ多いほど正確に実態の財政を反映することができるが、その一方では過度に多すぎると複雑でかつ本来の合理性を損ねる可能性もあることから、地方自治体の経費の計算に影響が大きいと思われるもの、そしてある程度広く各地方自治体に共通性がある普遍的な要素に着目している。

　2019（令和元）年度の補正の種類としては、測定単位の施設などの種別に着目する種別補正、規模の経済が働く場合のような段階補正、人口密度のような密度による差が出る場合の密度補正、都市化など行政の質量の違いなどによる態容補正、寒冷地域や積雪地域の程度による寒冷補正、人口急増や急減に対する補正、地方債元利償還金の多寡による財政力補正、合併補正がある。段階補正や態容補正、また寒冷補正などが、比較的に行政経費の多くの項目に影響する。

　基準財政需要額は、以上のように算定された行政事務の項目ごとの単位費用に対して各地方自治体の測定単位（国勢調査人口など）がかけあわせられ、さらにこれに補正係数がかけあわせられ、総計されたものとなる。

6　地方交付税の総額確保と交付税財源不足

　地方交付税は、前節で説明した地方財政計画においてその枠組みが定められ、当年度に入ってその総額の中で配布額が個別の地方自治体ごと決定され

る。そこでも明らかになったように、地方交付税制度は、国の予算と連動した地方財政の総額を想定し、合理的な地方行政の水準を確保できる財源措置を実現しようとしてきた。しかしながら、国も地方も、福祉や医療をはじめ社会保障費の増大に長く直面しつづけており、地方行財政改革を繰り返しているにもかかわらず極めてひっ迫した財政事情にある。

　地方財政計画においても、そしてそれに基づく地方交付税制度においても、恒常的な財源不足に陥っている現状がある。そのための財源対策を様々に講じてきているが、抜本的な対策にはいたっていない。本来であれば、地方財政計画に基づく地方交付税原資の不足の状態が続けば、地方交付税法に基づいて、その財源たる国税からの配分比率を変えることも考えなければならないはずである。しかしながら現実には国の財政事情を考えてみると、毎年度のように赤字財政を続け、そのため国債の発行を余儀なくされている状況からすれば、国税の増税や配分割合を地方優位に変更することは容易ではない。

　結局のところ、交付税財源不足が明らかになり、そのための財源対策がその場に応じて採用されることになる。こうした財源対策は、1990年代中頃から顕著になっており、交付税特別会計の借入やその償還の繰り延べ、不足分の国と地方の折半による対応と地方による特例地方債発行による手当（元利償還金は全額地方財政需要額に算入）などの措置が取られてきていた。2021（令和3）年度の地方財政計画においては、感染症の影響による地方税の大幅な減収により、財源不足額は10兆1,222億円となり、折半対象財源不足額は3兆4,338億円となり、7,700億円の財源対策債の発行、5兆4,796億円の臨時財政対策債の発行、そして地方交付税の増額による補填3兆2,726億円を必要としている。

　地方交付税による地方財政調整制度は、極めて精緻に組み立てられ、合理的に地方財政を支える制度として定着し運用されてきている。しかしながら、根幹のところで地方交付税の原資の不足に対応できないでいることや、この制度の運用が時代の変化への対応に敏感になり、政策的な意図による運用がその時々の政策変更に応じて行われるところもあって、地方自治体の財源保障、そして地方自治の確立という観点からは抜本的な改革の検討が必要になっているのかもしれない。

〔参考文献〕

株式会社中央文化社編著（2017）『市町村議員のためのよくわかる地方交付税（月刊「地方議会人」別冊）』中央文化社

黒田武一郎（2018）『地方交付税を考える―制度への理解と財政運営の視点』ぎょうせい

第6節　地方税制度：歳入政策の財務

1　税制の基本的な考え方

　日本の税金は大きく国税と地方税に区分されるが、これをまとめて租税と呼んでいる。国や地方自治体は国民生活や住民生活を維持するために様々な行政サービスを行い、それを支えるための組織体制の維持をしているが、そのためには財源資金が必要であり租税制度を通じて確保されているのである。

　国税も地方税もその税としての基本的性格は同じである。国や地方自治体の活動を維持するために必要な租税は法律に基づいて国や地方自治体が徴収する権限をもち、国民は納税する義務を負う。民主主義の政治体制では、国民代表機関である議会の議決つまり法律によって税制を定めることが、課税と徴税の権限の根拠となるし、納税の義務を具体的に定めることになる。地方自治体の場合には法律又はその住民代表機関たる議会が議決する条例によることが原則となる。

　税はもちろん国や地方自治体の財政運営のための資金であるが、同時に現代の政府や行政においては様々な役割を期待されている。税制の機能については、通常、公共サービスの提供のための資源確保の機能、市場では調整できない所得の再配分機能、景気の調整機能があるとされている。第1に、公共サービス提供機能については、公共財やサービスは、公共部門が提供しない限り市場では提供されないために、税によって賄われる必要がでてくることによる。第2に、所得再配分機能については、国民の福祉の観点から富裕層から貧困層への富の再配分を行うことが現代国家の役割となっており、そのために累進制度をとる所得税などを原資とする行政サービスを平等に提供することにしてい

る。第3に、景気調整機能については、好況期には過度に景気が過熱しないように増税によって抑制し、逆に不況期には減税によって流動性を増し景気を刺激するという役割がある。もちろん税は、経済にとっては常に抑制機能ないしは逆機能として働くこともしばしば指摘され、景気へ悪影響を与える点について配慮が求められており、税の制度設計や運用には注意が必要である。

　以上のような租税制度の成り立ちの目的や機能をふまえ、従来から税制の制度設計において次のような原則が指摘されてきている。様々に言われているが、「公平」「中立」「簡素」という3つにまとめられる。有名なアダム・スミスの4原則とされている考え方は、やや詳しくこれらの原則を明らかにしている。まず「公平の原則」として、税負担が能力に応じていること、そして受益に比例していることを求めている。「明確の原則」として、課税における恣意性の排除、支払時期・金額・方法の明確と平易さが求められる。「便宜の原則」は、納税者が最も納税しやすい時期と方法によって徴収されるべきとしている。そして「最小徴税費の原則」は徴税の経費を最小にすることを求めている。基本的な租税制度設計の原則としては、そのほかA・H・G・ワグナーが指摘したように、財政上の必要財源の柔軟な確保の原則や、国民経済の発展を阻害しない税源・税種の選択の原則などが知られている。ともあれ、現実の租税制度は、それぞれの国の政治と経済の発展、税財政制度の伝統と蓄積、その時々の社会事情や経済事情そして政治の影響を大きく受けることは言うまでもない。

2　地方税制度の概要

　地方自治体の税制度については、基本的に地方税法に定められている税目が中心となっている。地方税法によれば、地方税の賦課徴収と納税に関する一般的な手続きを定めるとともに、道府県普通税、市町村普通税、目的税、都と特別区の特例、大規模固定資産の特例が定められている。また法律の範囲内において条例で独自の税制度を定めることができる法定外普通税と法定外目的税の制度をおいている。加えて、地方税法は、住民税や固定資産税などについて標準税率を定めるとともに、制限税率を定めて上限を設けた超過課税ができるようにしている。一部に制限税率の定めがないものもあるが、いずれにしても条

例で税率を定めて賦課徴収することになる。

　道府県の普通税としては、道府県民税、事業税、地方消費税、不動産取得税、道府県たばこ税、ゴルフ場利用税、軽油引取税、自動車税、鉱区税、そして道府県法定外普通税が定められている。市町村の普通税としては、市町村民税、固定資産税、軽自動車税、市町村たばこ税、鉱産税、特別土地保有税、そして市町村法定外普通税が定められている。目的税としては、都道府県の狩猟税や水利地益税、市町村の入湯税、事業所税、都市計画税、水利地益税、共同施設税、宅地開発税及び国民健康保険税、そして法定外目的税が定められている。

　地方税法が定めるように、地方自治体の税は、大きく分けて、都道府県と市区町村の税体系に区分されている。また東京都と特別区については都区制度に対応してやや特殊な扱いになっている。道府県の基幹的な税目としては、道府県民税（個人分、法人分）、事業税、地方消費税などがある。市町村の基幹的な税目としては、市町村民税（個人分、法人分）、固定資産税などがある。

　また地方税法に定めるように、地方税は普通税と目的税とに大きく区分されている。普通税は一般的にいずれの行政経費にも充てることができるための財源と位置付けられる。これに対して目的税は、特定の行政目的に充当するための税であり、例えば、入湯税であれば、地方税法701条で「鉱泉浴場所在の市町村は、環境衛生施設、鉱泉源の保護管理施設及び消防施設その他消防活動に必要な施設の整備並びに観光の振興（観光施設の整備を含む。）に要する費用に充てるため、鉱泉浴場における入湯に対し、入湯客に入湯税を課するものとする」と定められている。

　地方自治体の主たる収入としては、地方税が占める割合は2018（平成30）年度決算では40.2％を占めており、歳入の主要構成項目として第1に挙げられる。近年の地方税収入は、地方財政全体では約40兆円である。地方税のうち主要な収入は都道府県そして市町村ともに住民税である。住民税は個人又は法人に課税されるが、課税については定額部分と所得に応じた部分からなる。例えば2018（平成30）年度決算においては、地方税収のうちの約36％が住民税となっている。さらに住民税のうちの約8割が個人分であり、法人分は約2割である。また地方消費税収入は4.8兆円であり、全体では消費に応じて10％が課

税され、その一定割合（標準税率10％のうち2.2％、軽減税率 8 ％のうち1.76％）が地方消費税に該当する。

〔参考文献〕
石橋茂編著（2020）『図解　地方税　令和 2 年版』大蔵財務協会
地方税制度研究会編著（2020）『地方税取扱いの手引』清文社

第 7 節　地方債制度：地方債の政策財務

1　地方債とは

　地方自治体が多額の経費を一時に支払う場合がある。庁舎の建て替えや住民利用施設の建設など、一時的に土地の取得や建設費用を支出しなければならないことがある。いわば政策的に必要な事業のための財源を確保しなければならないが、通常の収支では捻出できないときに、将来にわたって複数年度で返済する借金をすることができる。このように特定の支出に充てるためのもので、借りた年度を超えてその後の複数年度にわたって返済をする場合に、地方自治体は地方債を発行して、大規模な事業についてもそれに必要な金額を一時に全て得ることができる。土地や建物の取得や道路の建設などを考えてみると、一時的に多くの資金が必要であることが理解できよう。

　もちろんこの地方債の発行は、同時に借金をすることであるから、その返済は後の複数年度にわたって公債費として順次償還が進められるのが一般的である。計画的に借金をしておかなければ家計が破綻するのと同様に、地方自治体の財政運営も借入については慎重に進めなければならない。そのために地方自治法や地方財政法が、地方債について、その目的や起債方法、発行額などについて一定の条件を付けているのである。例えば地方債が利用できる歳出の対象事業は地方財政法によって限定されており、公共施設の建設事業などが中心となっている。

　地方債といわれる中には、臨時財政対策債も含まれている。通常の地方債が

公共施設の建設事業などに充てられるものであるのに対して、臨時財政対策債は地方交付税の不足額を補うためのものである。地方交付税制度の財源不足を補うためのものであり、後年度において元利償還金は地方交付税で全額措置されることになっている。

　地方債と同様の仕組みが国にもあり、国債の発行が行われている。地方債に相当する国債は基本的に普通国債と呼ばれている。普通国債には、建設国債や特例国債などがある。建設国債はその名の通り公共事業などに充てるための資金として必要な額を調達するためのものである。これに対して特例国債は、赤字国債という別名があるとおり、その年度の支出に対して十分な収入が確保できないときに発行される。建設国債の対象以外の経費に充てるためのものであり、特別に法律に基づいて資金を調達するものである。そのほか普通国債には国債の償還の資金とするための借換債がある。またこれまで特別な国債として、東日本大震災の復興の資金のための復興債や、基礎年金の財源不足の手当てのための年金特例国債が発行されたこともある。なお、普通国債とは別に、財政投融資特別会計国債、通称「財投債」がある。

　2019（令和元）年度の地方自治体の普通会計決算によれば、地方債の現在高（借金の総額）は143兆4,565億円、その内、普通建設事業などに充てられるものが89兆円、前述の臨時財政対策債が54兆円となっている。

2　地方債の発行と法的条件

　地方自治法は230条において地方債の定めを置いている。「普通地方公共団体は、別に法律で定める場合において、予算の定めるところにより、地方債を起こすことができる。2　前項の場合において、地方債の起債の目的、限度額、起債の方法、利率及び償還の方法は、予算でこれを定めなければならない」とされているのである。

　地方債の起債目的、金額、方法、利率と償還は、予算で定めることになっているが、それらを規律するのは地方財政法である。地方財政法5条においては、地方自治体の歳出は地方債以外の歳入を財源とするべく定めているが、その一方で地方債を充当できる場合を定めている。①水道事業等の公営企業、②出資金や貸付金、③地方債の借換、④災害関係事業費、⑤学校や道路等の公共

施設の事業費やその土地の購入費、以上については地方債を財源とできることとされている。

　地方債の償還年限については、地方財政法5条の2において、建設事業費については、その施設の耐用年数を超えないようにしなければならないとされている。またその借り換えについても同様である。

　地方自治体は、地方債を発行して資金調達することができるが、起債については、国等との協議が必要とされている。またその起債方法、利率や償還方法の変更についても同様である。地方財政法5条の3は、地方自治体の起債に際しては総務大臣又は都道府県知事への協議を義務付けている。政令で都道府県や指定都市にあっては総務大臣、市区町村にあっては都道府県知事に協議をすることとしている。なお都道府県知事への協議は知事の法定受託事務である。同条2項では、協議の内容として、起債の目的、限度額、起債の方法、資金、利率、償還の方法等を明らかにして行うこととしている。

　国等との協議を要しない場合として、地方財政法5条の3第3項では、政令で定める公的資金（特定公的資金とは財政融資資金と地方公共団体金融機構の資金とされる）以外の資金による場合であって、実質公債費比率、実質赤字額、連結実質赤字比率、将来負担比率が政令で定める条件を満たすと、協議不要ということになる。地方公共団体の財政の健全化に関する法律による基準に即した起債の協議の要否を定める規定となっているのである。協議を要しない場合（協議不要対象団体とされる場合）においても、同条6項の規定によって、協議をしないときには、事前に起債の目的、限度額、起債方法、資金、利率、償還方法等を届け出なければならないとしている。

　そのほか、地方債の発行に際しては、地方公営企業の経営状況によっては協議を要する場合や、協議を行い、同意を得られなかった場合には議会に報告することなどが定められている。また、地方財政法5条の4では、関与の例外として、財政状況の悪化によって許可制度とする場合が定められている。

　地方債については、すでに見たように使途目的を建設事業に充てる場合と特定の資金不足の場合にのみ起債ができる。その起債に当たって、協議又は届出を行うことを基本としている。かつての起債許可制度からすれば地方自治体の自由度は高まっており、国の規制は緩和されている。しかしながら、地方自治

体の財政状況や地方公営企業の経営状況によっては、関与を強めて協議や許可制度をとることも予定されている。地方財政運営における安易な起債依存に制約を課しているのである。

3　地方債の種類と資金

　一般的には、地方債の借入先は、国内資金と国外資金に分けられるが、国外資金については、外貨建て資金と円建て資金に区分される。これら資金の借入先の公民の区分を見ると、国内資金については、前述のように公的資金としては財政融資資金と地方公共団体金融機構資金があり、そのほかは民間等資金が主になる。民間等資金とされるものには、市場公募資金と銀行等引受資金がある。銀行等引受による地方債は、従前は縁故債などといわれ、地方自治体と関係が深く、例えばその資金の出納を取り扱う指定金融機関等が地方債を引き受けて融資を行うことからそう呼ばれてきた。「銀行等」とされているように、親密な関係にある銀行や保険会社、共済組合や地元の企業などが、これまで縁故債を引き受けてきた。もちろん、今では、公募型を主とする方針がとられ、民間による競争が基本となっていることから、銀行等引受は市町村における少額の起債が多くなっている。

　このように様々な地方債の発行の仕方があるが、近年では公的資金が約40%であり、その内6割程度が財政融資資金、4割が地方公共団体金融機構資金であり、この両者で公的資金の大宗を占める。公的資金の活用はもちろん市町村の起債において多くの割合を占めているが、それに対して都道府県における公的資金の割合は小さい。都道府県では民間等資金が60%を占めており、その中でも全国型市場公募地方債が民間等資金の半分を占めている。大都市でも同様に民間等資金が地方債の主流となる。そのほかの銀行等引受は3割程度となっている。

4　地方債の発行とその考え方：政策財務の視点

　地方債は地方自治体の政策運営にとって欠かすことのできない財源である。政策的に必要とされるインフラなど公共施設の建設を中心にその事業費を経常的な収入によらないでねん出するとともに、他の日常的な事務や事業への影響

を小さくしようとすれば、所要額の借入をして、後年度に分割して償還してい
くという政策決定をすることは合理的である。その一方では、安易に地方債に
依存することになると、民主主義の政治においてはままあることではあるが、
様々な利益要求に借入を増やして対応していく可能性がある。そうなることで
財政規律を見失ってしまっては、地方自治が成り立たなくなる恐れもある。そ
のためにかつては地方債については国による起債許可制度がとられてきたが、
地方分権が進んだ今日的状況においては、許可制度は例外的になっており、国
への協議と同意が基本となっている。加えて財政規律を維持できていることを
条件として協議を不要として届出だけでよいとされる場合があり、そうした地
方自治体がむしろ多数を占めるといってよい状況にある。翻って、届出ではな
く協議、あるいは協議ではなく許可を必要とする場合は、基本的には地方公共
団体の財政の健全化に関する法律が定める健全化指標によって判断される仕組
みとなっている。

　もちろん起債の統制は、予算で定めることになっていることから、議会の議
決権限が及ぶことになるし、長の議会への報告や議会による財務執行の監視、
また決算承認などを通じて民主的に進められることになっている。残念なが
ら、代表制民主主義だけでは、地方債における財政規律の確立は危ぶまれると
ころがあり、そのためにも外圧ともいうべき国による関与が従来は重視されて
いた。しかしながら近年における地方債の民主的コントロールについては、市
場的な方法と住民参加的な方法とが重視されるようになってきているようにも
思える。市場公募地方債の発行は、地方自治体の歳出入など財政運営の健全性
を市場が評価する手法として広がりつつある。

　もう1つは、市場公募地方債の仕組みにもわずかな額ではあるが、住民参加
型市場公募地方債が発行されているという点である。地方自治への住民関心を
高め、地方自治体の事業への積極的な参加を促進し、市場公募によって住民の
統制が働き、民主主義の実現を目指す。またその一方では、多様な資金調達の
手法を確立し、休眠している個人資産を中心に資金の循環を刺激し、地域経済
の活性化に寄与するかもしれないのである。

　いずれにしても、議会の審議においては、地方債の発行は、起債段階におい
てその目的となる事業や起債の条件を精査しておくこと、それを民主主義的な

観点と複数の視点からチェックしておくことが重要となる。別の言い方をするなら、地方自治体の財政状況全体の中での地方債の位置付けを正確に認識しておくことや、その元利償還つまりは公債費による長期的な元利償還の見通しを立てておくことが求められているのである。

〔参考文献〕
株式会社中央文化社編著（2017）『市町村議員のためのよくわかる地方債』中央文化社
持田信樹・林正義編著（2018）『地方債の経済分析』有斐閣

第8節　国庫補助負担金等

1　国庫支出金とは

　地方自治体の歳入に占める国庫支出金は、2019（令和元）年度決算では、15兆7,854億円であり、歳入総額の15.3％を占めている。地方交付税とほぼ同規模となっており、地方自治体にとっては、貴重な収入といえる。従来、国庫支出金については使途が限定されており、国の意向が強く反映されることから、地方自治体の自主性や自律性確保という観点から、その改革論議が盛んにおこなわれてきていた。地方分権改革や三位一体の改革などでは、国庫支出金の縮小・廃止が求められ、その後は地方歳入の11％程度までその割合を減らすなど一定の効果を上げてきていた。しかしながら、リーマン・ショック後の経済対策や東日本大震災の復興対策などでは大幅な国庫支出金の増額があり、2009（平成21）年そして2011（平成23）年には、その比率は16〜17％台にまで大きく増えることになった。その後は徐々に削減されてきているが、前述のように15％前後にとどまっているのである。

　国庫支出金の一般的な定義としては、国が資金の使途を特定して、地方公共団体に交付する支出金の総称とされている。国から地方自治体に対して、地方が行う事務事業のうち、主として国の事務としての性格をもつものや、国と利害関係がある事務事業、及び国の施策を進める上で必要があるものや、地方自

治体の財政上において特別の必要があるものなどについて、その費用の一部又は全部を国が支出するのである。このように地方公共団体が行う特定の事務事業に対して国から交付される資金のことであり、これらを総称して国庫支出金と呼ぶのである。

　一言で国庫支出金といっても、その内容は多様である。その性質などに基づいて区分されているが、主なものとしては、国庫負担金、国庫補助金、国庫委託金があるとされる。まず国庫負担金については、国が地方自治体と共同で行う事務に対して一定の負担区分に基づいて義務的に負担するものと定義されている。例えば、生活保護費の国庫負担金がよく知られている。国庫補助金は、国が地方自治体に対する助成として交付するものとされている。地方自治体の公園設置など公共事業への補助が代表的である。国庫委託金は国からの委託事務で経費の全額を国が負担するものであり、国政選挙や旅券の発給などがある。

　2018（平成30）年度決算における15兆円近くの国庫支出金の中では、生活保護費負担金が約2割と最も多額であり、以下、普通建設事業費支出金が約1割、社会資本整備総合交付金が同じく約1割、児童手当等交付金や障害者自立支援給付費等負担金がそれに次いでいる。都道府県で見ると、義務教育費負担金が国庫支出金総額の約2割と最も多くなっており、次いで普通建設事業費支出金が2割弱である。また、市町村においては生活保護費負担金が3割近くを占めて最も多くなっており、次いで児童手当等交付金や障害者自立支援給付費等負担金が国庫支出金総額の1割以上となっている。

2　地方財政法における国と地方の負担の考え方

　地方財政法は、9条において、地方自治法等に定められている地方自治体の事務については、地方自治体がその経費の全額を負担することとしている。その例外として、国がその全部又は一部を負担する経費について具体的に法定している。法律によって限定して国の負担を定めることによって、地方自治体の自主性・自立性を確保しつつ、その一方では、国民全体の利益の増進とナショナルミニマムを確保しようとする観点から、地方自治体の個別具体的な事務事業の活動に財政的に介入し統制しようとするものである。

　地方財政法10条は、「地方公共団体が法令に基づいて実施しなければならない事務であつて、国と地方公共団体相互の利害に関係がある事務のうち、その円滑な運営を期するためには、なお、国が進んで経費を負担する必要がある次に掲げるものについては、国が、その経費の全部又は一部を負担する」と定める。そこには義務教育職員の給与、義務教育諸学校の建物の建築、生活保護、感染症予防、精神保健及び精神障害者福祉などをはじめとして、武力攻撃事態等における国民保護措置等、高等学校等就学支援金の支給に要する経費、新型インフルエンザ等緊急事態対策など、法令の定めによる35の項目が掲げられている。

　地方財政法10条の2は「地方公共団体が国民経済に適合するように総合的に樹立された計画に従つて実施しなければならない法律又は政令で定める土木その他の建設事業に要する次に掲げる経費については、国が、その経費の全部又は一部を負担する」として公共事業や建設事業について国の負担を定めている。対象となるのは、道路、河川、砂防、海岸、港湾、林地、林道、漁港等の重要施設の新設や改良事業、地滑り防止工事、重要都市計画事業、公営住宅や社会福祉施設等の建設、土地改良事業とされている。

　地方財政法10条の3では、災害に関する経費について、「地方公共団体が実施しなければならない法律又は政令で定める災害に係る事務で、地方税法又は地方交付税法によつてはその財政需要に適合した財源を得ることが困難なものを行うために要する次に掲げる経費については、国が、その経費の一部を負担する」として、災害救助事業や公共施設（インフラ施設を含む）の災害復旧事業経費等について国の負担を定めている。

　なお地方財政法10条の4では、「専ら国の利害に関係のある事務を行うために要する次に掲げるような経費については、地方公共団体は、その経費を負担する義務を負わない」と定めている。具体的には、国会議員の選挙、最高裁判所裁判官国民審査及び国民投票に要する経費、国が専らその用に供することを目的として行う統計及び調査に要する経費など8項目があがっている。

　また、地方財政法11条では、「国と地方公共団体とが経費を負担すべき割合等の規定」として、「第10条から第10条の3までに規定する経費の種目、算定基準及び国と地方公共団体とが負担すべき割合は、法律又は政令で定めなけれ

ばならない」と法令によって負担割合を決定することとしている。さらに同法
11条の2では「地方公共団体が負担すべき経費の財政需要額への算入」とし
て、「第10条から第10条の3までに規定する経費のうち、地方公共団体が負担
すべき部分〔中略〕は、地方交付税法の定めるところにより地方公共団体に交
付すべき地方交付税の額の算定に用いる財政需要額に算入するものとする。
〔以下、ただし書き略〕」と定めて、交付税措置をすることにしている。

　地方財政法はこのように国庫負担金のあり方について、国と地方の利害に基
づいて国が負担すべきところを明確に定めるとともに、地方自治体に関係がな
い場合には、根拠のない負担をさせないよう規定しているのである。国と地方
との負担の割合については、法律又は政令で定めることとして、明確なルール
のもとに運用すること、そして裁量の余地をなくすことを求めている。また地
方自治体の負担部分については一般財源で対応しなければならないことから、
地方交付税の財政需要額に算入することによって、地方自治体の負担に配慮し
ているのである。

3　国庫負担金とその改革

　地方財政法が規定するように、国庫負担金とは国から地方自治体などに支出
する資金であり、社会保障や義務教育など国が一定の責任を持つとされる事務
事業に支出するものである。国庫負担金が支出される事業については、地方自
治体が一定の割合で経費を負担しその財源から資金を支出している。地方自治
体が実施する事務事業ではあるが、そのうちの一定割合は国に責任があること
から、国の支出を義務付け、これを国庫負担金と呼んでいるのである。国庫負
担金を含めた国庫補助負担金の改革については、2003（平成15）年の三位一体
改革において主たるテーマとして取り上げられている。

　国庫負担金には、義務教育費、生活保護、児童手当負担金などがある。義務
教育は小学校、中学校、中等教育学校の前期課程、盲学校、聾学校、養護学校
の小学部及び中学部の課程を指す。それぞれの負担金については、国が負担す
る割合を法令によって詳細に規定している。義務教育費の国庫負担金について
は、2003（平成15）年に小泉政権が掲げた政策である三位一体の改革を通じて
論争となった。三位一体の改革では国庫支出金を廃止・削減する基本方針が示

されたが、義務教育費国庫負担金については、2005（平成17）年に中央教育審議会で議論された。そこでは、国庫負担金として維持する意見と、財源を地方に移譲した上で一般財源化をするべきという意見に分かれた。後者は特に地方自治体側から強く出されてきていた。

　義務教育費国庫負担金を維持しようという側の意見は、財源が地方移譲され一般財源化されると義務教育以外に転用される恐れがあり教育費の削減や教育水準の低下を招き、教育の地域間格差の拡大が発生すると主張した。財源の地方移譲と一般財源化を主張する立場からは、自主財源化により地方自治体の当事者意識が高まり、教育改革への積極的な取組みが生まれると論じた。文部科学省は、義務教育の実施に当たっては都道府県の裁量の余地は現行制度においても大きく、教育改革を進める上で財源の地方移譲の必要性はないと主張したのである。中教審の結論では、国庫負担金制度は優れた義務教育保障の制度であり、維持されるべきとされた。結果的には国庫負担金の割合が2分の1から3分の1に引き下げられることになった。国庫負担金制度の改革は、その基本的な考え方である国と地方の双方の利害という観点について、その根本からの見直しが必要かもしれない。

4　国庫補助金とその一括交付金化改革

　国庫補助金は、「国庫支出金」の1つで、特定の施策の奨励又は財政援助のための資金をいう。これには、国が特定の事務事業の実施を奨励し、また助長するために交付するものと、地方公共団体の財政を援助するために交付するものとがある。国庫負担金が法律によって負担の対象や割合を定められているのに対して、国庫補助金は法律に根拠を持たない予算措置によるものが多くなっている。そのこともあって、補助事業の事業費や補助率、事業費の積算根拠になる事業の対象や単価などにおいて、国の裁量の余地が大きいと指摘される。

　一般に国庫補助金は、国の影響力が強く、事業遂行上において、国から地方自治体への干渉が多いため、地方自治体の自律的な政策展開を妨げるという問題が指摘される。そういった問題の解決策として、小泉内閣において、国庫補助金を縮小・削減し、使途が特定されない一般財源に切り換えると共に、国から地方自治体へ税源委譲することなどを盛り込んだ「三位一体改革」のもとに

国庫補助負担金改革が進められた。特に奨励的な補助金については、原則として廃止する方針すら示されることになった。

　実際には、奨励的補助金が全廃できたわけではない。むしろ個別の事業ごとに給付される補助事業をある程度統合しながら改革しようという方針が取られることになった。複数の個別補助金を合わせて一括交付金化する手法である。例えば、社会資本整備総合交付金は、道路、河川、まちづくり、下水道、住宅などの個別補助金を原則廃止し、地方自治体が策定する社会資本整備総合計画（3～5年計画）に基づいて交付しようというものである。2020（令和2）年度予算では3兆4,797億円が社会資本総合整備事業として計上されている。そのうち、防災・安全交付金は1兆9,740億円であり、社会資本整備総合交付金と同様に、様々なインフラの整備を国土強靭化の方針のもとに進めようという一括交付金となっている。

　従来の縦割りによる個別補助事業の採択方式では、ハード整備だけが対象となり、補助金の他の事業への流用ができず、事前に補助条件が厳密に審査され、補助事業の結果報告が詳細に求められるなど、地方自治体の自由度が大きく制限されていた。これに対して社会資本整備総合交付金などでは地方自治体の整備計画があれば、諸事業のパッケージで採択できること、ハードだけではなくソフト事業も組み込むことができること、計画内であれば他の事業に流用することもできること、成果は地方自治体で計画の成果評価をすることとされる。こうした地方自治体の整備計画に基づく一括交付金化によって、地方自治体の政策優先度を適確に反映でき、パッケージとして全体的に補助ができるようになるとともに、自由度が高く使い勝手の良い制度となっているという。とはいえ議会の審議において、これらは基本的にインフラ整備を促進するという国の方針に沿ったものとならざるを得ず、一般財源としての自主財源ではないところには政策財務の観点から注意が必要である。

〔参考文献〕

瀧野欣彌・佐藤文俊・岡本保編著（2007）『三位一体の改革と将来像──総説・国庫補助負担金』ぎょうせい

土居丈朗（2004）『三位一体改革ここが問題だ』東洋経済新報社

第2章

自治体政策財務における
予算と議会の基礎知識

［執筆者］
新川達郎

1　近代国家の予算・決算

　予算は、国や地方自治体の運営において毎年度定められるべきもっとも基本的な制度枠組みの１つである。現代の政府やその行政が、広い意味で財政とされる経済活動を通じて運営できていることは当然と考えられている。公務員労働にせよ、公共施設の建設や維持管理、そして行政サービス提供にせよ、その対価が支払われなければ実行できないのである。ところがその対価の支出のためには、あらかじめ予算を定めておく必要があり、それなくしては国も地方自治体もその運営はできない仕組みになっている。政治的政策的な関心が予算案の編成に集まるのは当然といえる。

　予算制度の基本的な性質は、事前に予算という計画を立てて収入や支出の内容をあらかじめ決定しておくという、予算前置主義が原則となる。もちろん年度途中で変更が必要になってくるため、補正予算の制度が設けられている。予算が決定されると、次に予算の執行段階に入るが、それは予算通りに執行されねばならないしそれ以外のあり方は認められない。とはいえ、実際には裁量の余地が残っていないと困るので、一定範囲で融通を利かせることはできる。予算の執行が終わるとそれが適正に執行されたかを確認する決算の作業に入る。議会による決算の議決を経て、１つの予算の過程は終了する。

　近代以降の国家は議会制民主主義の政治制度をとっており、民主的な政府の運営においては議会の議決による立法が最高の政策決定となる。予算も国家運営の中枢的な政策決定で、そうした法律と同じであり、国によっては「予算法

（歳入法、歳出法）」という法形式による議決をしている。日本では、予算は法律とは別に定められるが、その位置付けは法律と同様で、国会あるいは地方議会の議決が必要となる。民主主義的な政府の運営のためには、財政面での政府とりわけ議会による統制が必要だとする、いわゆる財政民主主義が採られているのである。

2　予算制度

　予算という用語は、国や地方自治体に限られるのではなく、広く社会的にも使われている。企業も社団や財団あるいは NPO などの各種団体も予算を定めているし、個人の私生活においても予算を意識することがある。あらかじめ計画的に資金の運用など総合的に家計や財務の運営を考えるという意味では、予算は日常的な用語になっている。しかし本稿で扱うのは、国や地方自治体など政府部門の予算であり、その基本は、前述のように財政の民主主義的統制という点にある。

　予算の基本的な役割は、主権の信託を受けた議会とその受権者たる政権が政治的政策的に国民の意思を実現することである。そのために立法府による行政府の統制をはじめとして政府の活動を事前に統制しておくことが予算の重要な機能となる。そしてこの統制はこれら政策を実現するために的確かつ効率的な財政運営を実現するという計画とその管理の役割をも担うものであり、またそのために執行段階の監視手法と事後的な統制として決算の手続きを持っている。

　こうした予算の機能を果たすために、予算制度がよるべき原則がある。予算による政府活動統制という観点からは、予算執行が始まる前に決定するという事前予算主義、全ての歳入歳出を網羅すべきとする総計予算主義、そして毎年度の予算統制を実現する単年度予算主義が基本となる。もちろん、予算には、融通や裁量の余地を極小化する厳密さや限定性が求められており、単年度の収支を均衡させる会計年度独立主義や原則としての流用禁止などがある。加えて予算の明確性や公開性を確保するために、1つの予算に全てを組み入れる単一予算主義、わかりやすさのための現金主義会計あるいは単式簿記の予算、予算情報の公開などが求められる。予算の適法性や正確性の確保も求められてお

り、予算執行の監視、執行状況の報告、会計検査や監査など事後的な統制を実現する手段も用意されている。

　今日的には、これら予算原則では対応できない政府の財政活動の複雑と広がりがあるため、予算不成立時の暫定予算制度や、政府活動の多様化に起因する特別会計予算の設置、一定の基準での予算流用などの対応がとられてきている。また、近年では現金主義や単式簿記では把握できない財務会計の状況を明らかにするために、企業会計方式による複式簿記化も進められている。いずれにしても、財政民主主義を実現するために、予算法律主義を基盤としつつ現代的な財政運営と予算制度を考えていく必要がある。

3　地方自治制度における予算と決算

　地方自治体における予算制度は基本的に自治法によって定められており、単年度会計主義と収支の会計年度独立主義が原則となる（自治法208）。また会計は、一般会計と特別会計とし、条例によって特別会計を設けることができる（同法209）。以下では予算編成過程に即して法定手続きを見てみよう。

　地方自治体においても前述した会計原則に基づいており、予算の原則は総計予算主義である。1年間の全ての収入と支出が歳入歳出予算に計上されなければならない（自治法210）。その前提でまずは予算の原案が調製されなければならない。地方自治体の長は、毎会計年度の予算を調製し、年度開始前に、議会の議決を経なければならないとされ、議会に提出する際には予算の説明書を付することとしている（同法211）。

　予算の内容としては、歳入歳出予算、継続費、繰越明許費、債務負担行為、地方債、一時借入金、歳出予算の各項の経費の金額の流用を定めるものとしている（自治法215）。歳入歳出予算のうち、歳入については、その性質に従って款に大別し、各款中においてはこれを項に区分すること、歳出については、その目的に従ってこれを款項に区分しなければならないとされている（同法216）。なお、予算の種類としては、一般会計歳入歳出予算のほかに補正予算と暫定予算がある。補正予算は、予算の調製後に追加その他の変更を加える必要が生じたとき、長が補正予算を調製しこれを議会に提出できる（同法218）。

　議会に提出された予算の議決があったときは、議長は長に送付する。長は、

直ちに、その要領を住民に公表しなければならない（自治法219）。議決された予算は執行されるが、予算の執行は長の役割であり、政令で定める基準に従って予算の執行に関する手続きを定め、予算を執行しなければならないとされる（同法220条）。

執行が終わると決算の段階になる。決算については、会計管理者が毎会計年度、決算を調製し、出納の閉鎖後に政令で定める書類とあわせて長に提出し、長は決算及びその書類を監査委員の審査に付さなければならない（自治法233①・②）。さらに長は、この決算に監査委員の意見を付けて次の通常予算を議する会議までに議会の認定に付し、その議会の議決を受けた決算について住民にその要領を公表しなければならない（同条③・⑥）。

4　議会権限から考える予算決算過程

予算原案の調製から決算に至るまでの予算過程においては、予算案の作成とその議決までの前年度、当該予算が執行される当年度、そして出納が閉鎖され監査と議会の認定手続きを経る次年度という3年間が基本となる。同じ1年間に、予算については、次年度予算編成、当該年度予算執行と監視、前年度予算執行結果の審査が、同時平行的に進むことになる。加えて、補正予算が当該年度内に計上提案されるから、さらに複雑に複数の予算手続きが並存する。このように予算過程においては多段階的に議会がかかわることになる。

予算過程は、執行部による予算編成作業から始まる。執行部内の予算要求と査定の手続きを経ることになるが、そこには様々な政治的社会的な要求が反映されることになるし、前年度あるいは当年度の予算決算やその過程が影響することになる。議会においては、予算原案の作成において、議会として、また議員や会派として、特に政策的な観点から予算内容に関する考え方を示すことが一般的である。

予算原案が調製されると、長はこれを年度開始前に議会に提案して議決を受けなければならない。都道府県と政令指定都市では年度開始の30日前までに、そのほかの市町村では20日前までに提案することとなっている。一般的には3月議会（予算議会）と呼ばれているが、現実には2月に招集がある場合もあり、長の提案を受けて議会での審議が始まる。言うまでもなく予算の議決は議

会の最も重要な権限の１つである。

　予算案の議会審議においては、通例では、予算特別委員会に付託して議論を行い、委員会の審査結果の報告を受けて議会として議決をする。議会においては、予算審議において、必要な修正を加えることがある。長の予算案の原案調製権限を侵害しない範囲で、予算の増額又は減額を行う議決ができる。また予算案それ自体を否決することもできる。議会は、予算審議、議決に際して、法的効果はないが様々な要望意見を付すことがある。予算案の採決結果は長に送付され、住民にその要領が公表される。長は必要に応じて、議会に対して再議あるいは暫定予算案の提出ができる。

　一般会計の場合には４月１日に会計年度が始まり、そこから予算執行も始まる。長は会計管理者に命令して支出を行うが、法令と予算に反する支出はできない。予算執行については、会計管理者による出納の内部管理が行われるほか、監査委員による例月の監査などがあり、執行の適正を図ることとしている。また監査の結果はそのつど議会にも報告される。なお、議会はその検査検閲権を行使し、予算執行状況についても執行機関等に文書や証言を求めることができる。また監査の請求を議決することもできる。

　当該年度の３月31日が会計年度の終了日であり、例外はあるがそこまでに予算が執行されることになる。もちろん会計処理には時間を要するため、出納の閉鎖は５月31日と法定されており、会計管理者は出納閉鎖後３ヶ月以内に歳入歳出予算に関する決算を調製して長に提出しなければならない。長はこの決算を監査委員の審査に付した後、監査委員の意見をつけて議会の認定を求める。議会への決算の提出は、次の通常予算議会前の議会までに提出されなければならない。通例は９月議会で決算審査が始まるが、12月議会の場合もある。議会における決算への関心は高いとは言えず、決算審査でも次年度予算への要望意見が多くなる傾向がある。

　ともあれ決算の認定の審議結果が長に送付されると、長は、その要領を住民に公表する。議会は決算に際して認定又は不認定を議決する。不認定となったときに、長は、所要の措置をとるべき理由がある場合、その措置をとり、その結果を議会に報告し公表する。この決算認定手続きを経て１つの予算過程は終了する。

5　予算決算における議会の意義と重要性

　予算編成から決算認定に至る予算過程は、法律によって民主的統制を保障するとともに、適正な財務会計処理を確保するものとなっている。その鍵になるのが議会である。議会は、一般に地方自治体における民主的統制を担う機関であるが、財政面でも財政民主主義を確保するという観点から議会による様々な統制が規定されている。

　まず議会の基本的な権限である予算の慎重な審議に基づく議決がある。予算案の内容や提出についても、法定手続きや議会審議を通じて厳格な統制が行われる。一般的にはこの予算審議が議会や議員のもっとも関心が集まる予算過程である。

　予算の執行に当たっても、例外はあるが各款項間の流用禁止などのように厳格に規定され、また議会の監視権限を働かせることが求められている。議会の検査検閲権限の行使や調査権限の行使は、予算やその執行に関して当然に及ぶのである。議会の監視機能は、近年、改めてその重要性が認識されているが、予算の執行過程においては、必ずしもその監視技法が確立されているわけではないため、今後の課題としても重要である。

　議会による決算を通じての監視は、監査委員や住民による財務監視とあいまって、予算過程の合規性や効率性、予算執行を通じて実現される政策の有効性を確保するなどの上で、極めて重要である。事後的監視機能を果たすためにも、議会には、予算執行成果の評価やその説明責任の追及のみならず、それらの透明性を高める役割がある。

〔参考文献〕
小村武（2016）『［五訂版］予算と財政法』新日本法規
定野司（2013）『一番やさしい自治体予算の本』学陽書房

第2節　予算編成、予算の議決と議会

1　議会の予算権限

　予算の議決は議会のもつ権限のうちでも最も重要なものの1つであり、地方自治体の運営を根本的に左右するものである。予算は翌年度に実施される全ての政策・施策・事業について、その財源と支出の両面にわたって決定するものであり、1年分の地方自治体の業務を網羅した活動を事前に決めることだからである。予算議決を通じて、公共施設の整備も行政サービスも実施できるかどうかが決まるのである。

　もちろん、議会の予算に関する権限は、一定の制限を受けている。つまり、予算原案を作成すること、そしてそれを議会に提出する権限は知事や市町村長にあるし、その提案権を侵害するような予算案の修正はできない。増額あるいは減額修正は可能であるが、予算原案提案権を侵害することはできないし、予算の議決は款項目節のうち款項が対象となる。また、予算の執行は、長あるいはその権限の委任を受けて行われることになる。このように制約が多い議会の審議権限であるからこそ、予算審議についてはその議決に至るまでの議会の審議が徹底的に行われることが極めて重要だということになる。

　執行機関における予算編成と議会との関係でいえば、通例、各地方自治体の予算編成時期に、事前に議会の各会派からの予算要望が行われる。そして、執行機関としてもこの要望を踏まえて、予算編成を進め、原案がまとまった段階では各会派や全員協議会などにおいて予算案の説明等を行う。こうして作成され提出された予算案は、予算審議においては、すでに事前の調整等が終わっている場合もある。議会では予算案の実質的な審議はあまりなく、むしろ政策要求や要望事項の伝達などに終始する場合も見られる。

2　予算審議の体制

　多くの地方自治体においては、予算審議の方式としては、議会に予算特別委員会を設置し付託する方式をとっている。それとは別に、分割して常任委員会

に付託する方式や、一括して総務系の常任委員会に付託する方式などが見られる。しかし予算案を1つの議案として審議する必要性があることから、近年では分割付託はせず、予算特別委員会を設置することが一般的であるが、その場合にも審議を詳細に行うために部会ないし分科会を設けることや常任委員会にそれぞれ部会として審議をゆだねることも行われてきた。なお、いまだ少数ではあるが、徐々に増えつつある審議方式として、予算決算常任委員会方式をとるところが出てきている。予算と決算を1つの政策過程と捉え、議長を除く全議員で常任委員会を構成し、一貫して1つの予算過程を審議し監視しようというのである。もちろん実際の予算審議に際しては、常任委員会等に部会等として検討をゆだねることが多い。なお、これも多くはないが、予算委員会や決算委員会の常任委員会化も見られる。2つ以上の常任委員会所属が2006（平成18）年の地方自治法改正によって認められるようになったが、こうした予算審議方式をとることができるようになったという意味で大きな成果ということもできよう。

　予算審議の体制については、住民生活に直結するとともに、地方自治体の運営に決定的な影響がある政策決定であることから、多くの議員がその審議に参加すること、議会としての見地を示すこと、その一方では、予算内容は包括的で総合的に検討しなければならないことから多面的で専門的な審議が確保される工夫が必要である。そのために執行機関からは、予算書とその説明資料が用意されることになる。また議会の側でも議員個人や会派としての議案調査を独自に進めておく必要もある。

　議会として、予算案の審議を委員会や部会・分科会等で審議するとしても、そこには個別の専門的な知識が必要な政策分野がある。それらを効率的に審議する必要もあることなどから、参考人制度や公聴会制度、あるいは外部の知見の活用をすることも工夫されてよい。予算案の中でも重要な政策にかかわるものや事業規模が巨額に上るものについては、慎重に審議をする観点からも、様々な側面から検討されてよいのである。

　もちろん、予算案の議会提出が予算年度の始まる20日前までに議会に提出することと規定されていることから、充実した議論をすることが求められていると同時に、円滑に新年度の事業を展開していくために、効果的効率的に予算審

議を進める必要がある。そのための予算特別委員会や常任委員会であり、部会・分科会等の設置であることは言うまでもない。

3　予算案の審議のポイント

提案を受けた予算案の審議に当たっては、大きく分けて、予算としての法的形式的妥当性、政策的な観点からの適切さ、そして財務会計や財政運営上の観点からの妥当性が重要な論点となる。またその議論は、予算が持つ総合的包括的な側面と個別の収支内容の側面の双方に注意しなければならない。限られた審議時間ではあるが、予算案全体のバランスを考えることと、重要な収支の項目あるいは問題のある個別の収支についての議論を深めることが、双方ともに意識されなければならない。

まず予算書の各款項目の正確性や適法性、公正さなどの予算の合規性の観点としては、法律や政省令また条例や会計基準等に従った予算書になっているのか、また地方自治体の総合計画や部門別計画に沿ったものとなっているのかという法形式的な審議が必要となる。予算書については地方自治法において、一般会計予算においては、歳入歳出予算、継続費、繰越明許費、債務負担行為、地方債、一時借入金、歳出予算の各項の経費の金額の流用が定められることになる。また歳入については性質別に款と項に区分すること、歳出については目的に従って款項に区分することとなっている。またこの予算案には、予算の説明書が付されることと定められており、歳入歳出予算事項別説明書、給与明細書、継続費の支出状況調書、債務負担行為の支出予定調書、地方債現在高の見込み、その他必要な書類となっている。

形式的にはこれらの要件を整えた予算書となっているのかどうかが問われる。総務省が定める予算様式では、款項目節からなり、節は27節に法定されている。これらの基準に従って予算書が作成される必要がある。例えば継続費についていえば、その事業の経費の総額及び年割額を明らかにしなければならない。

次に、政策的な観点から適切な予算となっているのかの検討である。地方自治体を取り巻く社会経済環境は、少子高齢化や人口減少など極めて厳しいものがある。限られた予算で最大限効果的に住民福祉を実現していく努力が、予算

に集約されているといってもよい。したがって、予算は法令の目指すところはもとよりであるが、当該自治体の総合的な計画や各種の行政計画に基づいて、体系的かつ計画的に編成される必要がある。そのとき重要なことはバランスと優先順位である。政策・施策・事業の体系に基づき、政策間、施策間そして事業間のバランスを考えるとともに、予算年度の重点や緊急に対処すべきものという優先順位付けがあることから、知事市町村長の所信表明や政策公約なども勘案しつつ、審議を進めていかなければならない。特定の分野への集中的な投資があるとすれば、その財源的な裏付けを確認し、その提案理由や他の施策や事業への影響などを勘案した予算審議となることは当然である。

　歳出予算については、それぞれの款項目に従ってその政策的妥当性が審議されなければならない。住民福祉の観点から必要な事業なのか、事業規模や事業手法・内容はその目的達成に妥当なものとなっているのか、事業効果は見込めるのかまた目標値があるのか、いわばその金額にあった価値があるのか（バリュー・フォー・マネー）などが、一般的に問われなければならない。

　歳入予算の編成については、収入の見通しが的確であること、実績と政策動向に対応したものであること、その算定が公平公正であること、そして所要の歳出予算に見合った必要財源の確保ができていることが肝心である。例えば、住民税をはじめとする諸税が的確に見積もられていること、地方譲与税や各種交付金が実績を踏まえて見積もられていること、地方交付税は確定前ではあるが国の地方財政計画や予算動向なども踏まえたものとなっていること、補助金等の国庫支出金が的確に算定されていること、分担金、使用料や手数料は受益に応じた適正な金額となっていることなどがチェック項目となる。

　財務会計や財政運営上の観点からの予算の検討は、全体的には経営分析の視点ということができる。財務会計上の予算審議は、個別の視点から見ると、計数の妥当性を問題にするところにある。したがって、上述の政策論議との関連も深いことを認識して、一体的に考えるべきところがある。経営分析は、昨今の地方自治体の財政逼迫や人口構成の変化あるいは産業構造の変化からすれば、縮退社会に対応した経営方針とならざるを得ないし、それに即応した財政運営を心がけなければならない。基本となる観点は、実質的に収支のバランスが確保されているかという視点である。もちろん将来にわたる収支予測、将来

負担やその繰り延べなども含めて当該年度の均衡財政を基本とし、それを持続する可能性が高いことが重要である。

そのためには、財政状況を示す指標や数値に着目しておく必要がある。財政力や健全性を示す各種の指標が用意されているし、新公会計制度（複式簿記）は地方自治体の経営状況をより実態的に示している。まずは既存の財政指標類として財政力指数や経常収支比率、行財政効率化効果などを勘案するとともに、実質赤字比率、連結実質赤字比率、実質公債費比率そして将来負担比率という財政健全化比率の各指標とその経年変化を見ておくことも重要である。新公会計制度による財務諸表は、地方自治体の財政運営のフローとストックの双方を的確に示す。これらは形式的な数値という側面もあるが、経営状況を示すものとしては必須のものであることから、予算編成時にも注視する必要がある。これらの活用方法についても今後検討していかなければならない。

4　予算の議決

予算案は、最終的には、議会の本会議において議決されることになる。通例は賛成多数で可決され予算が成立することになるが、議決に至る手順においても重要なポイントがある。1つには、予算の委員会における議論である。部会ないしは分科会での議論を踏まえて報告が行われ、委員会において総括を行う。委員会としての結論は予算案に対して賛成の場合が多いのであるが、そこでは多様な意見が述べられることも多く、それらは記録として残されることが一般的である。有力な意見があって一定の合意があるとき、予算案の修正や否決にまではいたらないものの、委員会あるいは議会としての附帯意見の議決を得ることができる場合もある。

議会による予算審議が進むと、時として、予算案の問題点が明らかになり、その修正を図る必要が出てくる。予算の修正は長の原案提案権を侵害しない限りにおいて、つまりは予算の枠組みを維持する限りにおいて、増額修正又は減額修正が可能である。長の提案権を侵害しないという場合それは形式的な観点からではなく、実質的に侵害するかどうかが問われる。したがって、本来は、長と議会との調整の上で修正がされることが期待されている。修正の提案は形式的には12分の1以上の議員の連署を持って提出できる。その場合には、具体

的な修正案が予算案の歳出と歳入の双方の款項について提案されなければならないし、その説明としては個別の事業の収支にかかわることが多いことから目節にも及ぶ修正案の説明が必要となる。いずれにしても予算案としての収支を整えなければならない。

　もちろん、予算案が修正され、また最終的に否決されることもある。長は再度予算案を提出するか、再議にかけることもできる。もちろん一般会計予算が成立しない場合には、長は暫定予算とすることもできる。究極的には、長と議会との議決にかかわる対立の解決は、再提案が可決されること、再議により可決されること、あるいは否決を受けて暫定予算、また議会の側からは長の不信任、長は議会の解散、そして選挙による新たな代表機関の選出を通じて政治的に解決されることも考えられる。議会の予算審議は、こうした最終局面を見通したものであるはずであるし、住民のための議会の役割を果たすための予算審議の重要性を認識するならその覚悟を持って予算審議そして議決に向き合わなければならない。

〔参考文献〕
尾崎善造（2012）『地方議会の12か月　1年の流れがわかる仕事のポイント』学陽書房
松木茂弘（2017）『一般財源の縮小時代に機能する　自治体予算編成の実務』学陽書房

第3節　政策財務を実現する予算：予算に関する議会権限の範囲

1　議会における予算の議決権

　すでに述べてきたように、予算の議決は、議会の最も重要な議決権限の行使である。予算は、地方自治体の毎年度の運営を事前に統制する財政民主主義の観点、また計画的な財政運営の観点、効率的効果的な運営の観点などから、当該地方自治体における最も重要な意思決定の1つであるといえる。そのために、議決機関である議会の議決権が定められているともいえる。この点に関しては、自治法96条は議決事件として、その1項において「普通地方公共団体の

議会は、次に掲げる事件を議決しなければならない」とし、同項1号の条例制定改廃の規定に続くその2号には「予算を定めること」として、議会の議決権限が予算を定めることに及ぶことを明記している。なお予算の議決は通常の議決であるので、同法116条に規定されているとおり、出席議員の過半数による多数議決、また可否同数のときは議長の決定となる。

　議会の議決に際しては、自治法97条2項において「議会は、予算について、増額してこれを議決することを妨げない。但し、普通地方公共団体の長の予算の提出の権限を侵すことはできない」と定めている。つまり長の予算の提出権限に抵触しない限り、予算額を増やすことは議会の権限であり、可能ということになる。増額修正についてはこれを無制限に認めることは、そもそもの原案の枠組みを毀損することとなり、予算案を換骨奪胎する恐れがあるとも指摘される。そこで、新たな款項の追加に当たるもの、継続費や債務負担行為に新規事業を加えるような増額修正などは許されないと理解されている。しかしながら、実質的にどの範囲が長の提案権の侵害になるのかは、いまだあいまいな領域が残っている。一方、減額修正については、予算の否決ができることから、制限なく可能とされているが、あくまでも予算提案についての減額修正であり、補正予算案であれば増額にせよ減額にせよ補正の範囲内となる。なお増額修正と減額修正は、任意的であれ義務的であれ、いずれにしても再議の対象となる。

　予算の調製、提出、審議及び議決については、その手順の原則が明確に定められている。自治法211条1項は「普通地方公共団体の長は、毎会計年度予算を調製し、年度開始前に、議会の議決を経なければならない。この場合において、普通地方公共団体の長は、遅くとも年度開始前、都道府県及び第252条の19第1項に規定する指定都市にあつては30日、その他の市及び町村にあつては20日までに当該予算を議会に提出するようにしなければならない」と定めている。また、同条2項では、「普通地方公共団体の長は、予算を議会に提出するときは、政令で定める予算に関する説明書をあわせて提出しなければならない」とされている。このように予算の案は長によって調製されること、その予算を議会に提出するときには、予算の説明書が加えられるべきこととされる。そして年度開始前に議会の議決を得ること、さらに予算年度の開始前に一定期

間をおいて議決ができるように、つまりは予算審議の時間を確保することが法律で義務付けられているのである。

2　予算の種類

　自治法218条は、予算の種類として補正予算、暫定予算を定めている。既定の予算の修正等が必要な場合には補正予算を、また当該予算年度の一定期間について暫定予算を編成することができる。同条1項は「普通地方公共団体の長は、予算の調製後に生じた事由に基づいて、既定の予算に追加その他の変更を加える必要が生じたときは、補正予算を調製し、これを議会に提出することができる」として、当初予算の変更が必要になった場合には、補正予算を議会に提出し、補正予算の議決を受けることとしている。事業実施内容や収支の実績が社会経済状況や国の財政政策などによって変更を余儀なくされることも多く、補正予算の議決によって、すでに定められた予算がある場合も、また当該年度内ですでに一般会計の予算が執行されている場合にも、新たな予算の追加あるいは削減を必要に応じて行うことになる。補正予算は、当該年度中の議会の会期ごとに必要に応じて提出され、審議議決されることになる。

　自治法218条2項は、「普通地方公共団体の長は、必要に応じて、一会計年度のうちの一定期間に係る暫定予算を調製し、これを議会に提出することができる」として、暫定予算の編成ができることとしている。一般的には、会計年度が始まるまでに予算が成立しない、あるいは成立する見通しが立たない場合などを想定して、予算が成立するまでの間、暫定的に当該会計年度中の一定期間について予算編成をするものであり、数週間から数ヶ月の範囲内で編成されることが多く、人件費など義務的な経費の支出を念頭に置いた骨格的なものとなることが多い。絶対数は少ないが、いわゆる当初予算の不成立などの理由による暫定予算の編成が時々見られるようであるが、かつては市町村の廃置分合の際の対応策とされたこともあった。暫定予算は、議会で予算が議決できないことが前提となるため、長の専決処分による予算編成となる。

　暫定予算は、本来の予算が成立すればそこで失効するが、それまでの支出や債務負担は新たな予算に引き継がれることになる。自治法218条3項では、「前項の暫定予算は、当該会計年度の予算が成立したときは、その効力を失うもの

とし、その暫定予算に基づく支出又は債務の負担があるときは、その支出又は債務の負担は、これを当該会計年度の予算に基づく支出又は債務の負担とみなす」と定めている。

　なお、予算の種類としては、会計年度前に議決されるべき一般会計の歳出歳入に関する予算が本来の予算であり、通称としては、当該年度の最初の予算であることから「当初予算」と呼ばれることがある。またこれが本来の予算であることから「本予算」と呼ばれることもあるし、通例はこの予算が制度上予定されているものでありその成立が当然とされることから「通常予算」と呼ばれることもある。補正予算や暫定予算は法令上の用語であるが、当初予算、本予算あるいは通常予算は一般的に通用しているが法律用語ではなく、そこには補正や暫定ではないという意味もこめられているようである。

　そのほか一般的にいわれる予算として「骨格予算」があるがこれも法令上の用語ではなく慣用的に使われているものである。これは、知事や市町村長の選挙を直近に控えたときに、予算編成において義務的経費を中心としたものとして、政策的な収支費目については、新たに選挙される長が提出する補正予算にゆだねる方法である。新しい長の体制における地方自治体運営や政策方針が、従来のものと摩擦を起こさないように円滑に接続すること、新しい体制における政策の選択肢を広く取っておくことなどの配慮から、骨格予算とすることが行われている。2019（平成31）年4月には統一地方選挙が執行されており、知事市町村長選挙も数多いことから、次年度予算は骨格予算とするところも多くなった。なお骨格予算も通常の予算であるので、新たに選ばれた長はその修正のために補正予算を編成するが、政策面で補充することからこの補正を肉付け予算と呼び、元の予算と合わせて本格予算と呼ぶこともある。

3　特別会計予算

　補正予算や暫定予算が、通常は、一般会計予算の修正やあるいは予算それ自体の未成立を理由としていることから、単一の予算に全ての収支を計上する総計予算主義の原則は、守られていることになる。しかし、法令によってその例外を設けることができる予算の種類があり、それが特別会計予算である。

　特別会計には、地方公営企業法及び地方財政法によるもの、そのほか個別の

法律で定められているものがある。前者としては、地方公営企業法に規定される公営企業であり、水道、交通、電気、ガスなどの事業がある。また地方財政法6条に基づく同法施行令46条の公営企業として条例で定めるものとして港湾整備事業、市場事業、と畜場事業、観光施設事業、下水道事業などがある。さらに法律ではなく条例で地方公営企業法の財務規定を適用している事業としては、有料道路事業、駐車場事業、介護サービス事業などがある。これらの公営企業や法適用企業は、法令に基づいて企業会計方式をとっていること、独立採算制度が基本であることなどが特徴である。

　後者の個別の法令によって特別会計とされているものとしては、国民健康保険事業、老人保健医療事業、介護保険事業、後期高齢者医療事業、公害被害者救済事業など多岐にわたっている。特別会計は、一般的には、特別の収入があり、それに基づいた支出や事業がある場合に、その事業の責任や経理を明確にすること、事業の経営の健全性や継続性を確保することなどの観点から独立した会計制度をとることを認めるものである。特定の受益者に対するサービスの提供があり、それに対応した料金収入がある場合には、その事業を独立して運営するほうが効果的効率的であり、また経営における収支損益や資金管理なども透明性を確保できると考えられている。

　地方公営企業法に基づくものであれその他の特別会計であれ、これらの事業は、完全に一般会計の収支予算から独立しているわけではない。一般会計からの繰入が一般的には行われている。また繰入については、法令で繰入基準が設けられている場合もある。事業経営の健全性や一般会計からの繰入の妥当性などが、予算審議においても論点になることがある。

4　予算の内容と議決の範囲

　自治法9章「財務」の2節「予算」においては、その210条〜217条において、予算に関する定めをおいている。その中では、同法210条が総計予算主義などの原則を規定し、前述した同法211条が予算の調製及び議決を規定するほか、予算に定めるところにより、212条では継続費、213条では繰越明許費、214条では債務負担行為に関する規定をおいている。これらは、同法215条において、予算の内容として「一　歳入歳出予算、二　継続費、三　繰越明許費、

四　債務負担行為、五　地方債、六　一時借入金、七　歳出予算の各項の経費の金額の流用」として規定されている。また同法216条では、歳入歳出予算の区分として、それぞれ款と項に区分することとされる。以上の各条において定義される予算の内容が、議会の議決対象ということになる。

　予備費については、自治法217条1項において「予算外の支出又は予算超過の支出に充てるため、歳入歳出予算に予備費を計上しなければならない。ただし、特別会計にあつては、予備費を計上しないことができる」とされているが、2項では「予備費は、議会の否決した費途に充てることができない」としており、予備費の充当については議会の議決が及んでいることに注意が必要である。

5　予算議決後の手続き

　自治法219条は、議決後の予算の送付、報告及び公表について定めている。そこでは、議会議長は議決結果を長に速やかに伝えること、長はそれを報告しまた公表することが規定されている。すなわち、同条1項は「普通地方公共団体の議会の議長は、予算を定める議決があつたときは、その日から3日以内にこれを当該普通地方公共団体の長に送付しなければならない」と定めている。また2項では「普通地方公共団体の長は、前項の規定により予算の送付を受けた場合において、再議その他の措置を講ずる必要がないと認めるときは、直ちに、その要領を住民に公表しなければならない」と定めている。つまり、予算を定める議決があったときは、議長は長に直ちに送付すること、送付を受けた長は、再議の必要がある場合には再議をすることになる。再議等の必要がない場合には、長は予算の概要を住民に公表することが義務付けられている。なお予算の提案が議会によって否決されたときには、再議が及ばないと考えられることから、長は改めて予算を提出することになるし、必要に応じて暫定予算を組むことになる。

　予算を定める議会の議決があり、その報告があり、そして住民への公表後には、長による執行段階に入ることになる。自治法220条は、予算の執行、流用及び事故繰越しを定めている。また、同法221条は、予算の執行に関する長の調査権等を定めている。なお、同法222条は、長が予算を伴う条例等の提案を

することを制限するとともに、規則等についても予算の見通しがつかない場合には制定改廃等の制限が行われるとしている。同条 1 項は「普通地方公共団体の長は、条例その他議会の議決を要すべき案件があらたに予算を伴うこととなるものであるときは、必要な予算上の措置が適確に講ぜられる見込みが得られるまでの間は、これを議会に提出してはならない」としており、議会の議決を求める場合について制限している。反射的には、議会は、議案の審議に当たって、予算の裏付けに留意する必要があるということでもある。

〔参考文献〕
小坂紀一郎（2018）『一番やさしい自治体財政の本（第 2 次改訂版）』学陽書房
定野司（2013）『一番やさしい自治体予算の本』学陽書房

第 4 節　歳入予算の審議：政策財務の要点

1　歳入全体を見る

　一般会計歳入予算の審議に当たって注目するべき点は、歳入全体の姿を把握しておくことである。歳入予算の款の総括表を見れば、金額が大きいものとして地方税、地方交付税交付金、国庫支出金また市町村の場合は都道府県支出金、そして地方債などがある。まずは予算説明書や概要などでは、予算に対して、前年度当初予算、補正後予算、前年度決算などとの比較が明らかにされるので、主要な収入の動向を確認しておくことで、歳入予算の増減の推移を把握することができる。

　財源の種別として、自主財源としての地方税に対して、依存財源である地方交付税や国庫・都道府県支出金、地方債などとの対比をすることで、財務体質や財政の自主性ないしは自由度をある程度は見て取ることができる。また、地方税や普通地方交付税のように自由に使い方を定めることができる一般財源と、国庫支出金や地方債のような使途目的を特定されている特定財源とを区分して見ておくと、ここでも財務体質が明らかになる。法律や国の政策によって

あらかじめ定められた財源と支出先があるものに対して、地方自治体として自主的に使途が決定できる自由な財源がどのくらいあるのかは、予算審議上の参考になる。なお、歳入の姿をより的確に見るためには、過去 5 年程度の推移の確認や類似団体との比較なども有益である。

　歳入予算は翌年度の収入の見通しであり、不確実なところが必ずある。そのため予算編成方針として、当初予算ではできるだけ確実に見通そうとして、内輪に算定する団体も多く見られる。もう一方では、様々な期待値をこめた歳入を計上する場合もある。景気の動向や国の財政方針などにも左右されるところがあり、的確に見通すことは難しい。そのときに考えておくべきは、歳入の財源を的確に見積もることだけではなく、必要となる歳出とのバランスで収入を確保するという発想であろう。いわば「入を量って、出を制する」だけではなく「出を量って、入を制する」という 2 つの考え方のバランスをとることになる。

2　地方税

　歳入の主要な財源の 1 つは地方税であり、都道府県の主要税目としては、都道府県民税（法人と個人）と法人事業税（法人と個人）がある。都道府県民税は所得に対して均等割りと所得に応じた賦課とがなされている。これらが都道府県の地方税収の多くを占めている。市町村の場合には、市町村民税（法人と個人）と固定資産税が中心である。市町村民税は均等割りと所得に応じた課税による。固定資産税は、土地や建物など固定資産の評価の額に基づいて課税される。そのほか、都道府県には、不動産取得税や自動車取得税など様々な税目がある。また市町村についても、軽自動車税や都市計画税、入湯税など多様な税目がある。これらの税には、地方税法等で定められている法定普通税と法定目的税があるが、地方自治体で任意に税条例を制定し課税する法定外税もある。また、住民税のような一般に広く課税される普通税と、受益の範囲などに応じて課税対象を特定する目的税に区分される。なお、課税される個人や法人（事業者）が直接課税される直接税と、地方消費税や市町村たばこ税のように取引時点で価格とともに税が支払われ、それが業者などから納税される間接税がある。

　いずれにしても、地方税は、税目また課税標準や制限税率（最高限度）が定められているなど法定の税制度で枠付けされることが多く、国の税制改正の動向に注意する必要がある。また、税収は個人所得や事業所得に連動するところが大きく、景気動向に左右されるために、経済の情勢にも注意が必要である。市町村の固定資産税のように比較的景気変動に左右されにくい税源もあり、大切にしなければならない税源であるが、その割合は相対的には大きくない。

　地方税に関する予算審議に当たっては、1つには、課税をするべき対象（課税客体）が的確に捉えられているか、見落としはないのかがまず問題となる。また地方税については、社会経済的な事情を勘案した減免措置がとられていることもあり、通常の課税対象から除外することの妥当性については注意しておく必要がある。2つには、税率については、個人にかかる税は比較的標準税率によることが多いが、事業にかかる税は制限税率とすることもしばしば見られることから、税率の設定が適切であることが確認されなければならない。3つには、税の徴収が100％できているかどうかという収納率の問題であり、これが実際の収入の額に直結することになる。95％であるものを1ポイントでも上げようとすれば、それに応じた努力が必要となることから、目標の立て方やその実現のための工夫も必要となるし重要な論点でもある。

3　地方交付税交付金

　地方交付税交付金は、国の地方財政計画に基づいて配布される地方財源であり基本的に使途の特定されない一般財源であるが、地方行政の経費と収入のバランスをとるために国に依存するという意味で依存財源として位置付けられている。地方自治体全体の必要経費（基準財政需要額）と標準的な収入（基準財政収入額）との差額を交付するのが制度の趣旨である。その支出の算定は法律等で定められた義務的な経費や合理的な根拠に基づく地方行政経費について、客観的な基準によって計算される。また収入についても、標準的な普通地方税収等によって確保できる額を財政収入額として計算している。需要額が大きく、収入額が小さいことから、その補填をする仕組みとして地方交付税交付金が設けられている。

　地方財政計画は国の予算審議が始まる時期に、例年2月ころに明らかにされ

るので、そこで見込みとされる額に注意する必要がある。国が地方財政収支を
どのように見積もっているのか、そこにおいて重点的な経費として具体的に何
を考えているのかなどを読み取っておくことも重要となる。実際に配布額が決
定されるのは新年度になってからであるので、必然的に補正予算での対応が必
要となるが、補正の規模を小さくしておくことができるような当初予算審議の
あり方も考えておかなければならない。

　それぞれの地方自治体への配布は客観的な基準に基づくのであるが、その収
入額の算定は標準的な地方税収に基礎を置くことから地方自治体毎の工夫の余
地は少ない。これに対して、需要額は一般的な経費として客観的な人口や面積
などに基づくところもあるが、なお地方交付税の適正額の交付を考えるなら、
例えば土木費における道路面積や道路延長のように、算定基礎を的確に把握し
計上しておくことが重要となる。

4　国庫支出金、都道府県支出金

　国庫支出金や都道府県支出金は、「負担金」「補助金」「委託金」に区分され
る。負担金は、生活保護費のように国等がその義務として国民生活を保障する
ために負担するものである。補助金は、事業費補助などのように国等の方針に
従って地方自治体の政策を奨励することや負担を軽減するために支出される。
委託金は、国政選挙費用などのように国等の事務を地方自治体が委託を受けて
国等に代わって執行する場合に支出される。

　負担金や委託金については、法定のものや政治的な決定によるものが多く、
地方自治体からすると自由度は低いが、政治的には国等への働きかけが必要な
場合もあり、負担金の比率や委託金の金額算定などについては議会としても政
治的政策的な観点から予算審議を進める必要がある。

　補助金については、国等の政策誘導の意味があり、補助事業の予算化には、
予算審議上は一定の注意が必要である。補助事業は、財源資金を国庫等に依存
できることから、地方自治体としての所要の事業を進める上では、これを賢く
使うことが求められる。補助事業はもちろん、事業採択が前提となるが、そう
した条件が整っているかどうかも予算審議での論点となる。

　毎年のように国等には政策的に打ち出す様々な新規の補助事業がある。それ

らについては、議会としても注意をして新規事業の補助スキームなどを確認し、その利害得失を見計らっておく必要がある。各地方自治体に適合した補助事業を探すことは、基本的には行政の役割ではあるが、議会としての審議責任の一環でもある。

その一方では、補助事業には奨励的な意味があることから、一定年限で廃止される場合もあり後年度負担がある場合などには注意が必要である。本当に必要な事業であるのか、中長期的に見ても住民の福祉に貢献できる事業であるのかどうかを見定める必要がある。加えて、補助事業は、所要の事業費が全て補助されるわけではない。補助事業単価と補助数量の合計額に一定割合の補助率をかけて算定されるために、3分の1とか3割補助とかになるのであり、それ以外は地方自治体の財源からの持ち出しになる。加えて、国等の補助事業のスキームと地域の事業ニーズには当然ながら差が出てくるのであり、国等の算定の単価や数量が地域の実情と乖離して小さくなっている場合、また補助対象事業の範囲が狭く限定されていてそれだけでは効果を発揮しない場合などには、超過負担の形で地方自治体の負担がさらに大きくなる。

公共施設等の建設に関しては、補助事業のための地方自治体側の財源として地方債を使うことができる場合があり、またその元利償還に関しては地方交付税交付金の算定基礎として算入することとされている場合がある。一見して負担が軽くなるように見えるが、地方交付税措置は、元利償還金を全額保障する性質のものではないこと、また算入の条件があることにも注意して審議をしておく必要がある。

5　地方債

地方債は、当該年度に必要な歳入予算を確保するための借入であるが、その返済を当該年度の歳入ではまかなえない場合に、複数年度にわたる償還を前提とした財源措置として位置付けられる。地方債は地方財政においては原則禁止であるが、例外として、水道や交通など公営企業等の財源資金、土地や物件買収目的の出資又は貸付、地方債の借換財源、災害救助や応急対策・復旧事業の財源、そして文教施設や厚生施設また土木施設などの公共・公用施設の建設費や土地購入費については起債できる。

　単年度では収支のバランスが取れない巨額の費用を捻出する借入であること
から、過大な借金にならないように、地方財政制度上も利用目的を限定した適
債事業を定めており、また起債充当率の制限が設けられている。ただし近年で
は、財政事情の逼迫もあって、建設事業債などでは90％まで起債できることに
なっている。

　地方債は、長期にわたる借入であり、将来にわたって返済しなければならな
い借金であることから、後の世代に付けを回すことになることを認識しなけれ
ばならない。もちろん施設それ自体は数十年にわたる耐用年数のものが多く、
その恩恵は長期に続くのであるが、同時にそれら施設の維持管理や大規模修繕
の経費、また償還のための公債費負担を考え合わせて判断することが予算審議
でも求められている。地方自治体では、従来から地方債に頼った財源手当てを
してきた経緯もあり、新たに起債するとしても、中長期的な財政見通しや、将
来にわたる負担、償還への準備や見通しなども的確に見積もる必要がある。

　地方債の起債に当たっては、起債の目的、限度額、起債の方法、利率、償還
期間や方法が明らかにされる。目的や金額が妥当かどうか、発行条件や利率な
どで有利な起債になっているかどうか、償還期間や方法が妥当かどうかなどは
予算審議の要点となる。なおその際に参考となるのは、地方債償還のための各
年度の実質公債費比率や地方債総額における将来負担比率などの財政指標の把
握である。また、地方債の償還計画は、将来の財政運営の見通しの中で、後年
度負担の推移を考える上で参考となる。人口減少社会が当然とされる時代に
あって、将来負担の規模や影響を検討しておく必要があることは言うまでもな
い。

6　分担金、負担金、使用料、手数料その他の歳入

　分担金は特定多数又は特定地域に利益をもたらす事業を行うときその受益の
限度に応じた費用の分担を求めるものであり、公共下水道や河川、土地利用な
どにおいて見られる。負担金は公益事業に特別な利益を持つものに金銭を給付
させるものであり、地方自治体相互間や国と地方の間などで発生する公法上の
関係とされ、都市計画法や道路法あるいは河川法などに規定がある。分担金、
負担金ともに、その歳入予算は、単価に数量を乗じたものとなる。これらは法

令等に基づくものであり、その単価や数量の計算についての根拠を確認しておく必要がある。

　使用料は行政財産や公の施設の利用にかかる料金であり、受益の対価とされるもので、いわゆる受益者負担の原則に基づくものである。手数料は特定の人のための事務の経費の全部又は一部を償うための金銭である。使用料や手数料収入も、単価と数量の見込みに基づいて、予算編成がされている。予算審議においては、特に、受益者負担の原則がゆがめられていないか、また行政事務経費が適切に反映されているのかといった観点から検討していく必要がある。

　そのほかの収入としては、基金からの繰入金がある。財政調整基金からの繰入は、歳入の不足を補う必要があるいわば緊急事態に対応するためのものであり、それ自体は予算審議において重大な関心を持って議論しなければならない。一時的な現象であればまだしも、そうした事態が何年も続くようであれば、歳出入のバランスが取れていないこと、不健全な財政運営に陥っていることを意味する。一方、特定目的基金からの繰入金は、施設建設基金の場合のように、目的どおりの費目に妥当な金額が繰入金として計上されているかが予算審議での要確認事項となる。

　財産収入は、土地や施設設備の貸付、あるいは財産の売却などからの収入であり、今日的には公共施設等の適正管理が問題になっている状況からすれば、貸付や売却が計画通り進んでいるかを予算審議においてもチェックする必要がある。そのほか諸収入としては、広告料収入や命名権（ネーミングライツ）も収入源として活用されている。

　財政制約が厳しい時代にあって、また低成長経済が常態化している状況にあって、所要の財源を探索することは、地方自治体にとって重要な課題となっている。歳入予算の審議は、単に従来の歳入見積もりを前提とするのではなく、歳出予算と連動した形で、財源探索を確実に行い、歳入の見通しを立てていく作業でもある。歳入予算は将来の推計でしかないが、その見込みが不確かであればあるほど、歳出予算の制約も大きくなるし、年度途中での補正予算の幅が大きくなる。これらは結局のところ、計画的な財政運営や政策運営を阻害し、予算審議による事前の行政統制としての役割を果たさないことになる。

〔参考文献〕

稲沢克祐（2010）『自治体歳入確保の実践方法』学陽書房

町田俊彦（2012）『歳入からみる自治体の姿——自治体財政・収入の仕組みと課題』イマジン出版

第5節　歳出予算の審議：政策財務の要点

1　歳出予算を予算説明書から大括りに見る

　歳出予算は、通例、目的別に款と項に区分されて示される。これらは議会が議決すべき科目となる。議会費から始まり予備費に終わる普通は11から12に区分される款には、それぞれの合計額と内訳としての項の金額が計上されている。

　まずは、予算説明書によって、前年度予算との対比、その財源内訳を検討することから始めるとよい。予算説明書では、その予算額、前年度予算額、そして予算の財源内訳が明らかにされる。それぞれの款ごとに見て、前年度との対比において大きく増減しているようであれば、その原因は何であるのかを確認することから始めなければならない。

　次に、予算説明書では、款ごとの財源内訳を見ることになる。特定財源と一般財源が充てられているが、特定財源については、国庫支出金、都道府県支出金、地方債、その他となっていることが多い。例えば、総務費についていえば、ほとんどが一般財源を原資としていることが分かるし、民生費では、通常は半分程度が特定財源であり、国や府県からの支出金によっていることがわかる。こうした財源の割合や、特定の財源の変化が大きいようであれば、国の制度の変更や政策的な重点の変化も考えられることから、精査をしてみる必要がある。いずれにしても、財源内訳についても、適切な見積もりに基づいているかどうかを、前年度の状況や国の政策や制度の変更を踏まえて検討しておく必要がある。

2　項、目、節から読み取る

　予算説明書では、それぞれの款の中の項ごとに区分した上で、項の中の目ごとに財源内訳とその合計、そして節ごとの予算を示している。款、項、目までは目的別の歳出であるが、節は性質別の分類になっている。節については、さらにその内訳が説明されている項目もある。なお、以下で用いている款、項、目の数字は、団体によって少し異なっている場合があり番号等は多少前後する。ただし、節は変えられないことになっているので全国共通である。

　予算編成時にはあまり議論されることがなく、また金額も小さいことから予算審議においては注目されない「議会費」を見ておきたい。通例、議会費は款の「1　議会費」として位置付けられている。そして項としては1つだけの「1　議会費」であり、同じく目としては「1　議会費」だけである。款、項、そして目についても、財源内訳を見ると全てが一般財源となっている。ただし節を見るとその詳細が性質別に明確になる。報酬や給料など、議員報酬、職員給与、手当、共済費などが多くを占めている。消耗品や印刷費等は需用費に区分されている。会議等のインターネット配信がされている場合には、節の「12　委託料」に入っていることがある。また話題になりやすい政務活動費は、節の「18　負担金、補助及び交付金」の説明の中で金額が示されることになる。議員報酬や職員給与は問題にされやすいかもしれないが、節の「8　旅費」、「9　交際費」、「13　使用料及び賃借料」などその他の経費も適切に見積もられているのか、検討をしておく必要があろう。

　財源内訳と節の構成から歳出予算の特徴が分かるものもある。款の「2　総務費」、その項の「1　総務管理費」、その中の目の「1　一般管理費」は、ほとんどの財源が一般財源であることが分かる。しかも性質別に見ると、給料、手当、職員共済費が多くを占めていて、それらの詳しい内訳の説明がある場合にも職員給、扶養手当、期末勤勉手当などとされている場合が多い。人件費は義務的経費であって議論しにくい側面もあるが、職員給等の負担は大きいことから、これについてはやはり予算説明書に含まれる給与明細書とあわせて検討し、適正な手続きと算定根拠に基づいた予算となっているのかチェックしておく必要がある。また総務費には、項、目の違いはあるが、節の「24　積立金」

が計上されていることが多い。財政調整基金等の基金の積み立ては、計画的に進められる必要があり、そうした配慮がなされているのかどうかを歳出予算面からも慎重に検討しなければならない。

　財源内訳から特徴が分かるものの中には、国や府県の支出金が大きな財源となっているものもある。例えば、款の「3　民生費」の項「3　生活保護費」においては、その目の「2　扶助費」を見ると75％程度が国庫支出金であり、25％程度を地方が支出していることが分かる。国の制度であり、義務的経費であることから、切り込むことは難しいと思われるかもしれないが、その積算の根拠は対象者に関する単価とその数量にあるのであり、その根拠を確認しておくことも重要である。

　性質別に分けた節に着目してみると、それぞれの目の特徴がよく理解できる。人件費関係が大きいところ、扶助費などの給付が多いところは前述のとおりであるが、土木費で見れば節の「14　工事請負費」などが道路補修や河川改修の経費として、またそれらの調査設計などについては「12　委託料」として計上されている。これら工事請負費や委託費も金額が大きく膨れ上がることもあり、その事業規模や事業内容については精査が必要な場合もある。

　なお款の最後には、必ず「公債費」と「予備費」が計上される。いずれも款、項、目、節については単純な区分であるが、財政運営上は影響が大きくなる場合もあるので、適切な見積もりになっているかどうか確認が必要である。近年、全般的に公債費についてはその負担が軽くなる傾向にあるが、その一方では、各団体の個別の事情によって大きく変動することもあるので、注意が必要である。

3　性質別に検討すべき歳出の観点

　一般会計の歳出予算は、大括りにその性質から見ると、義務的経費（人件費、扶助費、公債費）と投資的経費（普通建設事業費）に区分される。インフラなど公共施設の整備が大きな課題であった高度成長期あたりまでは、投資的経費にウエイトを置くことが重要であった時期もあったが、今日の成熟経済社会の時代、人口減少社会では、その意味は大きく異なってきている。

　かつてのような投資的経費重視型ではなく、持続可能な投資が未来に向けて

確保できるかどうかが問われている。公共施設の総合管理計画などもそうであるが、今では持続可能で適正な更新、あるいは維持管理という観点から、投資的経費のありかたが重要と考えられるようになっている。

　普通建設事業費については、ここ数年の間に、建設単価や資材費が急速に上昇し、当初の見積もりを大きく越えることが起こっている。東京オリンピック・パラリンピックの建設ラッシュの影響とされる。2020（令和2）年の開催予定がコロナ禍で1年延期となり、今後の見通しは難しいが、一時的な価格変化が終わるまでは、その審議にも注意をしなければならない点である。

　もちろん義務的経費についても、前述したように、人件費の妥当性や、扶助費の算定根拠の適切性など、的確に見積もられるべきことは当然である。義務的経費は、近年の傾向として増加の方向にあり、人事院勧告や子育てなどの経費に当てるための予算配分が求められることが増えている。これらも対象数と単価の根拠を明確にした審議が求められているのである。

　義務的経費と投資的経費以外の経費であるその他経費として、物件費、補助費等、積立金、貸付金などがある。物件費には節の「10　需用費」や「12　委託料」が含まれる。例えば、人件費を節約する代わりに外部委託を増やしていると、物件費が増加することがある。施設の維持管理に経費がかかるとやはり物件費が増えることになる。補助金や負担金、交付金などが、政策的に増える場合もある。これら経費の変化にも注目が必要である。

　そのほか、歳出予算を見るときに、経常的経費と臨時的経費に区別して見ておくことも有効である。当該年度だけの一時的な経費であるのか、それとも後年度も含めて経常的に歳出を考えなければならないのかという区別である。必ずしも性質別経費の節区分とはなじまない側面もあるが、その年度だけの補助金なのか、それとも継続的に歳出していく補助なのか、これも審議の際の重要な論点となる。

4　27節の審議の着目点

　歳出予算の議決対象ではないのであるが、節に着目して検討しておくことも重要であり、問題点を明らかにする論点となることもある。これまであまり触れることができなかった節について少し詳しく検討してみたい。

　節の「1　報酬」は、議員や委員、非常勤職の報酬であり、条例で定められる報酬に根拠を置くこととなる。報酬の妥当性については、住民からの批判もあることから、予算の審議においても単価や対象数の根拠について、慎重に検討しなければならない。

　「2　給料」は、義務的経費であり、一般職給であれ特別職給であれ、条例に定められたものであるために、これも審議の対象とはなりにくい。しかしながら、すでに触れたように、給料は金額としても大きく、また流用の範囲を超えるために補正予算を組むこともありうる。財務管理の上でも焦点となることから、職員の採用や退職などを的確に見積もっているかどうかなどは詳細に検討されなければならない。

　「3　職員手当等」では、特に期末勤勉手当などの金額が大きいが、期末手当等の運用については、人事評価の導入なども進められているという観点からも検討が必要とされる場合もある。

　なお従来あった「7　賃金」は、会計年度任用職員制度導入により削除された。臨時・非常勤職員の任用の適正化のため、その経費について、給料、報酬、職員手当等に区分するため、節は28から27になった（平成31年3月29日総務省令37号による改正、令和2年4月1日施行）。臨時非常勤職員の任用や処遇も審議の要点であることは言うまでもない。

　「7　報償費」は報酬以外の報償や記念品などの経費であるが、講演講師謝金の妥当性、記念品等の価額や数量など適切かどうかは検討される必要がある場合も出てくる。

　「8　旅費」については、前年度の実績なども踏まえて、必要最小限とする観点からの検討が必要である。

　「9　交際費」については、長や議長に限られるが、これまでの執行状況、その妥当性などを踏まえて、また決算状況をも参照しながら、その金額の妥当性について判断しなければならない。

　「10　需用費」は、消耗品や光熱水費、食料費、印刷製本費、修繕費、医薬材料費など様々な経費が含まれる。目の中の金額としては小さいものもあるが、全庁的に積み上げると大きな金額になるのであり、とりわけ、光熱水費には注意が必要である。

　「11　役務費」には通信運搬費、手数料、損害保険や賠償保険の保険料などが含まれる。これも金額的にはわずかであるが、しかし全体で見ると巨額に上ることもある。効率的で節約ができているのか、合理的な経費支弁の方法になっているのかなど検討の必要がある。

　「12　委託料」は、今日の行政にとっては極めて重要な費目であり、業務それ自体が委託に多くを負っている現状にある。各種のコンピュータシステムは基本的に管理委託をしているし、試験研究や調査も多くが委託である。専門的な知識の提供なども委託によっていることも多い。巨額に上る例も多いことから、委託業務の内容について精査し適正な業務内容を妥当な価格で委託しているのかを確認しておく必要がある。

　「13　使用料及び賃借料」には、事務機器や自動車また用地の借上、高速道路の通行料、駐車場使用料などが含まれる。借上料が大きいが、その必要性や金額の妥当性などは、例年のことになる場合があるとはいえ、社会経済情勢の変化なども見据えながら、常にチェックをしていく必要がある。

　「14　工事請負費」は、前述してきたように、道路や河川また公園などに関して金額も大きいことから、その事業の目的や方法、価額などについては歳出予算審議において常に精査が必要である。

　「15　原材料費」については、工事用材料や加工用材料などが含まれるが、単価や数量については、必要性や品質、また実勢価格も含めて検討が必要となる。同様のことは、土地購入などにかかる「16　公有財産購入費」、設備などの「17　備品購入費」についても、金額が巨額に上る場合もあり、注意が必要である。

　「18　負担金、補助及び交付金」には、各種の補助金や負担金、交付金などが含まれる。多数の事業においてこの経費が使われており、行政手法としても定型的なものとなっているが、その一方では、漫然と補助が行われていたり、これまでの経緯から慣行的に負担がされていたりすることも間々見られる。真に必要とされている補助なのか、その効果を見据えた議論が必要となっている。

　「20　貸付金」や「23　投資及び出資金」は、その目的と効果を精査する必要がある。一時的な歳出となることもあるが、将来における損益など収支の見

通しや成果まで含めて考えるべき場合もある。

「27　繰出金」は、他の会計への繰出である。一般会計歳出予算が、特別会計の歳入を補填することになる。企業会計等の特別会計の適正な運用のために、繰入基準等が国によって定められている場合もあり、安易な繰出繰入になっていないか精査が必要である。

5　比較検討の重要性

歳出予算の検討に当たっては、これまでにも触れてきたように、比較の視点が重要となる。類似団体との比較もあるし、過年度との比較も重要である。歳出予算の推移を複数年度にわたって振り返っておくことは、予算審議においても大いに役立つところである。個別の費目の検討に当たっては、少なくとも、それぞれの款、項、目、節について、前年度の当初予算だけではなく、補正予算も参考にし、比較検討することで実態に近い審議が可能となる。また、前々年度の予算に対応したものになるが決算書も参照することにしておくと、それとの対比において予算計上の妥当性を検証することができる。特に執行残の金額を確認しておくことは、予算計上の妥当性を精査することにも結びつく。

〔参考文献〕
小笠原春夫（2018）『要求・作成・審議が1冊でわかる予算の見方・つくり方　平成30年版』学陽書房
町田俊彦（2013）『歳出からみる自治体の姿──自治体財政・支出の仕組みと課題』イマジン出版

第6節　政策財務の観点からの予算審議のポイント

1　政策と予算

予算は行政の管理手段であるとともに、政策実現の手段でもある。適正な行政執行を事前に確保することも重要であるが、それ以上に地方自治体としての

政策目的を実現することができるかどうかは予算の議決にかかっているといってもよい。近年では行政活動の量的増大や質的な高度化や複雑化が進んできたこともあって、事前の統制だけでは全てを管理することが難しいとも考えられるようになっている。そうした観点から、成果主義の行政が重視されるようになっており、事後の政策評価や業績測定を通じて行政責任を問うことが一般的になっている。つまりは行政管理面よりも政策選択が問われるのが予算審議の役割ということになる。こうした現状を踏まえるなら、これからの予算の審議は、議会の基本的な権能でもある政策形成・政策決定・政策評価の観点から進められることが当然と考えられてよい。

　政策を予算化する場合には、具体的な建設事業や補助金などの給付事業などとして、予算計上されることになる。中には、ゼロ予算事業として人件費だけで進めることとしている事業もある。ともあれ、これら予算に含まれる各事業のそれぞれについて、その背景にある政策の意義や目的という観点から、また政策目的達成の実現可能性という観点から、まずは検討がされなければならない。その上で、個々の予算事業の妥当性について審議が行われるのである。予算事業の審議に当たっては、それが実現しようとする政策が、地方自治体住民のニーズに適切に対応しているのか、最も効果的で効率的な手段を選んでいるのか、その結果は本当に住民にとって望ましいものであるのか、収支の計上は明確で合理的な根拠があるのか、といった観点からの検討がされなければならない。

　もちろん全ての予算事業を詳細に検討することには限界がある。市町村では、通例でいえば、1千から2千程度の予算事業が計上されていることが多いことから、これらを全て詳細に審議するほどの時間的な余裕はない。当然ながら、自主事業など政策的な意味のある任意的な経費が審議の中心になりやすい。任意的な経費については地方自治体としての自主的な判断によるものであり、いわば政策的な配慮を働かせやすい予算事業ということになる。重要な政策やその事業について審議の重点がおかれ、質疑も集中することになることはやむを得ない。もちろん、審議に際しては人件費などの義務的な経費の審議を軽視してはならないし、それらの妥当性について留意することが求められているし、その他の義務的な事業等にもバランスよく目配りをしていく必要があ

る。

　ともあれ予算審議は、概して、政策やその事業をめぐる質疑が展開されることが基本となっている。予算審議は政策実現に向けたもっとも直接的な影響のある議決となる案件であり、議員や会派としての政策上の主張を、限られた審議時間そして質問時間の配分の中で、徹底して整理し、政策議論を展開しなければならないのである。

2　政策財務の観点

　予算審議に際して留意すべきは、まずは、中長期の財政計画や財政見通しの観点である。行財政改革などと連動させることが多いが、財政計画や見通しを立てて、5〜10年程度の中長期的な財政の推移を予想するとともに、計画的に歳入と歳出を見積もるのである。単純な推移の予想となる中長期財政見通しとされる場合もあるが、いずれにしても、毎年度予算を考える上では、参考としなければならない。財政計画は、歳出における義務的経費の推移を予測しつつ政策的経費の支出を計画的に見通し、それに対する税収や交付金あるいは地方債などの財源収入の確保とその推移を踏まえたものとなる。予算審議に当たっては、この枠組みに沿った予算になっているかどうかが問われなければならない。

　政策財務の考え方は、もちろん、毎年度の予算編成の基本方針として表現されるはずである。財政計画も予算編成基本方針も長が策定する計画ではあるが、それらに具体化されている内容については、議会・議員としても注目しておく必要がある。

　地方自治体では、一般的に執行機関による予算編成方針等が作成され、それぞれの部や課などの単位ごとに予算要求をしていく枠組みが定められる。これに従って毎年度の予算要求があり、財政当局による予算査定が行われ、最終的には長による査定を経て、予算原案が決定される。予算編成の基本方針は、毎年度予算の策定に際して、長の重点施策や財政運営方針、予算総額や主たる配分など全体の骨格、そして予算要求の根拠や基準などが定められており、予算案の基本的な方向付けや重点そして編成の枠組みを定めるものとなる。したがって、議会としては予算編成方針等の考え方を参考とすることも予算審議に

おいては重要である。

　とりわけ、財政事情が逼迫している近年の地方自治体においては、予算編成方針では、全ての歳出入にわたって、財源や収入の確保と、経費の節減や不要不急の事務の削減等が求められている場合が多い。財源や収入の確保策の工夫が求められることはもとより、予算要求における経常的経費の節約、義務的経費への切込みなどもあり、もちろん政策的経費の選択と集中は当然とされるところが多い。中には一律に経費のカットを求める場合などもある。こうした予算編成方針で提案される予算については議会としても、歳入の確保が適切にはかられているのか、真に経費の節減や不要不急の経費の削減ができているのか、また政策面では適切な選択と集中ができているのかを検討しなければならない。

3　総合計画

　地方自治体の最高位の行政計画は、総合計画である。この計画は、地方自治体の全ての政策、施策、主要事業について中長期的な見通しの下に定められたものとされ、時には総花的で寄せ集めだと批判されることもある。ともあれ持続可能な地域づくりが求められている今日においては、総合的体系的な行政運営が必須とされていることから総合計画的な枠組みは必要だといえよう。総合計画は、通常は、長期的な基本構想、5〜10年を計画期間とする基本計画、3年間の事業の収支見通しを踏まえた実施計画から構成されることが多い。基本構想と基本計画は策定されるとほぼその期間終了まで維持されることが多い。実施計画は、毎年度見直して向こう3年間の事業実施の見通しを立てることが多く、通常は予算事業に反映されることが多い。そのうち、議会の議決事件の追加がされることが多いのは、基本構想と基本計画である。実施計画は、予算の原案調製権限との関係や、議会が関与するべき基本的な計画には当たらないという観点から、議決事件には追加されていないと考えられる。

　予算編成に当たっては、関係部門からの予算要求があるが、その要求の根拠として求められるのが、基本計画との関連性である。基本計画にある事業かどうか、密接に関連する事業かどうかが問われることになる。そして総合計画によらない予算事業である場合には、その根拠の説明が求められる。もちろん、

社会経済事情の変化や国等あるいは長の政策的な判断の変化によって影響を受けることは言うまでもない。いずれにしても予算要求に対する予算編成時点での査定は、総合計画をよりどころの1つとしている。

　この点は議会により審議される予算案においても、基本構想のもつ長期的な政策目標や方針に沿ったものであるのか、基本計画に登載されている施策や主要事業なのか、近年の社会経済事情や今後の推移に沿ったものであるのかといった観点から検討されなければならない。このように総合計画は行政計画ではあるが、議会の予算審議においては、重要な参照の枠組みとなり、とりわけ総合計画を議会の議決事件としている場合には、総合計画の趣旨に沿った予算となっているのかを確認することは、議会の重大な責務となる。

　議会の予算審議においては、予算案に計上されている各予算事業が総合計画においていかなる位置付けにあるのかを確認しておくことがまず必要である。さらに当該事業が、計画期間中にどこまで達成されるべきかという工程表や年次進行計画に照らして、当該年度における適切な予算計上であるのか確認する。また、限られた財政収支の中で最も合理的な配分とするために、法令や財源などその根拠を確認し、優先順位付けに矛盾がないかどうかを判断することになる。なお総合計画との関係については、本書第二部以降に詳しく述べられている。

4　分野別計画及び分野横断的計画と予算

　地方自治体には総合計画以外にも様々な計画があり、それらに基づいて予算編成が進められているはずである。予算案全体との関係でかかわりが深いものとしては、分野横断的に機能する計画がある。それには行財政改革計画、まち・ひと・しごと創生総合戦略、公共施設等総合管理計画などが含まれるが、これらは総体的に地方自治体行政全般にかかわるものとなっている。

　地方行政改革大綱に基づいて行財政改革計画が立てられていることが一般的であるが、その中では経費の節減、収入の確保、事業の効率化、それらによる財政の健全化また事務事業や施策の効果的な推進などが目指されている。これらは、議会による予算審議においても留意されるべき要点であり、まずは行財政改革の方針に従っているのかどうか、またそれが改革目標にとって有効な予

算事業となっているのかなどが審議のポイントとなる。行財政改革では、合理化効率化の側面もあるが、事業手法の改革を通じてサービス水準や品質の向上を目指すものもあって、そうした行政手法の有効性などの観点からの議会審議も必要となっている。

　まち・ひと・しごと創生法（2014（平成26）年）に基づく地方創生総合戦略は2015（平成27）年度以来各地方自治体で5年計画により策定されている。2019（平成31）年度がこの計画の最終年となるが、少子高齢化と人口減少に対応して、新しい人の流れを作り、結婚・出産・子育てがしやすい環境をつくり、新たな雇用を生み出すべく各地方自治体において策定されている。これも行政計画であり、国の交付金を受けて事業が進められるものではあるが、地方負担もあること、そして総合戦略の目的が重要業績評価指標（KPI）として明示されていることから、議会においてもこれらを参考にしながら、予算事業の有効性や効率性を審議に際して追求しなければならない。なお、2020（令和2）年度以降についても基本的には次期以降の総合戦略が策定され事業が続くこととされていることもあり、次の計画策定が2019（令和1）・2020（令和2）年度中には検討されていることから、議会としても予算審議とは別に注目しておく必要がある。

　人口減少の影響を受けたもう1つの全国的な動向が、公共施設等総合管理計画の策定である。総務省の助言で始まったが、庁舎や住民利用施設など箱物施設あるいは道路や橋梁また上下水道施設などインフラ施設を含めて老朽化が進む一方、財政制約と縮退社会にあっては、これら施設の更新どころか維持管理もままならない状況が中長期的には明らかになってきている。その中での公共施設の維持管理問題は、施設の長寿命化や廃止、統合再編などを的確に毎年度の予算の適正配分を通じて実現していかなければならない状況にある。住民サービスの質を維持しながら、なお適正な管理のあり方を実現するというまさに政策的な判断が求められている。施設種類別の管理計画や個別施設の管理計画が策定されつつあり、議会の予算審議においては、それらに沿って計画的に進んでいるのか、また個別の施設の維持管理や更新あるいは統廃合が住民ニーズに沿うものであり住民サービスという点で問題がないのかなどを議論していく必要がある。

　地方自治体には、そのほかにもそれぞれの行政分野ごとに様々な行政計画あるいは個別事業計画が策定されている。都市建設についていえば、住宅マスタープランや都市計画マスタープラン、道路や橋梁等の整備計画、下水道整備計画などがある。また、教育や福祉、環境などについても、基本計画や個別事業計画が策定されている。例えば高齢者保健福祉計画、介護保険事業計画、子ども子育て支援計画、環境基本計画などがある。その数は少ないところでも50以上、多いところでは150を超えるところもある。また近年では、地震災害など大規模災害の頻発もあって、庁舎整備計画も課題となっているところがある。予算案は、それぞれの計画に基づいた予算事業として組まれていることから、予算審議に当たってはその政策的背景ともいえる各分野別の基本計画や事業計画を確認して論点を明らかにしていく必要がある。

5　長の政策方針と議会・議員の視点

　公選職である長は、選挙において政策的な内容を持った選挙公約やマニフェストを明らかにしていることが多い。また、新しい年度を迎えるに当たっては、施政方針を明らかにすることが通例である。なお、前述した予算編成方針においては長の重点政策が盛り込まれている場合も多い。もちろん内容の具体性や体系性はまちまちではあるが、これらは議会の予算審議における重要な論点になる。

　一方、各議員や各会派には、それぞれの政策の公約や重点施策がある。選挙に際しての公約を立候補段階で個人としてあるいは会派として明らかにしている場合もあるし、毎年の活動方針や時々の問題に対応して政策方針を明らかにしその実現を訴えることも多い。これらの政策的な視点から、予算案を議論することは、議会として最も望まれているところである。予算事業として説明されている政策は、金銭面での価額についてある程度明確な根拠を持って示されたものであり、歳出予算についていえば議会の議決があれば実施の確度が極めて高いことから、議会、議員あるいは会派としては、政策議論の焦点を絞りやすく、論点も明らかになりやすい。議員や会派として、住民ニーズや社会経済環境変化を踏まえて、なお、当該地方自治体の政策体系や財政運営の現状と将来の課題を見据えて、予算事業を論じていく必要がある。

〔参考文献〕

稲沢克祐（2018）『50のポイントでわかる　地方議員予算審議・決算審査ハンドブック』学陽書房

久保谷俊幸（2015）『ゼロからわかる自治体の予算査定』学陽書房

自治体議会政策学会監修、礒崎初仁著（2017）『自治体議会の政策づくり入門──「政策に強い議会」をつくる──』イマジン出版

第3章

自治体政策財務における
決算と議会の基礎知識

[執筆者]
新川達郎

第1節　決算制度の要点

1　地方自治体における決算の意義とその議決対象

　1つの予算過程を締めくくるのが決算である。単年度会計予算制度において
は、一会計年度の予算執行が終わるとその決算が行われる。予算案の議会議決
と同様に決算議案の議会議決もまた地方自治における民主的な統制である。

　決算の意義は、予算の執行状況をその歳入歳出の全体にわたって明らかにす
ることによって、財政運営の適正や合法性を確保し、説明責任を果たすととも
に、財務面からの政策の成果を示すことになる。したがって決算制度は、第1
には一般的な民主的統制あるいは住民自治の実現という原則に基づいているこ
と、第2にはより具体的には財政運営の規律を確保すること、第3には個々の
事業等についても公正かつ適切な収支になっていること、第4には事業実施な
どによる政策の成果を財務会計面から明らかにすること、そして第5には財政
運営の結果としての財務状況を決算により総括して公表しその公開と透明を確
保することにある。

　決算については、毎会計年度終了後、地方自治体の長は、自治法233条1項
に基づき、会計管理者に決算書類を調製させる。そして2項では、長は決算を
監査委員の監査に付すこととなる。さらに同条3項は「普通地方公共団体の長
は、前項の規定により監査委員の審査に付した決算を監査委員の意見を付けて
次の通常予算を議する会議までに議会の認定に付さなければならない」と定
め、また同条5項は「普通地方公共団体の長は、第3項の規定により決算を議
会の認定に付するに当たつては、当該決算に係る会計年度における主要な施策

の成果を説明する書類その他政令で定める書類を併せて提出しなければならない」としている。

　つまり、会計管理者が政令に従って調製した決算を長に提出し、長はそれを監査委員の審査に付し、監査委員意見とともに議会の認定に付することとしている。議会の認定に当たっては、決算書には政令で定める説明書類が併せて提出されることとしている。政令で定められている説明書類は、歳入歳出決算書、決算付属書類、歳入歳出事項別明細書、実質収支に関する調書、財産に関する調書、その他の必要書類となっている。これら書類に基づく審議を議会に設置される決算特別委員会等で実施し、その結果の報告を受けて議会としての決算認定あるいは不認定の議決をすることになる。

2　決算審議の事前過程

　議会の決算審議は、通例は9月議会に長から決算が提出されることにより始まる。しかしそこには、予算の議決と執行開始以後およそ1年半に及ぶ期間の財務会計行為があり、それを通じた事業活動がある。つまり、決算の事前過程ともいうべき活動が、予算執行開始と同時に始まっているのである。予算執行段階から始まる議会による決算活動の事前の準備と決算関連情報の収集が、的確な決算の審議を果たすためには必須となる。例えば、毎会期ごとの議案審議とその議決は、契約締結や料金改定、基金の設置をはじめとして予算議案に限らず、ほとんど全てが予算執行にかかわり、したがって決算と深くかかわるのである。一般質問や委員会審議における質問や調査においても、実は、その背後には必ず予算配付があり、その予算執行にかかわる問題がほとんどであり、それらは住民サービスに直結することも多い。これらについてはその情報を的確に管理し、決算の審議に際して、その成果を精査し、評価を加えて、決算の審議の重要な手がかりとする必要がある。

　予算執行状況に関しては、事業の重要性や規模にもよるが、執行機関によって情報提供されているし、議会あるいは議員に対する説明も行われる。加えて、監査委員による監査は日常的に行われており、例えば例月の監査の結果は議会にも報告されている。これらの情報は、日常的な予算執行情報であるが、同時に決算の審議にとっても有益な情報となる。また近年各地方自治体で準備

が進められてきた新公会計制度は、いわゆる財務諸表を整えることによって、決算の審議においても有益な情報を提供することができるので、注目しておく必要がある。

　決算それ自体は、前年度末3月31日に年度会計が終わり、5月には出納閉鎖、そして決算と関係書類の準備、監査委員の決算監査があり、監査委員意見を付して議会に決算議案として提出される。なお、この間に、執行機関による施策評価や事務事業評価が行われその結果が明らかになることもある。次の会計年度に入ってくると、前年度の予算情報も少なくなり、関心も薄れがちになるかもしれないが、決算議案の提出までの半年間は、決算書の策定状況や監査や評価の情報を収集し、決算審議に備えるべき時間ということもできる。

〔参考文献〕
稲沢克祐（2012）『増補版　行政評価の導入と活用－予算・決算、総合計画－』イマジン出版
現代地方自治研究会（1995）『地方議員の予算・決算書読本』勁草書房

第 2 節　　決算議案の提出と審議における留意点

1　決算審議の視点：財政構造、経営収支への視点

　決算議案が提案され、委員会付託が決まると、いよいよ決算書とその関係書類の調査が始まる。決算の審議は1年間の実績・結果を正確に把握すること、各種資料に基づき行政効果や経済効果を測定すること、住民に代わって行政効果を評価すること、税金や公金が使われた結果を予算に照らして検討することである。また、決算は認定して終わりではなく、その結果を今後の行財政運営の改善に役立てる、将来に向けて活用することも重要であり、その後の適正かつ有効な予算編成・予算審議に結び付けていかなければならない。

　決算に当たっては、予算目的の達成から考える視点、政策・施策・事業の成果を考える視点、行政運営の効率性を考える視点、財政収入支出の双方の視点

で考えることを忘れてはならない。議員としては、まず、決算審議に当たる決算特別委員会などの委員となった場合には、基本的なところとして、財政構造と経営分析に着目しておく必要がある。決算における収支の構造や経年変化、収支の均衡と収支構造の変化は決算統計における各年次の動向を追って見ることで明らかになる。年度内のバランスと年度間のバランスに目を向けることも決算審議の要点となる。

2　決算審議における適正で効果的な予算執行の視点：決算の正確性、合規性、効率性への注目と有効性の評価

　事前の準備とも重なるのであるが日常的に予算執行状況や監査委員の活動から、決算に必要な情報を得ることができることも多い。形式的には、予算執行が法令に従ったものであるのか、会計基準等を満たしたものとなっているのか、適正な出納手続きを経たものとなっているのか、注視することが肝要であろう。そうした観点が決算審議の場において適正な予算執行がされたかどうかを判断する重要な情報となる。

　そうした意味で、決算書において基本的に注目しなければならないのは、①計数の確認、②適法性・違法性の吟味、③予算執行の適否、④予算目的に従った事業かどうか、⑤効果的、効率的、経済的に執行されているかという観点である。とりわけ政策的に見て重要な事業や、巨額の支出を伴う事業については、当然ながらその進捗状況や事業成果に注目されるであろうが、その陰に隠れている少額のものであっても、例えば補助事業などで補助金の交付目的に沿っていない場合や要綱に沿った交付手続きとなっていない場合などにも注意しておく必要がある。違法あるいは不当な処理が発生しやすい裁量的な歳出入への監視が重要となる。これらは予算の執行残がある場合、複式簿記でいう未収金や未払金が発生している場合にも見られる現象であり、その際の決算審議は執行部の政策判断の適否を含めて要検討ということとされている。

　すでに触れたように予算の効果的な執行、つまりは政策目的を達成しているのかという観点には当然ながら注意が必要である。成果目標が必ずしも明確ではない場合、あるいは支出自体を公益目的とする場合もあって、費用対効果の観点からは議論しにくいものも多いことは確かである。しかしながら、やはり

最終的には住民にとって役に立っているのか、地域社会全体にとって成果を上げているのかという観点から、決算における事務事業の予算執行チェックをしていく必要がある。こうした場合には、議会としての政策（行政）評価の確立が役立つが、それがなくとも合議制の委員会である利点を活かして、委員間での討議を通じて、何が住民にとっての共通の利益なのか論点を整理し合意を導いていくことが望まれる。なお、委員以外の議員や監査委員以外の専門家等からの意見、住民意見等も聴取する方法を、公式に考える必要があるかもしれない。

3　決算の認定に当たって

　議会における決算の認定のために、委員会としての方向を報告しなければならない。その際に、しばしば見られる現象として、次の予算や今後の施策あるいは事業についての個別の要望が数多く出される。それらは、議会ごとに扱いは異なるが、附帯決議とされるような場合は格別としても、通常は記録され執行機関に伝達されることになる。委員の意見は貴重であるが、こうした意見にかまけて本来の決算の審議がおろそかになるようではこれも問題である。委員長の役割として、これら意見については、次年度予算に向けての単なる事業要望ではなく、決算の審議に基づく今後の政策・施策・事業への反映として位置付けるべく議論を導くことが望ましい。

　決算の議決に当たっては、委員会報告の意味は重いのであり、それに基づいて議会としては決算議案の認定あるいは不認定の決定を下すことになる。近年の傾向としては、重大な予算執行上の瑕疵や政策的な問題、あるいは巨額の損失等が発生するような場合には、不認定とする事例も見られる。地方自治法の改正もあって、一定の条件に基づく不認定の場合には、長は所要の措置をとり、議会への報告と公表が義務付けられている。附帯決議型で注意を喚起することよりも効果的な方法と思われることから、不認定とする規準を議会として整理し、一定の制約はあるとはいえその活用方法も検討していく必要がある。

〔参考文献〕
大和田一紘・石山雄貴・菊池稔（2019）『財政状況資料集から読み解くわがまちの財政』自

治体研究社

森裕之（2020）『市民と議員のための自治体財政　これでわかる基本と勘どころ』自治体研究
　　社

第 3 節　議会における決算審議体制の充実

1　議会における決算審議の組織体制とその整備の課題

　議会による決算審議は、予算審議に比べると盛り上がらないといわれること
が多く、また関心を呼ばないとされることが多いようである。そのため、従来
は決算特別委員会を設けて、決算認定作業を行う、定期的ではあるが季節的一
時的な活動と考えられてきた。しかし近年では、議会の政策機能や監視機能へ
の理解が深まり、議会改革が進む中で予算と決算を通じた一連の政策過程と捉
える視点が強調され、決算の審議体制にも工夫が凝らされるようになってきて
いる。もちろん多くの団体では、決算特別委員会を設置して審議するという方
法によっており、旧来の通り大きな変化はない。決算特別委員会の制度の下で
も、委員会の規模への配慮、丁寧な審議とするような工夫、専門性の確保など
では新たな試みも見られる。

　決算審議における重要な改革は、予算過程の特質に沿った常任委員会型の予
算決算委員会の設置である。三重県議会や会津若松市議会、横須賀市議会、弘
前市議会などに見られる新たな動向である。常任委員会化と予算と決算審議の
一体化によって、従来分断化されがちであった予算や決算の審議が統合的に進
められること、具体的には1つの委員会で予算と決算を審議することになり、
ほぼ同じ議員が予算と決算の議決にかかわることになる。現時点では議会改革
に熱心に取り組んでいるところだけの現象のように思われるかもしれないが、
今後は市町村の規模の大小を問わず考えるべき課題であろう。

　むしろ小規模な市町村では、予算特別委員会や分割付託、あるいは決算特別
委員会も、議長以外の全議員参加で進められていることからすれば、事実上こ
うした審議体制が組まれているといえる。こうしたことを勘案すれば、制度と

して確立させ、十分に役割を果たせるような体制整備が望ましいことは言うまでもない。

2　決算審議における時間や情報が確保できる体制に向けて

　常任委員会にせよ特別委員会にせよ、そこにおける審議体制にももちろん様々な課題がある。決算議案が多岐にわたる事案から構成されていることを考えて見ると、審議に振り向けられる資源の制約は大きい。前述したように、とりわけ、審議時間の制約、専門性の確保、また情報の整理などは、決算特別委員会における議論のあり方を左右する。

　審議時間についていえば、決算特別委員会にしても、予算決算常任委員会にしても、決算審議は、結局、他の常任委員会等における議案の審議が終了してからになる。他の委員会等との委員の重複が通常となるために、委員会日程は制約を受けやすいのである。加えて、決算の審議においては、通常、部門別にまた会計別に決算を複数日程が取れるところではその中で内容に応じて区分し、しかし結局のところは一日のうちに次々に審議し議決していくことになる。形式的には審議がされているが、委員会の場で実質的な討論がされるような機会はあまりない。

　限られた審議時間の中で、効果的に決算議案を認定していくためには、議案内容の情報の整理が必要である。一般的には議案調査の日程が組まれていて、各委員が決算書や関係資料を検討し、また関連情報を収集して、事前に準備することができるように配慮されている。しかしながら、決算書の全体からすればせいぜい数日間の議案調査日で全てを精査することには無理がある。そこで審議のためには、決算と関係書類のほかに手がかりとなる情報を極力入手できるようにしておくことが重要となる。

　こうした情報不足を補う工夫が必要であり、決算関係の書類を添えることになっており、それが説明資料の形で添付されることになるが、それら資料は詳しく説明することにはなっていても、問題点を明確にすることにはならない。そうした問題点を明らかにする情報としては、監査委員の意見が代表的であるが、これ以外にも包括外部監査の結果や、例月の監査の結果なども重要な情報となる。ただこれら監査情報は、財務会計上の合規性が中心となりやすく、あ

るいは特定のテーマに絞られていることもあって限界がある。新公会計制度に基づく財務諸表は参考になるが、まだまだ整備が進んでいないところもあり、議会の側にもそれを活用する専門的な知識が十分に備わっている状況にはなさそうである。

　また、執行機関による事務事業評価や施策評価の情報なども、決算審議に間に合うようであれば参考になる場合があるが、これも議会で活用するには行政の内部評価であるのでおのずから限界はある。先述した議会による行政評価があればこれに越したことはないのであるが、実際にはそれほど全国的には進んでいるわけではない。その中で飯田市議会などがよく知られているように、各地の議会で行政評価が試みられ始めており、決算審議との関連性・親和性も高いことから、今後、決算と合わせて議会による評価を積極的に検討する余地がある。

　議会としてもこのような決算審議の体制作りについて今後は検討を深める必要がある。議会としての政策過程への関与と執行機関監視という観点からすれば、決算の審議は極めて重要な課題である。決算認定については、議会全体での取り組みが必要だというのが近年の強い認識であり、これは会派制をとるところでは各会派や政党などの政治団体にも、また個々の議員にも共有されなければならない考え方である。

〔参考文献〕
宮本幸平（2004）『自治体の財務報告と行政評価』中央経済社
村井直志（2017）『よくわかる「自治体監査」の実務入門』日本実業出版社

第4節　決算認定審議における着目点

1　決算書と説明書類の提出

　前述のように決算の手続きにおいては、会計管理者が政令に従って調製した決算を長に提出し、長はそれを監査委員の審査に付し、監査委員意見とともに

議会の認定に付することとしている。議会の認定に当たっては、決算書には政令で定める説明書類が提出される。政令で定められている説明書類は、歳入歳出決算書、決算付属書類、歳入歳出事項別明細書、実質収支に関する調書、財産に関する調書、その他の必要書類となっている。これら書類に基づく審議を議会に設置される決算特別委員会等で実施し、その結果の報告を受けて議会としての決算認定あるいは不認定の議決をすることになる。なお、2018（平成30）年からは新公会計制度がほぼ全ての地方自治体に導入されることとなったので、決算においても財務諸表4表が調製されることになり、これらが説明資料としてあわせて提示されることになる。議会としても決算の審議においてこれを活用することができるのであるが、これら財務諸表の決算における審議への活用については、すでに先行して実施している地方自治体もあるが、今後の課題とされる議会も多い。

2　決算審議の基本的な手順と原則

議会における決算書の審議において基本的な手順として注目しなければならないのは、すでにふれたように、①計数の確認、②適法性・違法性の吟味、③予算執行の適否、④予算目的に従った事業かどうか、⑤効果的、効率的、経済的に執行されているかという観点である。なお、これらの観点については、当該年度の決算の計数だけではなく、予算との対比はもとよりこれまでの複数年度間の推移から検討することで、予算執行の妥当性や有効性、効率性、さらには財政運営の適法性や健全性が確認できる。

これらの観点について少し詳しく見ておこう。第1に計数の確認である。決算書の数字が正しく表記されているのかを他の書類と突き合わせること、また計算が正しいのかどうかを検証しておくことが重要となる。第2に適法性・違法性の吟味である。決算が適法に行われているかどうか、法令に即した決算書になっているのかどうかがまず問題になる。また、歳入歳出について、不当や違法がないかどうかをチェックしなければならない。第3には、予算執行の適否である。予算の執行手続きは適正に行われているのか、歳出入の事務処理に誤りはないかが問われることになる。第4には、予算目的に従った業務になっているかである。当該事業が、予算の目的に即した歳入歳出となっているの

か、款、項、目、節の範囲として妥当なものなのか、不当な流用はないかなどが問題となる。第5には、効果的、効率的、経済的に執行されているかという観点からの審議である。歳入にせよ歳出にせよ、その目的を実際にどこまで達成できているか、かけた費用に見合った歳入歳出となっているのか（バリュー・フォー・マネー）、目的達成のための方法は最も効率的効果的なものが選ばれているのかなどが問われるのである。

　決算書の審議の基準について、いま少し立ち入って検討しておこう。第1の決算の金額の正確性、第2の予算執行の合法性や適法性、第3の予算執行の有効性や効率性であるが、これらは第5の施策や事業の有効性や効率性問題でもある。第4の財務・財政運営の合理性や健全性は実質収支をはじめとする財政指標やその過年度の変化から見ていくことになる。これら基準については、形式的なチェックよりも実質に目を向ける必要がある。

　歳入における金額の正確についていえば、補正予算や繰越などを経て調定額が計上され、これに対応した収入額となる。あるいは歳入欠損や収入未収があれば、それらが正しく計上されている必要がある。歳出でいえば、補正予算、継続費や繰越費、予備費や流用による予算額に対して、支出済み額があり、継続費逓次繰越や繰越明許費また事故繰越をあわせた次年度繰越額、それらの結果出てくる不用額が正確に計上されなければならない。

　予算執行の合法性や適法性という観点からは、歳入面では繰越などを経て調定額に至る各費目の妥当性と、欠損や未収がある場合にはその適法性が問われることになる。また歳出面では、予備費や流用の適法性、繰越の適法性が問われることになろう。こうした予算と決算のプロセスの比較検討からは、適正な金額計上か、また適正な執行があったかどうかが、ある程度は明らかになる。

　予算執行状況の正確性そして適法性は、歳入歳出のいずれにしても当該科目と金額を予算と決算の計数で確認することによって、形式的には裏付けを取ることができる。しかしながら予算執行における歳入の効率性や妥当性、そして歳出の有効性や効率性は、表面的形式的に議論するだけでは判断することは難しい。決算審査における監査委員意見や決算説明書類だけではなく、予算科目の背景にある事業等の実施状況を体系的に観察する必要がある。

　そのことは決算の審議が、地方自治体の施策や事務事業等についての有効性

やバリュー・フォー・マネー（価格に見合った価値）があるかどうかを確認する作業であることを意味している。決算の明細やその他の説明書類を通じて書面上での確認のみならず、決算審議における執行機関説明や監査委員の意見を通じて、さらには監査委員による定期的な監査報告、外部監査人による監査結果報告、そして執行機関自体が実施する施策評価や事務事業評価、あるいは総合計画その他の行政計画の達成度や進捗度の報告などを活用して、施策や事業の成果を確認することになる。

　地方自治体としての財政運営の妥当性もまた決算書において明らかになる。歳入歳出決算状況のみならず、実質収支に関する調書や財産に関する調書が提出されることから、財政運営の合理性や健全性が一定判断できる。毎年度の決算状況の推移を見れば、年次ごとの財務状況の変化が趨勢として明らかになっていくし、少なくとも決算カードに示される財政指標や基金の状況を見れば財務体質やその余力の範囲が明らかになってくる。加えて、財政健全化指標とされる実質赤字比率、連結実質赤字比率、実質公債費比率、将来負担比率も参考になる。一般的にはこれら財政健全化に関する指標は大多数の地方自治体おいて健全な状態にあるが、その一方では、これらの指標の動きを経年変化で見ていくと、財務体質の硬直度や今後の財政運営の留意点なども明らかになってくる。もちろん今後は企業会計型の新公会計制度の導入に伴って、財務諸表が明らかになり経営状況の分析がさらに的確になっていくことが期待できる。

3　議会における決算審議の具体的な論点

　以上のような決算書の審議のあり方は、原則論としての手順や基準であるといえる。こうした決算審議を文字通り個別の予算科目の決算の審査から進めようとすれば、現実には膨大な人手と時間そして経費をかけなければならないことになる。現状の各議会でこれを実施しようとしても、専門的な技術や知識の確保や人材面あるいは組織面での対応能力に制約が極めて大きい。監査委員とその事務局を議会内においてその指揮命令のもと改めて決算のチェックをさせ議会審議のサポートをさせるというのであればまだしも、制度上はこうした試みも極めて困難である。

　むしろ決算書の実質的な審議の作業の多くは、すでに会計管理者によって決

算として調製される際に正確性や適法性については検討されており、正確性と適法性に加えて有効性や効率性についてのチェックは監査委員の決算審査によって実施されている。したがって、議会としては、会計管理者による決算の調製の結果と、決算に関する監査委員の審査の結果を、いわばダブルチェックすることになる。そして議会として全ての歳入歳出事業の決算明細を議論するのではなく、何らかの基準を設けて集中的に審議することが望ましいし、そうすることによって限られた議会の能力を決算審議に適切に振り向けることができるものと考えられる。

　それでは決算の審議においてどのような個別の論点に着目することが議会の役割を果たす上で有効なのであろうか。まずは、決算書とその説明書類において、各種帳票や資料が適正に整理された上で計数が提示されているといえるかどうか、その説明が十分かどうかである。個人情報や企業情報あるいは守秘義務をたてに説明書類の提出を制限する例もあるが、実質的に秘密とするべき理由があるものは多くはない。

　次に定期的な監査報告や外部監査人の監査報告、そして決算に対する監査委員の審査結果を丁寧に参照することである。また、執行機関が行う行政評価の結果や、総合計画など行政計画の実施状況報告なども参考となることが多いので、注意をしておく必要がある。

　歳出決算については、社会・経済的にまた政治行政的に争点になっている事業や、多額に昇る事業予算計上案件への注目はもとよりであるが、予算に対する執行率の問題にも焦点を当てて見る必要がある。決算を通じて明らかになるのは、そもそもの事業費の過大又は過少な見積や、それによる補正や流用、また未執行や執行残、繰越額、債務負担行為などであり、そこから問題が明らかになることもある。

　歳入決算については、財源それ自体の把握が適切であるのか、見積は正確であるのか、未収金や欠損が出ているようであれば収納対策は十分であったのかなども問題になる。課税対象などの収入の基礎を見誤っていないか、賦課徴収額は適正なのか、未収や欠損が出た場合にはその理由は何なのかなどが、決算審議を通じて明らかにされなければならない。

　資産への注目も重要である。資産取得については、今日の経済・財政事情か

らすれば、その目的や価格の妥当性が改めて問われる。また保有している資産については、その活用ができているのか、遊休化していないかなどが論点となろう。また活用の予定がない資産については売却を含めた適正な処分がされているのかが問われよう。

　決算においては、一般会計の歳入歳出決算だけではなく、特別会計あるいは企業会計についての審議もある。地方公営企業法に基づく企業会計については、基本的には健全経営ができているか、経済性が発揮されているのか、繰入や繰出が明確な基準に従って適法に行われているのかなどが問題になる。特別会計についても同様であるが、繰入繰出についてはその妥当性の検討を含めて注意が必要である。

　最後に、これまでの決算の審議において指摘されることが多かった具体的な財務会計にかかわる行為において共通する論点についてまとめて触れておきたい。これらについては、監査委員も着目しているところであり、監査委員報告や決算審査意見からその一端を知ることができる場合もある。

　1つは契約に関する問題である。契約手続きが適正に行われているのか、妥当な価格で契約できているのか、事業内容のモニタリングができているのかといった論点である。特に随意契約締結に関しては、その理由が明確にされなければならない。

　2つには資産等の管理に関する事柄である。予算執行後に購入した備品類が適切に管理されていない事例が問題になったことがある。予算執行は、執行後の何らかの管理の措置を必要とするのであり、適正な処理手続きをとっておかなければならない。

　3つには文書や情報の管理である。日常の事務処理においてもこれらは重要な管理課題であるが、予算執行に際しては、財務会計上の出納処理や物品処理をはじめとして、あらゆる契約は何らかの文書によって記録され、その経過や結果に関する情報を通じて説明されることになる。工事請負などの契約でいえば、入札公告、入札結果、締結された契約書、業務の完了報告などがあり、これらが適切に記録また保存されることが求められる。

　4つには収支の金額にかかわる問題である。収入額については、不能欠損や未収金が出る場合があるが、特に未収金についてはその原因を明らかにし、そ

の収納対策を問わなければならない。また支出については予算執行残が出る場合もあり、繰越あるいは不用額に計上されることが多い。いたし方のない理由が示されることもあるが、そもそもの予算編成時にさかのぼって適正な予算であったのか、執行段階における条件の変化には何があったのか、それらは想定できないようなものであったのかなどが検討されなければならない。

　5つには時間外勤務に関する経費である。ワークライフバランスや働き方改革が社会的課題となっていることからも、また予算の適正執行という観点からも勤務時間の厳格な管理が求められている。なお、これまでは物件費に計上され、2020（令和2）年からは給料や報酬等の歳出に区分される会計年度任用職員となるが非常勤嘱託等の経費にも注意が必要である。

〔参考文献〕
磯野隆一（2019）『一番やさしい自治体決算の本（第1次改訂版）』学陽書房
山崎正（2004）『地方議員のための予算・決算書読本』勁草書房

第5節　議会の決算認定の体制整備と審議の充実

1　決算認定における議会審議の組織体制改革

　決算認定は議会の最も重要な議決事件の1つである。そのための議会審議に当たっては、長から決算が提出されると、通例、これを決算特別委員会に付託し検討を行うことになる。近年では、決算常任委員会あるいは予算決算常任委員会を設置して、審議体制の充実を図る動きもある（以下「決算特別委員会等」という）。

　決算特別委員会等は、委員会設置条例によって、当該年度の決算のために設置される。議会は、長による決算の議会提出を受けて、その審議を決算特別委員会に付託する議決を行う。決算特別委員会における審議を経て、認定・不認定に関する委員会としての意見を採決する。その委員長報告を受けた議会は、議会としての決算認定の議決又は否決（不認定の議決）を行うのである。

　決算特別委員会は、10〜20名の委員数で、各会派から推薦、あるいは常任委員会から推薦を受けて任命されることが多い。議員定数が20名を越えないところでは、ほぼ全議員がこれに当たることもある。また決算の重要性を考えて、それ以上の規模の議会でも、全議員体制をとるところ、議員定数の半数程度とするところなども見られる。通例、議長と議会選出監査委員は委員から除外されるが、監査委員には委員会への出席と発言を求めるところもある。

　決算特別委員会の最適規模については必ずしも定説があるわけではなく、各地方自治体の判断によるのであるが、決算を審議する特別委員会の性質に応じて十分な委員数を持つ審議体制をとることが基本となる。ただし、毎年5月から8月にかけて行われる法定の出納閉鎖と決算書類の作成そして監査委員審査を経ることから、決算の議会提出は9月が一般的である。そして、3月の予算議会の前の議会までに決算の議会認定又は不認定を議決しておく必要がある。そのため、議員定数削減が進んできた中にあっても、近年の決算重視の風潮を受けて、委員会の委員数を多くするところも見られ、前述のようにほぼ全議員で構成するところもある。いずれにしても、その規模は各地方自治体ごとに区々である。

　一般論として、委員会としては20名を超えると時間の制約などもあって議論の密度が低くなりまた徹底した討論が難しいこと、また専門的に審議しようという趣旨に沿わないこともあり、比較的少数の10名までの委員数が望ましいという見方もある。これに対応するかのように、大規模な決算特別委員会等を設けているところでは、分科会や部会を設けて分野別に集中的に審議をするところもある。議員定数が比較的大規模な議会は、決算の金額の大きさや内容の複雑さに応じて委員会定数も大きくなり、分科会や部会審議方式が増える傾向にある。

　このように、決算特別委員会の審議においては、分科会や部会を設けて、分野別に審議を進めることが行われる。総務、福祉、保健衛生、商工、教育、建設土木などの分野ごとに分かれるが、これも通例は、常任委員会の構成に準じた分科会となることが多い。専門的に政策分野別に審議をすることになるが、施策や事業の性質によっては、複数の分科にまたがる場合もあるために、連合審査などとして複数の分科会が連合して審議に当たることもある。もちろん当

初から分科会等を設けないで、特別委員会全体で審議をする方法もとられている。

　近年の決算認定に当たっての審議の体制については大幅な改善が加えられようとしてきており、予算審議に対応するような体制をとろうとする方向が目指されるようになっているともいえる。決算重視が議会の共通の認識になっているともいえるが、その中でも、決算特別委員会等の改革は重要なテーマと考えられているといえよう。具体的には、前述のとおり、決算特別委員会の常任委員会化、さらには予算決算常任委員会の設置である。また委員会組織の拡充も試みられている。かつてのような分割付託はなくなり、決算特別委員会等としての一貫した審議が追及されているし、それは予算編成から決算に至る全過程に及ぶ審議体制を体系的にとろうとしているともいえる。

2　決算審議の手順の改善

　長は、通例、決算を9月議会に提案する。開会当初に提案があるのか、会期中に提案するのかは、それぞれであるが、通例の4会期制度を取るところでは12月議会までに決算の議決が必要となることから、9月議会には提案ということになる。提案があれば、前述のように委員会付託になる。

　決算特別委員会等においては、決算及び関係書類が膨大であることから議案調査日を複数日設けることがある。議案調査日を設けない場合には、各議員は休会日や実質的に休日等を活用することになる。さて分科会ないしは部会による審議制度をとるところでは、分科会等ごとに審議を行うが、分科会の間で重複する事業あるいは関連する事業があることから連合審査を行うこともある。分科会の審議の結果は、それぞれの会長から決算特別委員会等に報告が行われる。報告を受けた決算特別委員会等において総括質疑そして討論が行われて、委員会としての結論を得る採決をすることになる。

　分科会等を設置しない場合には、決算特別委員会において決算の審議を順次行う。通例は目的別の決算に従って、審議日程を割り当てて複数日かけて審議を行う。例えば、一般会計決算の総務系科目と関連する特別会計、一般会計決算の民生や衛生、教育と関連する特別会計、一般会計決算の建設土木とその関連する特別会計、などといった区分で審議を行うのである。その後、決算特別

委員会等としての総括的な審議を行い、認定・不認定についての議会への報告内容を決する。

　議会は、決算特別委員会等の審議結果について委員長からの報告を受けて、本会議における質疑、賛否の討論、そして議決を行う。9月議会中に決算認定の採決を行うところがある一方で、9月議会会期中は他の案件があり、常任委員会等における審議もあることから、閉会までに決算特別委員会等の日程をとることができず、審議を終えることができない場合がある。通例は、9月議会閉会以後に閉会中の審議を行うこととして議会の議決を得て、特別委員会等は決算の審議を行う。委員会審議を終えて臨時会を招集できるところでは、閉会中に臨時会を招集して議決を、またそれ以外のところでは委員会審議結果は、12月議会に報告があり、12月議会で決算認定の議決を得ることになる。

　決算の審議手順における要点は、1つは決算と関係書類の調査研究のための時間を、決算特別委員会の審議に入るまでに事前に十分に確保することができるかどうかである。決算と関係書類は分量もあり詳細に検討すべき点も多いことから、議案調査日があることが望ましいが、議会の日程からするとそれをどこまで確保することができるのか難しいところもある。そこで休会日の活用なども含めて、それぞれの議会・議員の事情に応じて必要十分な期間を設ける努力が求められる。

　2つには早い段階での決算関連情報の入手である。決算の提出を受ける時期が9月議会であり、関連する情報が入るとしても会計管理者による決算の調製そして監査委員の決算審査が6月から8月まではかかることが通例であることから、その情報を早い段階でどこまで入手できるかは難しいところである。この間も可能な限り執行機関側との決算関連情報の交換を早めにしておくことも方法である。

　3つには、分科会等の審議におけるいわゆる連合審査の必要性である。2以上の分科会にわたる案件の場合に採用される例があるが、形式的に合同で審議をするのではあまり意味がない。またどうしても総務系の分科会等と連合することが多くなり専門的な観点からの審議という本来の趣旨が薄れる恐れもある。従来の担当分野の枠を超えた当該事業の中核に関する共通の観点を共有することから始めなければならない。

　4つには、最も重要なところかもしれないが、議会による決算の議決をできるだけ早い段階で得ることである。10月になると、通例は、次年度予算の要求が行われ、すでに予算の調製が始まっているところもある。予算への反映を考えるならば、予算要求段階から決算審議の結果を生かすことができればこれに越したことはない。12月議会の冒頭で決算特別委員会等の報告と議決が行われるのもそうした配慮からであるがそれでも予算編成過程には遅れている。もちろん9月議会中に決算の議決は難しいところでも、閉会後の決算特別委員会等の審議結果をできるだけ早い段階で得て、10月中には臨時会を開会して議決を得るといった工夫もありうるところである。

3　決算審議における質疑のあり方

　決算特別委員会等やその分科会等における決算の審議は、委員による質問とそれに対する理事者側からの回答説明からなることが多い。質問の内容は多岐にわたるし、地方自治体ごとの特性もあって、一概にまとめることはできないが、1つは財政運営全般やその基盤にかかわる質問がある。2つには政策的に重要と思われる事業の進捗や成果についての質問がある。3つには予算の執行率が低いあるいは執行残が多額に上るような場合、あるいは繰越等の処分がある場合についてである。4つにはまれにではあるが、財務会計上の処理の過誤が問題となることもある。また、会計ごとに目的別に審議されることが多いことから、それらの分野ごとに対応した質疑となる。

　財政運営全般にかかわるものとしては、財政の健全性を収支にかかわる各種指標数値から問う質問がある一方で、地方税の収納状況やその推移、公債費の動向について問われることもある。財産管理に関しては適切な管理や処分ができたかが問われる。公営企業会計についてはその経営の健全性が問われ、特別会計では繰入繰出が基準を超えている場合などで問題となる場合もある。

　施策や事業の結果に関しては、政策的な意義が高く高額にわたる事業の結果やその成果を問う質問、また費用対効果を問う場合などがある。複数年度にわたるような事業については、全体計画の中での進捗の妥当性や事業執行の適切性が問われる。政治的に重要視される事業予算については、財源の確保や経費の支弁についてより詳細な検討が加えられることもある。いずれにしても、施

策や事業の成果の評価が焦点となることがある。

　予算の執行率が低い場合や不要額が出た場合、あるいは繰越とされる場合なども、質問が多くなる。当該事業それ自体の当初の見通しや計画の不備、あるいは事業の必要性それ自体が問題とされる場合、また事業目的は妥当だとしても事業執行の方法や条件が不適切で目的に従って執行できない場合などについて質問が行われる。

　財務会計上の過誤については、過大あるいは過少徴収、また対象の錯誤など賦課徴収上の問題が指摘されることがあるし、事業予算の出納管理に際して適切な公金支出手続きを欠いている場合、契約手続きや契約内容の不備、執行した事業結果の不備や事故、贈収賄などの事件が、まれにではあるが問題とされ議論されることもある。

　ともあれ、決算審議における質疑は決算認定のための重要な判断材料であり、個別の分野ごとの質疑によって論点を明らかにし、その上で総括質疑において全般的なまた重要な論点についての再検討を行い、討論の上、採決に至る。これら一連の質疑で重要なことは、1つには、予算執行の結果を計数面から確認することであり、関係書類からその成果を検証することである。2つには、こうした確認や検証から、施策や事業の課題を明らかにすることである。3つには、質疑を通じて改善の方向を示唆することである。

　今後の決算における審議上の課題としては、質疑に際しての質問のあり方や討論のあり方、それを支える情報資料のあり方などが指摘できる。質問は予算執行の結果を確認し、検証するものとなっているのか、的確に問題を把握して計数や事業結果を問うものとなっているのかが問題となる。個別分野ごとの審議における質問と総括質問との関係も問題である。繰り返しや矛盾が少なくなるような、分野ごとの質問と総括質問のあり方を、委員会としてもまた会派等においても考えていかなければならない。なお各会派や議員にとって、事前の質問通告制度も質問事項を整理する上ではよい機会かもしれない。

　近年、議会や委員会において議員間討議あるいは自由討議が行われることが多くなっている。そのため決算特別委員会等でも議員間討議あるいは自由討議の導入が図られている。しかし現実には活発な討議を行いその成果を見出すには工夫の余地がありそうである。単なる問題提起だけではなく、論点を絞り込

みその共有と理解を深めることを前提として議論を交わしていくことが、多様な視点から決算を問うことに結びついてくる。

　こうした決算審議の活発化のためには、執行機関で行われている施策や事業の政策評価あるいは業績測定の情報を活用することが必要となる。全ての地方自治体で施策評価や事業評価が行われているわけではないこともあり、評価情報を活用するには制約があるが、これらは決算における予算執行状況の確認や検証に際して極めて有益な情報となる。議会独自の評価ができればこれに越したことはないが、事実上、過大な負担となることから、例外的な対応といえる。そこで一部の議会で試みられているように、議会として重要と考えるいくつかの事業に絞って、執行機関の協力も得ながら議会の視点からの評価を試み、それを決算審議の材料とすること、そして集中的に議論することを考えてもよいであろう。

〔参考文献〕
土山希美枝（2017）『「質問力」でつくる政策議会』公人の友社
吉野貴雄（2020）『実践！自治体監査の考え方と実務』学陽書房

第6節　議会の見識を活かした決算認定のあり方

1　議会の決算認定に当たって

　決算とは基本的には予算編成と予算執行を経た過程を最終的に終結させる作業である。議会の決算認定の意義は、この決算を通じて執行機関の統制を行って地方自治体への監視責任を果たすとともに、予算執行の確認や検証を通じて地方自治体運営の評価を行い今後の運営や課題に関する材料を入手し、次年度予算や将来の政策に反映させることにある。それと同時に、決算の審議と議決の結果を住民に公表することは議会としての住民に対する説明責任を果たすとともに、決算認定の審議とその議決を通じて財政民主主義を徹底することによって決算議会の責務を果たすのである。

　決算議案の認定を否決することは、従来は法的な効果はなく、政治的な意味にとどまることとされてきた。したがって、決算の不認定があったとしても、長は何らかの措置をとる法的義務は発生せず、決算それ自体は確定されることになる。決算は確定されるとしても、議会の審議を経て不認定とされることの政治責任や政策責任は大きいといわなければならない。従来から、決算不認定となった場合には、長は何らかの措置を表明することが一般的であった。予算執行が不適切であった事由について必要な措置をとるなどの改善を明らかにする政治的責任は重いのである。

　決算不認定は、法的効果はないとしても、政治的には重大な議会の意思表明であり、そのインパクトは大きい。マスメディアにも取り上げられることが通例であるし、議会にせよ長にせよ何らかの対住民説明をしなければならなくなる。決算の不認定の議決は、通例は、財務会計上の不適切な処理をめぐるものが多いのであるが、その一方で、議会と長との間の政治的な対立や政策的な見解の相違があるときには、決算認定が政治的な道具になる場合もあった。とはいえ、本来は、議会と長との間の適度な緊張関係が望ましいことからすれば、決算不認定という政治的な意思表明は、長に対するけん制や監視機能を果たし、議会の役割を果たす上でも重要な議決となる。

　議会による決算の認定・不認定は、2017（平成29）年地方自治法改正によって、従来の政治的な意味に重きをおかれていた決算の議決に対して、一定の法律上の効果を持つようになった。2018（平成30）年4月からは、決算の不認定があった場合には、長はその議決を踏まえて必要と認める措置を講じて議会に報告することになったのである。自治法233条7項は「普通地方公共団体の長は、第3項の規定による決算の認定に関する議案が否決された場合において、当該議決を踏まえて必要と認める措置を講じたときは、速やかに、当該措置の内容を議会に報告するとともに、これを公表しなければならない」としたのである。

　もちろん決算議案の否決は極めて重い決定であり、従来からもまれなことではあるが、その一方では財務会計上の重大な問題が発生したときには、決算の不認定は当然のこととして行われてきた。ただし従来は、不認定であっても、決算それ自体の法的効果に影響はなく、長は政治的責任を問われるにとどまっ

ていたし、必ずしも政治的にまた政策的に見て実質的な効果があったわけではない。不適正経理や不祥事については、長はその再発防止を表明することにとどまっていた。しかし今後は、決算が不認定となったときには、長は、必要と認めるときという限定はあるが、対策となる相当の措置をとってその結果を議会に報告することになる。措置が意味する範囲は広いが、具体的な対策が前提となることから、不認定議決の実効性は高まることになろう。いずれにしても不認定の法的効果によって、決算の審議と議決はますます重要性を増してきたということができる。

　このように法改正を通じて決算認定については、法的効果が発生することから、従来以上に慎重な審議が求められることになる。とりわけ決算議案を否決する場合には、よりいっそう客観的な論点の提示や議会の側の徹底した議論が求められることになる。すなわち不認定とすることについては、明確な根拠や理由がなければならないし、それについては議会としての説明責任が問われているといってよい。そのことは他方では、決算を認定するとしてもその議決に際しては、議会は認定に相当する理由について等しく説明責任を問われているということになる。

2　決算認定の否決について

　毎年のようにいずれかの地方議会において決算の不認定が議決されている。地方自治体の数からすれば、毎年10〜20団体における認定の否決という状況からは、それはわずかということもできるかもしれない。しかしながらすでに触れたように、その政治的な意味は重大であるし、毎年、全国どこかで認定議案の否決が行われていることの意味は重要である。

　総務省の調べによれば、決算の不認定の議決は、2014（平成26）年4月から2016（平成28）年3月までの間に31団体、37件であったという。その主たる否決の理由を見ると、もちろん財務会計上の不適正処理が多くを占める。

　具体的には、第1に、比較的単純な計数処理の間違いや会計処理の間違いが理由とされる否決がある。これも決算としては重大な瑕疵であり、不認定とされる事例がある。対処としては、決算議案を取り下げ、再度提案する方法も考えられないではないが、決算の審議手続きを再度始めることの大変さもある

し、以前は法的な効果がないことからしても、これまでは不認定の議決を受けることもいたし方がないところもあった。

　第2の類型としては、予算の流用や繰越に関するものである。予算段階の議決のない流用あるいは項間の流用、事故繰越の議決を欠いた繰越などが判明する事例があり、不認定の議決に至る。目的外の流用は不適正経理であるとともに、予算会計主義に対する重大な違背である。会計管理者の責任や長の執行責任、監督責任が重く問われることになる。こうした流用については、長の責任が重く受け止められており、職員の意識啓発や組織の綱紀粛正を図ること、そして再発防止策を講じていくこととされている。

　第3の類型は、財政支援団体や補助金交付団体の予算執行が目的外のものに消費されている場合や当該団体の事業実施内容の不適切さが問われる事例である。また類似の問題として指定管理者業務の問題発生に対するモニタリングの責任が問われている例もある。いずれも長が当該施策の見直しや適切な管理や監督の方法を導入するとしていることが多い。

　第4の類型は、入札や契約、支出などの手続きにおいて、法令に定められたとおりに行われていない場合である。業者指名の条件不備や物品調達の公平違反、契約書や仕様書の不備、業務履行の未確認、所要の許可等を得ていないことなどが理由となる。長は、厳正な予算執行手続きの確保、指名業者の基準の見直し、仕様書の作成要領、入札手続きの公平公正化、契約書の作成方法、事業完了報告の確認、支払い等の支出手続きの整備など、適正化に向けての措置をとることとしている。

　第5の類型は、政策的な観点から、事業計画が予定通りに進まず遅延が見られた場合や、所期の目的が達成できなかったこと、あるいは施設の建設ができなかったことなどを理由とする場合である。長は、施策や事業の着実な進捗を改めて表明し、あるいは当該の事業計画の見直しなどを行う場合もある。

　そのほか、過払い、不正な受給や架空請求による物品購入などが理由となる場合がある。違法あるいは不当な処理が見逃されていたことについて、分限にもかかわることから、長は、関係職員の処分や適正執行の確保などを表明することになる。

　以上のように、決算認定の否決は、元来、政治的政策的な対立がある場合な

どは別として、財務会計上の違法や不当あるいは会計手続き上の不適切な処理に起因するものと、事業の実施に関して適切な管理ができず結果として所期の事業目的が達成できなかったものに大別することができる。適正処理のための意識啓発や綱紀粛正、また所要の措置として新たな会計処理手順の導入などが行われる一方では、従来の施策や事業の評価や見直しそしてその結果の公表などを通じて政策の変更の可能性も示唆されている。もちろん実際には、財務会計処理の問題事例による否決理由が圧倒的に多いのではあるが、政策的な観点での不認定も少数ではあるが見られた。

3　議決と意見書、附帯決議

　決算認定については、一般に、決算議案を付託された決算特別委員会等において、審議の上、認定か否かの決定が行われる。委員会における決算認定の可否決定においては、賛成討論、反対討論が各委員から行われて採決されることになる。その際に、委員会としての附帯決議があれば、委員から提案されその審議が行われる。委員会において附帯決議の採決を行い、採択されれば本会議にあわせて委員会提案として提案されるし、採択されなければ本会議において議員提案（議員定数の12分の1の議員が必要）として提案されることになる。本会議においては、委員長による委員会の決定の報告があり、賛成と反対の討論が行われて議決となる。附帯決議がある場合にはその採決も行われる。

　委員会においても委員からは様々な意見がある。また本会議においても決算の認定には直接影響はないとしても、賛成・反対の討論においては、様々な意見が述べられることがある。本会議の採決においては、議事録が調製されるので、全て記録に残ることになるが、その中で、決算に関する問題が提起されることになる。もちろん、不認定の議決であれば附帯決議が行われることがあるし、そうでなくとも附帯決議が行われることがある。しかしながら委員会審議については、議事録がない場合があるし、摘録や要約も残らないこともある。決算審議の重要性にかんがみれば、やはり議事録や委員意見の摘録は作成するべきである。

　こうした記録の重要性は、議事録であり説明責任を果たすというだけではなく、そこにある意見を踏まえた改善や改革などその後の行動への重要な示唆と

なる点にある。つまり、決算の審議を踏まえた財務会計のあり方に関する具体的な反省や改正が加えられることになるし、施策や事業の修正が可能かもしれないのである。何よりも次の予算編成に向けての貴重な問題提起となることは間違いないところである。しかしながら、この貴重な情報も、それが活用されなければ意味はない。問題となるのは、こうした記録をいかに的確に長その他の執行機関に伝えていくのか、また実際に予算編成過程にいかにして反映させていくのかという観点である。

　委員会における審議過程で明らかになった様々な意見について、これらを記録するだけではなく、分かりやすく要約してなお確実に長や議会に伝えていく工夫が必要となる。これまでにも、委員会で出された意見を集約し、意見集として公表することや議会に報告することや長に通知することが行われてきた。意見集を作成することは手始めであるが、議会としての附帯決議をすることは意見を確実に伝える方法である。

　言うまでもなく附帯決議は政治的な意思表明であるが、しかしながら法律上の義務が発生することはない。附帯決議は議会としての意思決定と意思表明としては重要な合意形成をしたという意味があるが、長としては議会の政治的な意思として受け止めるにとどまるのである。その政治的意義を尊重して長が修正その他の行動を起こすことが望まれるが、その実際の効果については法的な効果がないために保証の限りではない。

　そこで決算議案の附帯決議において、それを長に対する公開質問状のようにしつらえ、決算に関する各種意見への回答を長に求めるという方法をとる議会もある。こうすることで本会議をはじめとする議会の場における長への質問と同様な位置付けをすることができると考えるのである。質問状型の附帯決議をすることで長が何がしかの措置をとることを回答せざるを得ない状況を作り上げることによって、政治的な意味をより効果のあるものに高めようというのである。もちろんそのためには、まず第一歩としては様々な意見をできるだけ丁寧に記録していくこと、次にその意見を主要な論点ごとに要約することであるが、要約しすぎないことも重要であり、さらにこれらを質問形式に組み替えて回答がしやすい工夫をすることも肝要となるであろう。

　また、附帯決議の内容を具体的な措置要求の形にするところもある。財務会

計上の措置であればその改正の要求を、また施策や事業の改善あるいは行政計画の変更の要求などを、長に対して行っていく。その要求は、附帯決議の形をとりつつも、より具体的な対象や措置内容を明示したものであり、議会としての合意形成ができたものを列記する。こうなると長としても議会の要求に何らかの対応が必要となるのであり、決算の認定作業を通じて明らかになった論点が財政運営や政策問題に反映され、次期の予算にも生かされることになる可能性が高まるのである。

第二部

政策財務の最前線

第 **4** 章

決算審査と議会

［執筆者］
第1節　江藤俊昭
第2節　湯澤啓次

第1節 | 改めて決算審査の充実を
　　　　——政策サイクルの中に決算審査を位置付ける

1　本節の課題

　本章の目的は、決算の重要性を再確認することに加え、議会改革の到達点を踏まえて、議会の監視・政策提言力のパワーアップに資するための決算審査のあり方を探ることにある。様々な実践の紹介や課題は本章第2節・第5章の論稿に委ねることになる。本章の総論的位置付けである本節の結論を先取りしておこう。

① 　決算は執行された予算の監視であり、議会はその監視に属する権限を有する。したがって、「終わったこと」として単に認定すればよいわけではない。現在執行されている予算（以下「本年度予算」という）とかかわる事項が含まれている場合、その再検討が必要となるだけではない。地方自治法が改正され、不認定の場合、「必要と認める措置を講じたとき」という限定を付しているものの、首長は議会に対して報告する義務を負うことになった（首長の説明責任の発生）。また、決算審査によって明確になった論点をその後の予算審査で活用することができる。決算審査は政策財務の起点である。

② 　決算審査は、議会からの政策サイクルの重要な要素である。議会からの政策サイクルは、新たな議会にとっての重要な手法である。決算審査に当たって、それを政策財務に活用する。政策財務にかかわることは、条例の審査とともに議会の最も重要な役割である。まさに地域経営の本丸に議会が切り込むことになる。しかも、決算審査によって財務の課題が明確になり、それを踏まえた予算審査が可能となる。また、こうした予算審査により決算審査が

充実する。これによって政策財務の正の連鎖がつくり出される。議会による政策財務の実践にとって、附帯決議は重要な道具であることも確認する。

③　決算と予算の狭間（はざま）を埋める。政策財務には複眼的な視点が要請される。前年度の決算審査、来年度に向けての予算審査、そして現在動いている予算執行の監視と補正予算審査である。決算と予算の間に本年度予算の監視を加えることの必要性である。決算審査を踏まえた予算審査というサイクルに、本年度予算審査を加える複眼的視点である。その際、決算にかかわる情報の活用とともに、本年度予算の進捗状況を把握する視点が重要となる。なお、総合計画に基づいた監視の視点が重要なことも強調する。

④　決算（予算）審査の充実のための道具の発掘。総合計画を念頭に置いた決算（予算）審査を行うが、そのためには総合計画が実行性あるものでなければならない。また、決算・予算審査を充実させるための委員会の設置は重要である。通年的に活動できる常任委員会設置が妥当であろう。監査委員（議選監査委員）との連動も重要である。「守秘義務」の縛りからの解放が課題となるが、そもそも情報公開を原則とする地域経営にとって守秘義務を強調する時代錯誤も再認識したい。また、専門的知見の活用等、外部の知見の活用も重要になる。この文脈でも、政策財務に当たっての附帯決議は重要である。

2　決算審査の意味

　決算は政策財務にとって極めて重要である。住民自治の根幹としての議会にとって、政策財務にかかわることが必要だというより、その使命にとって不可欠だ。決算は、執行の終了を監視するものである。したがって、不認定でも契約と執行は終了していることが原則である。そこで、不認定でも法的効果は変わらないから[1]、主体的にかかわる必要はないといった発想もある。

　不認定をこの程度とみなす発想があること自体に、新たな地域経営にとっては違和感がある。財務は地域経営にとって極めて重要である。だからこそ、議会に認定を求めている。そうだとすれば、「ラバースタンプ」（追認）などあり

---

[1]　「決算の『認定』にも『不認定』にも、議決の法的効果が生じるものではない」（松本2017：895）。

えない。不認定とした決算審査で問題となった政策と関連ある本年度予算の再検討を議会として迫ることも必要だ。

　そもそも、「普通地方公共団体の長は、前項の規定により監査委員の審査に付した決算を監査委員の意見を付けて次の通常予算を議する会議までに議会の認定に付さなければならない」（自治法233③）[2]。そして、「普通地方公共団体の長は、第三項の規定による決算の認定に関する議案が否決された場合において、当該議決を踏まえて必要と認める措置を講じたときは、速やかに、当該措置の内容を議会に報告するとともに、これを公表しなければならない」（自治法233⑦、2017（平成29）年の改正により新たに追加された項）と、否決された場合の首長の対応も明記された。不認定の重みを再確認したい。

　もちろん、「必要と認める措置を講じたとき」となっていて、執行した予算への対応が難しいものもある。とはいえ、「必要と認める措置」を講じたかの説明責任を首長に問うことができ、講じたか否かを把握することができる。また、「講じた措置の内容、又は措置を講じなかつたことについて、議会での審議・論議で取り上げることが可能となる」。「結果として、決算審議を通じた地方議会の活性化が期待される」（松本2017：895）。さらに、補正予算が提出された際の予算の組み替えとまではいかなくとも、首長の政策への姿勢については問うべきであろう。

　不認定の重みは、予算審査でも生かされることになるし、生かしていかなければならない。なお、決算は予算とともに一体化原則がある。分割して、この「款」、「項」だけ反対というわけにはいかない。課題が明確になっても、全体的に認定しなければならない選択をする場合もある。決算審査を予算審査へ連続させるには、附帯決議を行うことも重要である。予算案提出の際には、議会としてそれを踏まえた予算審査ができる。

　こうした決算と予算を連続させる手法は、議会からの政策サイクルを政策財務に活用する次の点に連動する。

2　「改正前においては、決算が議会で不認定になつても、長がそのことを踏まえた対応をしたかどうか、対応をしたとしたらどのような対応をしたかどうかということについて、長の説明責任はない」（松本2017：895）。なお、地方公営企業の決算についても、同様に規定されている（地方公営企業法30⑧）。

3　地域経営の本丸にかかわる際の手法としての議会からの政策サイクル

　議会からの政策サイクルは、二元的代表制＝機関競争主義を作動させるには不可欠である。その認識が広がり、実践する議会は増加している。筆者の議論に引き付けていえば、新たな議会運営の実践が行われた議会改革の本史の第1ステージから展開した、住民の福祉向上を目指す第2ステージにとって、議会からの政策サイクルは不可欠な理論と実践である。

　それは、福島県会津若松市議会の「議会からの政策形成サイクル」がその理論と実践を切り開いたといってよい（会津若松市議会2010）[3]。今日、会津若松市議会は、「政策形成」だけではなく、それを維持しつつも政策過程全体にかかわる「議会からの政策サイクル」を強調している。そして、それが地域経営にとっての本丸である政策財務にかかわる重要性を認識し、議会からの政策サイクルのバージョンアップを試みている（会津若松市議会2019）。地域経営の本丸は、政策財務と多様な政策を束ねる総合計画であり、それらにかかわることが第2ステージの議会にとって重要だと認識されてきた。早い時期から議会として政策財務にかかわっていた長野県飯田市議会の「一年間の委員会の流れ」（いわば議会からの政策サイクル）を参考に[4]、会津若松市議会は独自の政策財務へのかかわりを開発した。飯田市議会の政策サイクルの展開について

3　筆者は、会津若松市議会の議会からの政策形成サイクルについて、次のような論評をしている（「議会基本条例を活用することで構築した新たな『政策形成サイクル』の運用」（第4回（2009（平成21）年）マニフェスト大賞最優秀成果賞））。

　　「従来の政策サイクルといえば、行政主導の政策サイクルがイメージされる。自治型社会の時代には、住民主導の二元代表制を作動させなければならない。会津若松市議会は、議会側からの政策サイクル（会津若松市議会の言葉では政策形成サイクル）を理論化し実践した。三重県議会の『新しい政策サイクル』をさらに発展させシステム化した意義は大きい。議会基本条例に明記した政策形成サイクルを軸にした議会側からの政策サイクルの理論化と実践である。水道事業の民営化問題（議員定数・報酬）をこのサイクルで実践し成果をあげている。これ自体は高く評価されるべきものだが、地域経営に根幹にかかわる総合計画等にも活用してほしい。また、意見交換会を住民からの聴取としても位置づけられている。意見交換会だけではない議会への住民からの提案の制度化も検討してよいだろう。」

4　会津若松市議会が本格的に政策財務にかかわるために飯田市議会に視察に行き熱き交流を深めたことについては、「議会改革リポート【変わるか！地方議会】さらなる高みを目指し、議会改革のトップランナーが意見交換——福島県会津若松市議会＆長野県飯田市議会」『ガバナンス』2012年9月号がある。この紹介にはその場に同席した筆者のコメントも掲載されている。議会改革の次のステップ（議会改革の第2ステージ）を感じることができた一場面であった。

は、次節で紹介している。そこで、会津若松市議会の政策財務のかかわりを中心に「議会からの政策サイクル」を紹介する。

　財政にかかわる場合、決算を起点に予算審査に当たる。その際、決算審査を充実させるために、決算議案が提出される前にその準備を周到に行う。これだけだと、飯田市議会が十数年前から実践している運営と同様に聞こえるが、もう一歩進めている。

　決算議案が提出される以前に、決算審査にとって重要だと思われる事項を予算審査決算審査準備会（とりあえず、常任委員会と理解していただいてよい）で事前に議論している。「質疑によって明らかにすべき事項」、「基本施策に対する評価等（委員間討議での合意点）」、「備考（決議等、要望的意見の要点）」を一覧表（抽出論点表）にまとめる。決算議案が提出された際には、これを武器に論戦を行う。議会として「執行機関とは異なる視点から住民ニーズをキャッチアップ」することを目指し、政策・施策を評価する。住民ニーズを起点とする発想は、議会からの政策形成サイクルを継承している。決算審査を踏まえて予算審査でも同様に、事前に準備を行っている（図表4-1参照、詳細は第5章第2節参照）。

　会津若松市議会は、総合計画策定に当たっても同様なサイクルを回した。つまり、素案が提出される以前に現行の総合計画の鍵となる事項を抽出して、それについて調査研究を行い、素案提出後に議論する論点を事前に明確にして総合計画審議にかかわっている。

　これらのサイクルは、監視から出発し議会の政策提言に向かうことに注意していただきたい。議会の監視機能と政策提言機能が並列に存在するのではなく、監視機能の高まりが政策提言機能を高めている。そして、高度な政策提言があるからこそ、それを踏まえて監視力が高まるという相乗効果がある。ともかく、監視機能と政策提言機能を含み込んだ政策サイクルの登場である。

　議会がこのようなサイクルの転換を迫られているがゆえに、議員にも監視力を踏まえた提案力が不可欠となる。会津若松市議会のように、充実した決算（予算）審査を行えば、オール・オア・ナッシング（全か無か）といった発想ではなく、修正もありえる。そこまでいかなくとも、今後の執行機関の動向をチェックすることが必要となる。その手法の重要なものが附帯決議（及び要望

図表4-1　会津若松市議会による政策財務（予算決算）サイクル

予算決算委員会の政策形成サイクルのイメージ

【目的】適切な団体意思の決定、地域経営根幹への適切な関与を行うため、予算審査と決算審査を充実化・精緻化するとともに、予算審査と決算審査を有機的に連動させるものとする。

【メモ ① 政策・施策を評価する】
一般的な事務事業評価、事業仕分けとは異なり、「適切な団体意思の決定、地域経営根幹への適切な関与を行う」ものとして、政策・施策を主な評価対象としている。政策手段（事務事業）の改廃は、政策目的の抜本的な修正には至らないとの認識。また、政策・施策を評価するためには、事前準備が肝要。準備会は、政策のインキュベーション機能を有する。

予算審査決算審査準備会
【決算審査準備】
問題発見
↓
課題設定
↓
問題分析
↓
委員間討議
↓
評価準備
【仮説作成】

政策のたまご

問題・課題

【住民の意思】
市民との意見交換会
議員活動・会派活動のヒアリング 等

執行機関とは異なる視点から住民ニーズをキャッチアップ

執行機関
決算調整
決算議案
議決

予算決算委員会・本会議
【予算審査】
質疑（政策・施策動向の検証）
↓
委員・議員間討議（意見集約）
↓
議決及び意見表明【修正・決議等】
↓
説明責任・議決責任

事務事業執行
事務事業評価

予算議案
議決
予算編成

予算決算委員会・本会議
【決算審査】
質疑（仮説の検証）
↓
委員・議員間討議（意見集約）
↓
議決及び意見表明【評価・決議等】
↓
説明責任・議決責任

政策評価（あるべき姿）

政策決定（団体意思）

意見表明（機関意思）

長期総合計画・行政評価システム

【政策・施策動向への意見】
評価・決議及び要望的意見

【住民の意思】
市民との意見交換会
議員活動・会派活動のヒアリング 等

執行機関とは異なり、執行を前提とした思考ではなく、「そもそも住民の福祉のためには」との思考で立案

予算審査決算審査準備会
【予算審査準備】
政策評価（あるべき姿）
↓
委員間討議
↓
政策立案
↓
議会からの政策形成

政策のインキュベイト

【メモ ② 議会からの政策形成】
執行機関の行政情報を利活用しながらも、住民意見を踏まえ、議会として市の政策・施策のあるべき姿をゼロベースで考える。単に執行機関の事務を評価するのではなく、議会としての対案を持つ。たゆまず執行機関と議論を重ね、政策決定（団体意思）を行っていく。適切な機関競争主義が住民の福祉に適うとの認識。また、政策の蓄積は、議会が総合計画など自治体の根幹をなす方針を決定する際の力になるとの認識。

出典：会津若松市議会

的意見）である（後述）。

4　決算と予算の狭間を埋める──決算情報を予算だけではなく本年度予算の チェックに活用する

　すでに指摘しているように、政策財務にかかわるには複眼的視点が必要である。論点を明確にする決算審査を翌年度の予算審査に生かすだけではなく、本年度予算の監視に活用できないかという問題意識である。決算型予算へという視点は重要であろうとも、本年度予算に関してはノーマークの可能性があるからである。予算審査における論点を常に意識しつつ、本年度予算の執行状況（政策との関連では進捗状況）の可能性を探ることになる。

　決算が議会の認定・不認定によって正式に確定するのは早くて9月、それと関連する政策評価（施策評価、事務事業評価）について執行機関の内部評価がまとまるのが7月頃である。決算審査に生かすために、議会独自で政策評価を行っている議会もある（7月、8月）。決算審査によって明確になった論点を予算提言、予算審査に生かすことは繰り返し指摘してきた。ここでは、その明確になった論点を、本年度予算、具体的には補正予算審査に活用することを提案する。また、本年度予算の進捗状況が執行機関から提示されれば、それを活用して本年度予算の執行の弱点を見いだすことは可能である。執行状況を踏まえた執行の力点や効果についての質疑によって、監視を強化することはできる。また、質問でも所管事務調査と連動させた委員会代表質問（独特であるが、可児市議会で実践されている）、会派代表質問、一般質問で活用できる。

　本年度予算の進捗状況について執行機関による提示が困難なことは承知しているが、実施している自治体もある。埼玉県秩父市では、事後評価（行政評価（前年評価）、決算も加えたい）や事前評価（主に予算審査）だけではなく、「事中評価」も行われている。事後評価と事前評価の間には、「二年度間の開きがある。そこで、評価情報を当初予算編成期間直前の時点で更新して、改善案を最新の内容にする事中評価が必要になってくる」（稲沢2015）。それは、当初予算要求・査定を控えた10月時点で行うことになる。このように、本年度予算の執行を視野に、本年度の監視とともに予算審査に臨む視点が重要となる。議会は、この視点を持つ必要がある。

　静岡県藤枝市議会は「議会のチェックサイクル」を提案し実践している（「議会改革リポート【変わるか！地方議会】常任委員会で現年度の施策・事業の評価を行い、市長に提言書を提出——静岡県藤枝市議会」『ガバナンス』2012年2月号）。決算審査を行う決算委員会は、それを有効に行うために、住民目線からの施策評価に基づいて予算調整（及び施策）への要望を行っている。また、予算特別委員会は、次年度の予算を審議するが、その際、決算特別委員会から執行機関に要望した提言が反映されているかどうかも確認する。

　決算は前年度評価であり（施策評価とともに）、予算要望は翌年度の要望である。そこで、1 年間のブランクを解消する視点と実践が必要になる。それが「議会のチェックサイクル」である。前年度のチェックとともに、執行途中でもある本年度予算を常任委員会としてチェックするものである。財務をめぐる議会からの政策サイクルはここまできている。

　こうした政策財務にかかわる場合、政策を束ねているのは総合計画であることを常に意識して、それを踏まえた監視を行う必要がある。なお、この意味は現行の総合計画を肯定するという意味ではなく、それも常に反省する視点が必要なことを明記しておきたい。

5　政策財務審議能力向上の道具

　政策財務に議会がかかわるには、連続性、つまり議会からの政策サイクルの作動が重要であることを強調してきた。これを豊富化するための道具を開発したい。

① 　総合計画を政策財務の起点に。決算（そして予算）を政策財務として捉えるがゆえに、決算と総合計画の連動が不可欠である。作文計画では意味がない。実効性ある総合計画の策定が前提である。実効性ある総合計画は予算と連動するものであり、それを評価する決算の軸となるものである。こうした視点からの決算である。なお、予算と連動する総合計画といっても、1 対 1 対応ではない。首長提案の予算案の優先順位を明らかにさせることが必要である。それに基づき評価（決算）を行う。それが住民の意向に適合しているかの視点を常に持つことが「議会から」の政策財務の視点である。

② 　有用な乗り物の発見と作動。決算常任委員会、及び予算常任委員会を設置

する議会も増加してきた。特別委員会ではなく常任委員会である。また、決算と予算の連動を目的として予算決算常任委員会を設置する議会もある。地域経営の本丸にかかわるのだから、当然、常任委員会である。予算決算常任委員会の設置は重要であるが、議長を除く全議員を構成メンバーとする場合、決算審査に当たって議選監査委員は、質疑等はしないなどの特別な配慮が必要になる。すぐ後に指摘するように、議選監査委員には決算審査に当たって特別な役割を与えたい。なお、会津若松市議会では、決算にしろ予算にしろ論点を明確にするのはその常任委員会ではなく、準備会だった。筆者は常任委員会、そして分科会でもよいと思っているが、議会独自の発想で進めるとよい。なお、会派が決算審査や予算審査を主導していれば、議会としてのまとまりは希薄になる。常任委員会主導を実践する運営が必要である[5]。

③　監査（議選監査委員）との連動。決算審査に当たって、代表監査委員を呼んで論点や課題を明確にすることは必要である。首長及び委員等の出席義務（自治法121）を活用すればよい。そのためには、議会として論点を明確にしておかなければならない。議選監査委員から論点を学ぶ研修を行ってもよい。守秘義務は確かにあるが、情報公開が前提となる地域経営において、プライバシーや政争の具となる事項以外はオープンでも構わない。議選監査委員と議会の連動を構築することである。

④　専門的知見の活用。政策財務に強い議会をつくり出すには、体系的な研修を行うことである。同時に、全国的な視点から財政を分析し、当該自治体の財政を理解している識見を有する者を「専門的知見の活用」（自治法100の2）によって招へいすることもできる。会津若松市議会は、連続的に小西砂千夫関西学院大学教授と連携し、政策財務の研修を実践的に行っている。

⑤　附帯決議・要望的意見の重要性。議案に対して、賛成はするが附帯決議や要望的意見を付すことはある。問題はあるが反対するほどのものではないと

いった立場からは消極的（やむなし）賛成もある。議論があった議案に対して、そのまま可決してしまえば首長は100％承認されたと理解（誤解・曲解）する。そこで、議案に賛成したとしても何らかの意見を議会から首長に示していれば、首長は無視できない。その意見として附帯決議や要望的意見がある。議会としても、この附帯決議が今後の執行を監視する際の基準となる。会津若松市議会では、「各定例会、特に9月の決算審査と2月の予算審査の際には、原案に賛成であっても附帯意見や要望的意見が付されて可決されることが多く、これが政策提言の1つの形として執行機関に大きな影響を与え、政策の軌道修正や補足などにつながっている」（会津若松市議会2019：105、詳細は第5章第1節、第2節）。

政策財務にかかわる議会からの政策サイクルにとって、それを充実させる道具の開発は行われている。これを有効に活用しながら政策財務にかかわってほしい。議会改革の第2ステージも、これにより大きな展開を遂げる。

〔参考文献〕
会津若松市議会（2010）『議会からの政策形成——議会基本条例で実現する市民参加型政策サイクル』ぎょうせい
会津若松市議会（2019）『議会改革への挑戦　会津若松市議会の軌跡——市民の意見を起点とし「課題解決」を図る議会へ』ぎょうせい
稲沢克祐（2015）「基礎自治体における財源減少時期の予算制度改革」日本地方自治学会編『基礎自治体と地方自治』敬文堂
江藤俊昭（2016）『議会改革の第2ステージ—信頼される議会づくりへ—』ぎょうせい
松本英昭（2017）『新版逐条地方自治法（第9次改訂版）』学陽書房

第2節　行政評価を起点とした政策サイクル
　　　　──飯田市議会の決算審査

1　はじめに

　飯田市は長野県の南部に位置し、南アルプスと中央アルプスに挟まれた伊那谷の中心都市である。市の中央を天竜川が流れ、地形は起伏に富んでいるものの、長野県の中では温暖で、豊かな自然と優れた景観に恵まれた暮らしやすい地域である。1937（昭和12）年に飯田町と上飯田町が合併して市政を施行、以来15町村と合併を行い、現在658.66平方キロメートルの市域に10万1,111人（2019（平成31）年4月1日現在）の人口を擁している。2007（平成19）年に環境文化都市宣言を行うなど、環境政策や文化政策に注力する一方、2027（令和9）年に開業予定のリニア中央新幹線の長野県駅が市内に設置される計画であることから、「リニアを活かしたまちづくり」の議論が進んでいる。

　市議会の議員定数は23人、分野別の3つの常任委員会に加え、2019（令和元）年5月に予算決算常任委員会を設置した。また、リニア推進特別委員会、広報広聴委員会、議会改革推進会議を常設している。

2　議会主導で策定した自治基本条例

　理解を深めるため、本題の前にこれまでの経過と背景を書かせていただく。飯田市議会では、2000（平成12）年の地方分権一括法の施行を契機として、「飯田市議会在り方研究会」が会派を超えて設置された。この研究会では、定数削減や議会の情報公開とともに市民主体のまちづくりを推進する自治基本条例の必要性が議論され、その後、研究会の意思を引き継いだ「議会議案検討委員会」が設置された。2004（平成16）年5月には、全国で初めて市議会が設置した市民会議となる「わがまちの"憲法"を考える市民会議」を設置し、自治に関わる市民、議会、行政が連携して条例の検討を進めた。この市民会議の答申をもとに、条例の素案を作成、市民向け説明会、パブリックコメント、シンポジウム開催などを経て、2006（平成18）年9月に「目指すべき飯田市の自治の姿」を示した飯田市自治基本条例が制定された。

　議会が主導して策定した自治基本条例には、「市議会の役割」の章が設けられ、議会の責務や議会のあるべき姿が規定された。市議会では自治基本条例の制定後、市議会の役割について検証を行い、条例に基づく議会改革を推進するため、議会改革の方向を示す「議会改革・運営ビジョン」を2012（平成24）年3月に策定した。さらに具体的取組内容を「議会改革・運営ビジョンの実現に向けた取り組み」として31項目に集約して確認し、「議会改革推進会議」を常設の研究の場として設置して、議会改革を継続的に推進していくシステムを構築した。

　飯田市議会は、自治基本条例における「市議会の役割」の規定に基づいた「議会改革・運営ビジョンの実現に向けた取り組み」を実践することを議会改革の基本的な考えとしている。このため、「議会基本条例」は制定していない。

3　議会による行政評価と政策サイクル

　2007（平成19）年度スタートの第5次飯田市基本構想基本計画には、その進行管理の仕組みとして、継続的な評価と改善を行う行政評価が組み込まれた。議会や市民を含めた第三者評価機関のチェックや提言を反映し効果を高めることで、目指す都市像を実現することとされた。

　一方、議会としては、行政評価を活用して基本構想基本計画の進行管理に関与することで、自治基本条例に規定された市議会の責務を果たすこととした。市の執行機関が行う施策や事務事業の自己評価に対して、議会の各常任委員会が、所管する施策と特徴的な事務事業の取組状況を二次評価し、その結果を踏まえて第3回定例会での決算認定を行う取組みを2008（平成20）年に試行し、2009（平成21）年より本格実施した。

　こうして市の総合計画の進行管理と行政評価のマネジメントスタイルが確立したが、市議会が全ての施策と事務事業を評価するのは日程的に困難であった。このため委員会の議案審査経過や重要性、市民の関心度等を考慮して、評価対象とする施策や事務事業を抽出することとした。事務事業評価については、事業の「拡大・見直し・現状維持・縮小・廃止」を判断する形式で評価し、その理由や議会の考えを示すことで、次年度予算へ向けた議会からの提言とした。

　自治基本条例における議会の重要な役割として、「開かれた議会運営」が規定されている。飯田市議会では、市内を6ブロックに分け、全議員が出席する議会報告会を2009（平成21）年より開始した。2013（平成25）年には、自治基本条例を一部改正し、議会報告会を「開かれた議会運営」と「議会への市民参加の推進」の取組みに位置付け、議会報告会を起点に市民の声を政策づくりに反映することとした。こうして「行政評価」と「議会報告会」を軸とした、図表4-2に示す「政策サイクル」が構築された。

4　直面した課題

　飯田市は、第5次基本構想基本計画の後継となる総合計画「いいだ未来デザイン2028」を2016（平成28）年に策定した。計画の対象となる期間は、2017（平成29）年度からの12年間で、「目指すまちの姿（8項目）」の実現に向け、前期、中期、後期の4年ごとに「基本目標（前期12項目）」を設定することにしている。また基本目標を実現するため、部局横断的に該当する事業を盛り込み、戦略計画を策定する「戦略バスケット方式」を採用したが、このことが議会の行政評価にとっては、新たな課題となった。

　飯田市議会は、行政評価や議会報告会を起点とした政策提言の取組み等にお

図表4-2　飯田市議会における政策サイクル（2017（平成29）年まで）

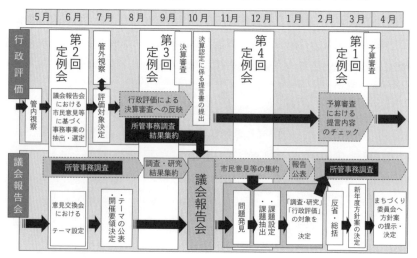

いて、分野別の常任委員会を中心に対応を行ってきた。これは、委員会中心主義を尊重したもので、専門的な視点による深掘りの議論が何より重要と考えてきた。第5次基本構想基本計画は、全ての政策、施策、事務事業を行政分野別に整理した構造を有しており、分野別常任委員会が分担するには都合のよいものであった。しかし、新たな総合計画「いいだ未来デザイン2028」は、従来の行政分野にこだわらない組織横断的な政策展開を行うこととしている。このため議会においても、各委員会の所管範囲を超えて全体を俯瞰した議論を深め、新たな状況に柔軟に対応することが求められることとなった。

5　予算決算審査の再構築

　飯田市議会では、予算決算議案の審査について分野別常任委員会への分割付託を行ってきた。予算決算（案）も議案であり、議案は一体不可分のもので、これを分割して扱うことはできないとされている。しかし、予算決算の審査は自治体にとって最も重要であり、多くの議員が関わることを求める。以前は地方自治法により常任委員会への重複所属が制限されていたため、やむを得ず分割付託による対応を行ってきた。法改正により、この制限がなくなった以降も、飯田市議会では「屋上屋論」が根強く[6]、分割付託を継続してきた。

　しかしながら、先進地視察や有識者との懇談等から、予算決算議案審査の分割付託に関して、以下の問題点が指摘されるに至った。

①　議案の分割された部分のみに対して、議員が可否を表明すること自体に疑義がある。

②　常任委員会の間で採決態度が異なった場合の対応方法が不明である。

③　特定財源以外の歳入が総務委員会の所管となっていることなどから、委員会において議案の修正を行うことが困難である。

④　委員会の所管をまたぐ議論が難しい。

⑤　議案全体を俯瞰した議論がやりづらい。

　このため、2018（平成30）年12月に議会運営委員会内に「予算決算審査検討プロジェクト」を設置し、行政評価での課題も含めて改善の道を探ることと

6　屋上屋論とは、「予算決算委員会を設置しても、結局内部に分野別の分科会を置いて審査を行う必要があり、『屋上屋』ではないか」との意見である。

図表4-3　予算決算委員会の体制

常任委員会 〔構成〕議長を除く全議員 22 人
　　　　　　・委員長は副議長　　　　・副委員長は 3 常任委員会委員長から選出

委員会準備会

〔構成〕9 人
　予算決算委員長（1 人）
　各分科会座長（3 人）
　各会派政策代表者（5 人）

〔機能〕
・予算決算委員会の運営及
　び分科会間の調整
・議会における政策調整

〔開催〕
・全体会開催前及び分科会
　の前後に開催
・必要に応じ開催

分科会

〔構成〕3 常任委員会単位の分科会を置く
　　　　飯田市議会会議規則第95条を適用
　　　　座長に 3 常任委員長を充て、会を進行する
　　　　副座長に 3 常任副委員長を充て、座長を補佐する

〔名称〕■総務分科会
　　　　■社会文教分科会
　　　　■産業建設分科会

〔審査〕採決は行わない
　　　　疑義のある点等は議員間自由討議を活用し、論
　　　　点を明確に議論を行う

付託案件

　・予算決算に関する議案
　　（一般会計、特別会計等、当初予算案、補正予算案）
　※所管事務調査として「議会が行う行政評価」を実施

図表4-4　予算決算委員会の審査方法（予算決算委員会運営要綱 9 条 1 項関係）

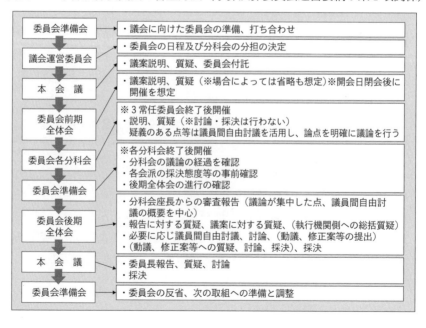

委員会準備会 → ・議会に向けた委員会の準備、打ち合わせ

議会運営委員会 → ・委員会の日程及び分科会の分担の決定

本　会　議 → ・議案説明、質疑、委員会付託
・議案説明、質疑（※場合によっては省略も想定）※開会日閉会後に
　開催を想定

委員会前期
全体会 → ※ 3 常任委員会終了後開催
・説明、質疑（※討論・採決は行わない）
　疑義のある点等は議員間自由討議を活用し、論点を明確に議論を行う

委員会各分科会 → ※各分科会終了後開催
・分科会の議論の経過を確認
・各会派の採決態度等の事前確認
・後期全体会の進行の確認

委員会準備会 →

委員会後期
全体会 → ・分科会座長からの審査報告（議論が集中した点、議員間自由討
　議の概要を中心）
・報告に対する質疑、議案に対する質疑、（執行機関側への総括質疑）
・必要に応じ議員間自由討議、討論、（動議、修正案等の提出）
・（動議、修正案等への質疑、討論、採決）、採決

本　会　議 → ・委員長報告、質疑、討論
・採決

委員会準備会 → ・委員会の反省、次の取組への準備と調整

なった。

　このプロジェクトは、2019（平成31）年4月まで10回開催され、以下の結論に至った（図表4-3、4-4参照）。

①　予算決算審査及び、議会による行政評価を担当する常任委員会として、新たに予算決算委員会を設置し、予算及び決算に関する議案の分割付託を廃止する。

②　予算決算委員会に分科会を置くことで、分野ごとの専門的な深掘りの議論に加え、議案全体を俯瞰した審査を行う。また組織横断的な政策課題への対応を図る。

③　議員間や分科会間の意見調整を重視し、議会意見の予算決算への反映を図ることにより、議会による政策提言の取組みを進める。

④　議会の権能を全うし、市民への説明責任を果たす。

6　新たな政策サイクルへ

　飯田市議会は、2019（令和元）年5月に開催された臨時議会において委員会条例を改正し、同時に予算決算委員会運営要綱を策定して予算決算委員会が始動した。分科会のほかに、分科会座長や各会派の政策代表者等からなる委員会準備会を置き、委員会の準備や各種の調整を行うこととした。また、準備会での調整により、議案審査や行政評価では、複数の分科会による連合会議を柔軟に開催することとした。さらに当地域の重要な課題である「リニア中央新幹線計画」に関連する事項については、リニア推進特別委員会の専門性を生かすため、当該委員会委員からなる分科会と産業建設分科会との連合会議を開催することができるものとした。いずれも課題の内容に応じ、柔軟な対応が可能になることを意図している。

　行政評価により政策・施策レベルのチェックを行い、続いて決算審査で事務事業のチェックを行う。その過程で集約した意見は、「議会からの提言」として執行機関に提出する。執行機関の予算決算の説明は、事務事業をベースに行われ、早急に対応すべき事案については、次年度を待たず補正予算で対応することとしている。

　予算決算委員会の設置目的は、議会意見の予算への反映や、議会による政策

図表4-5　飯田市議会における政策サイクル（2019（令和元）年から）

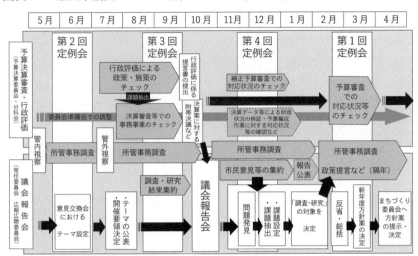

提言の取組みを進めることに重点を置いている。これまで決算審査は、どちらかといえば「終わったこと」に対するものと見なされてきた。しかし予算編成権を持たない議会は、予算審査の段階ではできることが限られる。行政評価や決算審査を通じて形成した議会の意思を、予算編成作業のタイミングで執行機関に提示することが重要だと考えている。

　当市議会が開催している議会報告（意見交換）会は、自治組織（まちづくり委員会等）との共同開催で、令和元年度は、市内7ブロックで700人を超える市民の参加があった。毎回分科会ごとにテーマを設定し、活発に行われる意見交換の中から地域課題を抽出し、常任委員会において調査研究を行い、政策提言につなげている。

　今後は、議会報告会を起点とした政策提言の取組みと、行政評価から予算決算審査に至る取組みとの連携をどのように図るかが課題となる。また、議会の提言や意見が「予算や政策にどう生かされたか」を確認しながら、この政策サイクル（図表4-5参照）をさらに進化させていかなければならないと考えている。

7　おわりに

　結局のところ自治体議員の役割とは何か。それは、執行機関の行政実務から

発想する政策、施策、事務事業に対して、市民目線からのセカンドオピニオン
を示すことにある。この両者を議会の場で議論して止揚し、その過程を市民に
提示することが求められる。それが、多くの犠牲と歴史を経て我々が手にした
議会制民主主義というシステムを、次世代に引き継いでいく唯一の道であるよ
うに思う。

　予算決算委員会を設置してから1年余の時間が流れた（2020（令和2）年12
月現在）。この間、飯田市議会では2回の決算審査と1回の予算審査を経験し
た。この中で、「小中学校トイレの洋式化推進」や「リニア中央新幹線関連事
業に関する広報の拡充」等、議会からの提言に基づいた予算対応がされるなど
の成果があった。一方で委員会の運営ルールにより予算決算委員会全体会が運
営されることや、総括質疑の実施等については、議会内にも様々な意見があり
結論が出ていない。また、委員会と本会議で同内容の議論は行わないことを申
し合わせているが、議案に対する修正案の審査審議の方法等についても、検討
が必要になるかも知れない。何れにしろ今後も議会運営に関する改善の歩みを
止めず、住みよいまちづくりのため、その責務を存分に果たす議会を目指したい。

飯田市議会のプロファイル

定数	23人（平均年齢：60歳、男女比21：2）
人口	平成27年国勢調査 101,581人（伸び率△3.56％）
産業構造	平成27年国勢調査 1次産業　　4,297人 2次産業　16,518人 3次産業　30,225人
財政規模	令和2年度当初予算（一般会計） 458億8,000万円
会期	年4回（3月、6月、9月、12月）
連絡先	〒395-8501 長野県飯田市大久保町2534番地 電話：0265-22-4523 FAX：0265-53-8821 メール：igikai@city.iida.nagano.jp HP：https://www.city.iida.lg.jp/site/assembly/

第 5 章

予算審査と議会

［執筆者］
第 1 節　江藤俊昭
第 2 節　清川雅史
第 3 節　川上文浩

> **第 1 節**　改めて予算審査の充実を
> ──政策サイクルの中に予算審査を位置付ける

1　本節の課題

　本章の目的は、予算の重要性を再確認するだけではなく、議会改革の到達点を踏まえて、議会の監視・政策提言力のパワーアップに資するための予算審査のあり方を探ることにある。予算審査の充実をめぐる本章の前に、第 4 章において決算審査を検討したのは、本書で強調するように、決算審査・認定（不認定）を踏まえた予算審査が求められているからである（第 4 章第 1 節参照）。この視点を常に強調しておきたい。本章のテーマである予算についての様々な実践の紹介や課題は、次節以降の論稿に委ねられる。本節の結論を先取りしておこう。

① 　予算過程の変化を読み解く[1]。住民や議会が蚊帳の外に置かれていたが、それへの変化が生じていること、また議会からの政策サイクルが作動し始めたことを踏まえ、財務過程にかかわる重要性を確認する。

② 　財務過程をめぐる位相を意識する。決算から予算という連続性を意識するとともに、同時期には前年の決算過程、今年度の執行されている予算、来年度の予算編成、という 3 つの層が同時に進行していることの認識である。このことによって、重要な補正予算審査にも対応できる。

③ 　議会の予算過程にかかわる権限の活用、手法を模索する。地方自治法上の権限とともに、従来の予算過程が「取り引き」に活用されていたこと、その

1　予算は、一般会計、特別会計（企業会計を含む）を一括して議論している。本予算や補正予算は予算過程として理解する。予算を含めた地方財政については、本書第一部及び小西（2018）を参照していただきたい。

打開の方途として、議会がかかわることの重要性と模索されている手法について確認する。議員個人の要請を機関としての議会の要請に転換させる手法である。

④　議会として予算過程にかかわる道具を開発する。決算審査の際の道具の活用とともに、予算審査の際に特に重要な道具を指摘する。

2　地域経営の本丸としての予算に議会がかかわる視点──予算過程の変化を意識する

予算は、地域経営の本丸であるにもかかわらず、住民も、議会もその過程の蚊帳の外にあった。いわば、由らしむべし知らしむべからず（人民を為政者の施政に従わせることはできるが、その道理を理解させることは難しい。転じて、為政者は人民を施政に従わせればよいのであり、その道理を人民に分からせる必要はない（大辞林））である[2]。

自治体の予算過程の課題を扱った名著（小島1984：ⅲ）は、次の書き出しで始まる。

「予算制度は、本来、納税者が政府を監視し、議会が執行機関を監督する道具として作られたものである。高校生以上ならば誰でも知っているこんな憲法原理がなぜわが国の地方自治体の予算には活かされていないか」と。続けて、権威筋からの「十分自覚を持ち、『洗練された"近代市民"』が存在しないからだ」という議論を紹介しつつ、「洗練された"近代市民"」が育つ環境をつくることに努力したのは、権威筋ではなく、「参加市民や先駆的な首長や自治体職員たちであった」という。この視点から、現状の問題点（奥の院、縦割り、根

2　もともと、「わが国の自治体の予算制度は、明治以来自治体に対する国の委任事務の円滑な遂行を確保することを主なねらいとしてできたものであって、住民の総意に基づいて自治体の予算を監督・統制するためのものとしてできたものではない」（小島1984：36）。戦前の委任事務に要する経費について強権的に予算を成立させる目的のある「強制予算」（予算を計上せず、あるいは計上することを承知しないか、実行しない場合、知事あるいは郡長は理由を示して強制的にその経費を計上、あるいは支出させることができる）や「代議決」（義務的な経費を議会が議決しない場合、市の場合は府県参事会が、町村の場合は群の参事会が代わって議決できること等）を想定するとよい。

戦後は、これらはなくなったが、「原案執行権」（議会が義務的経費を削減又は減額した場合、首長が執行できる）として残存している。機関委任事務が「戦前と同様に結果的には〈協賛〉させられる形となっている」（小島1984：38）。なお、内務省は強制予算制度を強化しようとしたが、連合国軍最高司令官総司令部（GHQ）が拒否している。

回し等）をえぐり出している。

　多くの自治体では、こうした問題を継続させている。とはいえ、ようやく予算編成の変化が生まれてきた。財政力指数、経常収支比率等とともに、実質赤字比率、連結実質赤字比率、実質公債費比率、将来負担比率といった財政健全化比率についての指標が制度化されている。また、新公会計制度も導入された（2018（平成30）年度から）。こうした財政力を浮き彫りにする制度改革とともに、財務過程をめぐって、それぞれの自治体の新たな試み・変化が少なくとも2つある。

　1つは、予算編成過程自体の透明化が試みられていることである。総合計画との連動は、多治見市方式として定着してきた（「総合計画は、市の政策を定める最上位の計画であり、市が行う政策は、緊急を要するもののほかは、これに基づかなければなりません」（多治見市市政基本条例20③）。それとともに、予算編成時の情報の住民への公表といった財務過程の透明化が行われてきた。鳥取県のそれは有名であるが、それを自治基本条例で規定している自治体もある（多治見市市政基本条例20、25、京丹後市まちづくり基本条例18－20、橋本市の自治と協働をはぐくむ条例12－14等）。統制・参加のためである。例えば、「自治と協働をはぐくむ条例」に基づき、橋本市では、執行状況（5月、11月）とともに（自治法243の3①）、予算編成方針と予算書の公開を行っている。

　なお、財務過程の透明性を図るため、「健全な財政に関する条例」を制定した自治体もある（例えば、「自律的な行財政運営に向け、健全な財政に関する条例を施行」『ガバナンス』2009年9月号参照）。多治見市では、総合計画を財政面から規律することで、総合計画の実効性を担保することを目的としている。一定の基準を設定し、それを超えた場合に規制をかけるという手法ではなく、情報共有によって財政の自律を保障している。

　もう1つは、議会改革が本史の第2ステージに入っていることである。これについては、様々な媒体で論述しているので、参照していただきたい（例えば、江藤2016）。

　これら2つの変化を考慮すれば、今後の課題は明確である。「住民自治の根幹」である議会は、地域経営の本丸としての政策財務（決算・予算）に自らかかわるとともに、それを住民とともに行うことである[3]。予算をめぐるこうし

た状況の変化が生じているし、その変化をさらに住民自治の視点から促進させることが必要である（篠原2012、兼村編2016）。本節では、議会からの政策サイクルを予算編成・審査に組み込む動向と課題を探ることにしたい。

3　予算をめぐる2つの位相（連続性）

　議会からの政策サイクルは、議会改革の本史の第2ステージにとっては不可欠な手法である。会期、1年（通年的議会）、そして4年間（通年期制）などの連続性が重要な論点である。決算審査でも、この議会からの政策サイクルを活用することは、第4章第1節で指摘した。とりわけ、決算審査からの予算提案、そして予算審査へと至るプロセスの重要性の指摘である。ここでは、そのプロセスを通時的な位相と理解しておこう。

　そして、もう1つの位相として、共時的位相を想定する。例えば、ある年度のある時点は、昨年度の決算審査、今年度の現行予算執行、来年度の予算案作成、といった3つの予算過程が同時に動いていることの位相である。すでに政策財務の複眼的視点については、指摘している。論点を明確にする決算審査を翌年度の予算審査に生かすだけではなく、本年度予算の監視に活用することである。決算から予算へという視点は重要であろうとも、本年度予算に関してはノーマークになる可能性がある。予算は、3月に議決される予算だけではなく、補正予算が重要な役割を果たす。予算審査において審議した論点を常に意識しつつ、本年度の予算の執行状況（政策との関連では進捗状況）のチェックとともに補正予算の審議に生かす視点である（第4章第1節参照）。

　なお、こうした政策財務にかかわる場合、政策を束ねているのは総合計画であることを常に意識して、それを踏まえて予算審査にかかわる必要がある。

4　予算審査における議会の「権限」とその作動

　予算審査に際しての議会の「権限」について確認したい。それは、自治法上の権限とともに、運営上の「権限」も含めている（序章参照）。

3　地域経営の本丸である財政について、住民が学びそれを統制する運動が広がった。この住民による学習によって、「白書」が発行されている（例えば大和田2009）。

（1）自治法上の権限

　まず、予算議決権は議会にある（自治法96①）。しかし、予算調製（編成）権、提出権は首長にある（自治法112①、149Ⅱ、211①、180の6Ⅰ）。提出に当たって、首長はそれに関する説明書を提出しなければならない（自治法211②）。なお、一般的再議権（拒否権）は首長にある（自治法176①－③、予算にかかわる特別的再議権（拒否権）もある）。なお、議決権は議会にあるが、それは款項のみである。議会には予算案を否決することも修正することもできる。予算案組み替え（首長に趣旨に即して修正させる）動議を議決することもできる。

　予算審査は地域経営にとって重要であるがゆえに、予算案提出期限も決まっている（自治法211①）。また、首長には予算の執行状況の住民による公表も義務付けられている（自治法243の3①）。

　なお、議会は予算案を修正することができる。その際、「増額してこれを議決することを妨げない。但し、普通地方公共団体の長の予算の提出の権限を侵すことはできない」という限界はある（自治法97②）。この「但し」書の基準は明確ではない。

【議会の予算審査にかかわる自治法をめぐる基本的視点（全国町村議会議長会2006）】

　「長の予算提案権を侵してはならないとする地方自治法第97条第2項の但し書は増額修正を認めた際の交換条件であり、曖昧な基準で合理性があるとも思えないので、削除すべきである」（33頁）。

　「款項に1円でも計上してあればその増額修正は可能となる」（65頁）。

　「予算を伴う議案の提出が許されないとなれば、特例債を伴う市町村合併の議員提案は認められないことになろうし、マスタープランの議決により関連条例が議決されて予算措置を講ずることもできなくなる」（65頁）。

（2）予算過程における「権限」：議員・会派からの要望

　予算編成に当たって、行政は従来からも地域要望を受け取っていた。自治会（町内会）、多様な住民団体・個人、業界団体からである。最近では、地域協議会やその他の地域自治組織（まちづくり委員会等）からの要望も受け取っている。これらの要望は、予算編成作業では参考にされる。すでに紹介した、予算編成作業の透明化は、この要望を実質的なものとすることも意図していた。

　会派制を設置している議会では、会派要望として予算編成に影響を与える時期（9月〜12月ぐらい）に提出している。会派代表質問での施策実施も予算化を要望するものが多い。また、議員の一般質問は、やはり予算化を要望するものが多い。

　なお、住民による予算要求の運動の最も大きな問題は、「〈危険なかけ引き〉に知らず知らずのうちに引き込まれることである」という指摘がある（小島1984：32）。「住民が自治体の事業担当部署を通じて関係省庁や有力与党議員に陳情する際の〈危険なかけ引き〉」である。

　同時に、「住民が議会や議員に陳情する際の〈危険な取り引き〉」もあることには留意したい[4]。議員・会派からの要望は、「取り引き」に使われたり、予算の増額を招く傾向がある。〈危険な取り引き〉は、極端なことをいえば「一部住民の要求を議員が個人的に背負って議会の問題とせず、担当部署に直接取りつぎ、"不透明"な取り引きをおこなって、それを実現してやるという事態に発展し、そこに汚職の温床がつくられる」ものである（小島1984：46）。

　議会として予算審査に取り組むことで「取り引き」から脱却すること、そして決算審査に基づいた上での提言により縮小社会時代に適合する予算審査となる。地域、業界から要請される要望の実現を第一義的な目的とする議員像とは異なる。それらの要望を実現するには、地域経営の中に位置付け、優先順位を議員間、住民と議員間、議員と首長等との討議を踏まえて確定する議員像が適合する。

4　住民が取り込まれることを回避するために、公開の場で具体的に（予算額を設定して）提案する試みも行われている。鳥取県智頭町の百人委員会を想定している。ただし、予算額が膨らむ可能性が高い。執行機関は総合計画と連動させることが必要である（智頭町行政改革審議会（会長：江藤俊昭）「答申」（2010（平成22）年））。

（3）予算過程における「権限」：議会からの提案

　議員や会派による予算要望は、取り引きに活用されるし、予算が増額する可能性がある。議会として予算審査に取り組むことで「取り引き」から脱却する可能性を高める。それに取り組んだのは、多治見市議会である。正確には予算提案ではないが、多治見市の場合、予算と総合計画は連動する。そこで、予算と連動する事業を総合計画策定の際に提案している。

【議会による予算に連動する総合計画事業提案：多治見市議会】

　総合計画が地域経営の軸である認識は共有されてきた。そこに「住民自治の根幹」としての議会はどうかかわるか。多治見市議会の試みは、1つ重要な試みであり、4年前からのバージョンアップだといえる。

　特別委員会を設置し、議案として提出される以前から議論する体制を整備した。議員が主体的に総合計画にかかわるためにも「議員一人一提案」を行い積極的に議会からの提案を重視した。基本計画は、1事業ごと詳細に審査し、議会として主体的に修正案を提出している。それを踏まえて、総合計画案が12月議会に提出され可決されている。7か月にわたる議会と首長等とのキャッチボールの末に総合計画は策定され可決された。総合計画（冊子）には、市民参加、職員参加とともに、議員参加が書き込まれたことも頷ける。まさに、議会と首長等との協働、つまり総合計画をめぐる政策競争が生まれた。

　市政基本条例に、総合計画が明確に書き込まれていることも、議会が積極的に総合計画にかかわった理由である。また、4年前にも総合計画に関する特別委員会を設置して議員間討議を重ねた伝統を踏まえたものである。

　なお、北海道栗山町議会は、総合計画の策定に当たって、行政が議論している方向に危機感を持ち（財政危機の認識があまく相変わらず発展計画としたことなど）、独自に総合計画に関する議会案を作成した。それを総合計画審議会委員に対して、議場で説明している。行政側が市民参加を行うとしても、議会として議会案を説明し意見をもらう姿勢も必要だ。議会と首長等との二者間による政策競争が行われた。一歩進めて、住民も加

わったフォーラムとしての場の形成が望まれる。

　（第11回（2016（平成28）年）マニフェスト大賞（最優秀成果賞）岐阜
県多治見市議会（江藤俊昭講評））

　予算と連動する総合計画策定の際に、議会がかかわることは重要である。そ
の際、実施されている総合計画の評価を踏まえた提案をすることが必要であ
る。次節の会津若松市議会の取組みを参照していただきたい[5]。予算審査に引
きつけていえば、総合計画を念頭に置いた決算審査、そしてそれを踏まえた予
算審査が必要になる。

（4）予算過程における「権限」：決算・総合計画を意識した議会からの提案：　飯田市議会、会津若松市議会、可児市議会

①　飯田市議会の試み（財務過程にかかわる先駆者：提言の対応を模索）

　決算審査から予算審査へ、といった議会からの政策サイクルは流布してき
た。その先駆的な試みは飯田市議会における政策サイクルである。「行政評価
により政策・施策レベルのチェックを行い、続いて決算審査で事務事業の
チェックを行う。その過程で集約した意見は、『議会からの提言』として執行
機関に提出する。執行機関の予算決算の説明は、事務事業をベースに行われ、
早急に対応すべき事案については、次年度を待たず補正予算で対応すること
としている」（第 4 章第 2 節）。

　この「提言」について執行機関が対応状況の一覧表を作成し、第 1 回定例会
の全員協議会（開会）か、予算決算委員会の前期全体会で説明を受けること
や、事務事業に関して予算決算委員会分科会において、該当する部分の予算説
明で対応状況の説明が行われることも重要である。

②　会津若松市議会の試み（審査を充実させるための論点整理：附帯決議や要望的意見）

5　会津若松市議会は、総合計画策定に当たっても同様なサイクルを回した。つまり、素案が提出される以前に
　現行の総合計画の鍵となる事項を抽出してそれについて調査研究を行い、素案提出後に議論する論点を事前
　に明確にして総合計画審議にかかわっている。

　決算審査、及び予算審査を充実させたのは、会津若松市議会である。飯田市議会と同様のサイクルを回しつつ、審査の際の論点を事前に明確化しておくことである。

　決算議案が提出される以前に、決算審査にとって重要だと思われる事項を予算審査決算審査準備会（とりあえず、常任委員会と理解していただいてよい）で事前に議論していることは、すでに紹介している（第4章第1節）。また、次節で詳細に検討される。議会として「執行機関とは異なる視点から住民ニーズをキャッチアップ」することを目指している。決算審査を踏まえた予算審査でも同様に、事前に準備を行っている。監視機能と政策提言機能を含み込んだ政策サイクルである。

　なお、会津若松市議会は、決算審査から予算審査へと連動させる際に、附帯決議にとどまらず、要望的意見を付している。従来からも附帯決議とともに要望的意見が提出されていた。附帯決議は、議会としての意思を明確に決議形式で提出するものである。それに対して、要望的意見は、委員会（予算決算の場合は予算決算常任委員会分科会（第1～第4分科会））からの意見である。附帯決議の場合は、本会議での決議であるために議会として慎重になる。そこで、委員会（分科会）で議論した際の留意点を明確にし、要望的意見形式としている。これは、議会の議決としていないが、委員会（分科会）の議論を経たものとして影響力はある。委員長報告においてこの要望的意見を確認している。議会の決議ではないとはいえ、議員全員にその留意点が周知され、今後の議論の素材になる。しかも、会派制を採用していることを考慮すれば、一委員会（分科会）のものであろうとも、全体の意思と類似していると考えてよい。

③　可児市議会の試み（監視の素材の提言を全員一致で：提言の対応報告を義務化）

　可児市議会は、決算審査を通じた「提言」を踏まえて予算審査に当たることでは、飯田市議会や会津若松市議会と同様である。ただし、提言への対応を制度化していることは特異である（図表5-1参照）[6]。なお、この提言は全会一致制を採用している。

図表5-1　可児市議会「予算決算審査サイクル」

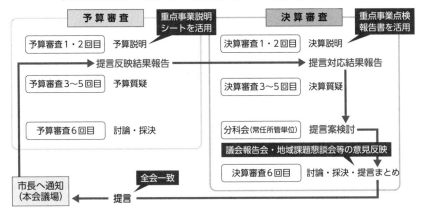

出典：可児市議会

　最近の提言として、「平成25年度事業に対する提言」（平成24年9月定例会決算審査（平成24年度予算決算委員会提言））、「平成26年度事業に対する提言」（平成25年6月定例会補正予算審査（平成25年度予算決算委員会提言））、「平成26年度事業に対する提言」（平成25年9月定例会決算審査（平成25年度予算決算委員会提言））、「平成27年度事業に対する提言」（平成26年9月定例会決算審査（平成26年度予算決算委員会提言））、である。

　しかも、その提言は十分な決算審査に基づいている。少なくとも7〜8日間集中的に議論した成果である。詳細は、本章第3節を参照していただきたい。

5　予算審査をめぐる要素・条件（権限以外）と道具

　政策財務に議会がかかわるには、連続性、つまり議会からの政策サイクルの作動の重要性を強調してきた。これを豊富化するための道具を開発したい。ただし、議会として決算審査と予算審査を連続させる財務過程の必要性を強調し

6　例えば、予算審査の際にも附帯決議を行っている。平成24年度事業に対する附帯決議（平成24年3月定例会予算審査）（平成24年予算特別委員会附帯決議）、平成30年度可児市一般会計補正予算（第1号）についてに対する附帯決議、令和元年度可児市一般会計補正予算（第4号）についてに対する附帯決議、等である。

てきたことからすれば、道具もほぼ同様である。「総合計画を政策財務の起点に」、「有用な乗り物の発見と作動（予算決算常任委員会等）」、「監査（議選監査委員）との連動」、「専門的知見の活用」、「附帯決議・要望的意見の重要性」である（第4章第1節）。参考にしていただきたい。

　付加する事項として、総合計画と関係する補助金等の縛りや地方財政計画も素材として議論すること、及び少なくとも年2回の財政状況の住民への公表を活用すること、また首長から提案される予算に付随する説明書をより分かりやすいものとすること（さらに分かりやすいものを住民に広報すること）、といったことは、議会による予算審査には必要である。

　政策財務にかかわる議会からの政策サイクルにとって、それを充実させる道具の開発は行われている。これを有効に活用しながら政策財務にかかわってほしい。議会改革の第2ステージもこれにより大きく展開することができる。

〔参考文献〕
江藤俊昭（2016）『議会改革の第2ステージ―信頼される議会づくりへ―』ぎょうせい
江藤俊昭（2019）「議会・議員の政策提案力アップの手法」『地方議会人』2019年4月号
大和田一紘（2009）『市民が財政白書をつくったら…』自治体研究社
兼村高文編著（2016）『市民参加の新展開――世界で広がる市民参加予算の取組み』イマジン出版
小島昭（1984）『自治体の予算編成――その市民化とその活性化』学陽書房
小西砂千夫（2018）『新版　基本から学ぶ地方財政』学陽書房
篠原一編著（2012）『討議デモクラシーの挑戦――ミニ・パブリックスが拓く新しい政治』岩波書店
全国町村議会議長会（第2次地方（町村）議会活性化研究会）（2006）「分権時代に対応した新たな町村議会の活性化方策～あるべき議会像を求めて～（最終報告）」

第2節 市民意見を起点とした政策サイクル
──会津若松市議会の決算・予算審査

1 はじめに

　会津若松市は福島県の西部に位置する会津地方の中心都市であり、面積は382.99平方キロメートル、人口は約12万人（2020（令和2）年12月1日現在）である。

　奥州の要として、伊達政宗や蒲生氏郷、上杉景勝、加藤嘉明、保科正之など、名だたる大名が治め、史跡や歴史的建造物が数多くある。特に鶴ケ城や、幕末の戊辰戦争において白虎隊が自刃した地である飯盛山は、歴史愛好家の聖地として、多くの観光客が訪れている。

　近年は、「スマートシティ会津若松」を掲げ、ICTを健康や福祉、教育、防災、交通、環境といった生活を取り巻く様々な分野で活用し、快適に暮らすことのできるまちづくりを進めている。

　この取組みの一環として、官民連携により整備したICTオフィスビル「スマートシティAiCT」は、魅力的なオフィス環境を整備し、ICT関連企業を誘致することにより、首都圏からの新たな人の流れと、雇用の場の創出による若年層の地元定着を図るものである。現在、ICT関連企業の集積が進められており、今後、誘致企業と地元企業との交流により、さらなる地域経済活性化の起爆剤となることが期待される。

　本市議会の議員定数は28人であり、総務委員会、文教厚生委員会、産業経済委員会、建設委員会、予算決算委員会（理事会及び4つの分科会）の5つの常任委員会と議会運営委員会のほか、地方自治法100条12項に基づく協議又は調整を行うための場として議員全員協議会、各派代表者会議、広報広聴委員会を設置している。さらには、会津若松市議会基本条例等に基づき、政策討論会（全体会、4つの分科会及び議会制度検討委員会）、予算審査決算審査準備会（理事会及び4つの分科会）を設置している。

2　議会改革と政策サイクルの概要

　本市議会における予算審査・決算審査の取組みについて、理解を深めていただくために、その背景となる議会改革の概要について説明する。

　本市議会は、2008（平成20）年 6 月定例会において、会津若松市議会基本条例を賛成総員で可決した。以来、議会基本条例に基づき、政策サイクルの主要 3 ツールである①市民との意見交換会、②広報広聴委員会、③政策討論会により、市民意見を起点とした政策サイクルの確立と実践に取り組んでいる（政策サイクルの概要については図表5-2参照）。

　政策サイクルの主要 3 ツールの概要は以下のとおりである。

①　市民との意見交換会……意見聴取（政策サイクルの起点）

　市民との意見交換会は「市民意見を起点とする政策サイクル」において、起点となる重要なツールである。

　おおむね小学校区に対応した15地区で年 2 回（ 5 月・11月）開催し、議会の活動報告のほか、地区別に設定したテーマや市政・議会に関する意見交換を行っている。

　市民から聴取した意見等については、担当した議員が現場確認や執行機関における対応状況について調査を行い、調査結果を地区へフィードバックしている。

図表5-2　会津若松市議会の政策サイクル

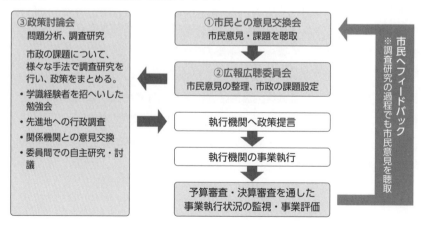

図表5-3　市民意見をもとにした課題分類

大分類		テーマ	政策討論会における検討主体
A　議会	1	議会活動と議員定数等との関連性及びそれらのあり方について	議会制度検討委員会
B　行財政	2	本市財政の持続可能性と事業・サービスとの調和について〜市民が事業・サービスを選択しうる舞台づくり	第1分科会
	3	行政サービス提供機能のあり方と庁舎等整備の方向性について	第1分科会
	4	民間委託のあり方について	全体会
C　生活・環境	5	防災などの地域の諸問題解決に向けた地域と行政機関等との連携による新たな地域社会システムの構築について	第2分科会 第4分科会
	6	地域環境の保全について	第2分科会
D　健康・医療・福祉	7	高齢社会及び少子化社会における社会保障サービスとその負担のあり方について	第2分科会
E　産業経済	8	地域経済活性化と持続可能な地域産業の維持・育成について	第3分科会
F　建設・都市計画	9	都市計画の基本的方向性について	第4分科会
G　教育・文化	10	教育・学習環境の整備について	第2分科会

②　広報広聴委員会……意見整理→問題発見→課題設定

　広報広聴委員会では、議会広報紙の編集等のほか、市民との意見交換会で聴取した意見を整理し、市政の課題設定を行う（市民意見をもとにした課題分類については図表5-3参照）。

③　政策討論会……問題分析（調査研究）→政策立案

　政策討論会は、政策サイクルにおいて調査研究及び政策立案の機能を果たすために設計されたツールである。

　政策討論会は、全体会、4つの分科会、議会制度検討委員会で構成し、各分科会はそれぞれ総務委員会委員、文教厚生委員会委員、産業経済委員会委員、

図表5-4　政策討論会の構成

政策討論会全体会				
第 1 分科会（総務委員会委員）	第 2 分科会（文教厚生委員会委員）	第 3 分科会（産業経済委員会委員）	第 4 分科会（建設委員会委員）	議会制度検討委員会

建設委員会委員により構成される（図表5-4参照）。

　各分科会及び議会制度検討委員会は、割り振られた検討テーマについて、学識経験者等の専門的知見の活用や先進的な取組みを行っている自治体への行政調査、関係機関との意見交換などの調査研究を行い、4年を1サイクルとする研究期間で検討内容をとりまとめ、執行機関への政策提言を行っている。

3　予算審査・決算審査の取組み

（1）予算決算委員会の常任委員会化

　市民意見を起点とする政策サイクルの確立と実践を目指す一連の議会改革の中において、予算審査及び決算審査についても改革が行われた。その大きな柱が、予算決算委員会の常任委員会化である。

　本稿においては、予算決算委員会の常任委員会化に係る協議経過等については省略させていただくが、予算決算委員会の制度設計において考慮すべき論点として、「予算と決算を連動して審査することができる委員の継続性」、「委員会間における業務量のバランス」、「詳細審査・慎重審査の担保」が挙げられた。また、予算議案及び決算議案は2以上の委員会で分割付託すべきでないとの法令解釈があることを踏まえて議論がなされた。

　議論の結果、本市議会においては、議長を除く議員全員参加型の予算決算常任委員会方式を採用することとし、2013（平成25）年8月に設置した。

　また、委員会内に分科会を設置して詳細な審査を行うこととし、さらに、充実した審査を行うためには、政策・施策の評価や論点の抽出など、審査に向けた準備が一定程度必要となることから、それを担う組織として、予算審査決算審査準備会を別途設置することとしたものである。

（2）予算決算委員会の概要

①　設置目的

　予算決算委員会は、予算及び決算の審査について議案一体の原則に照らし、適正な審査を行うとともに、議員全員が予算・決算の審査に携わりながら、予算（政策決定）と決算（政策評価）の審査を連動させた政策サイクルにより議会機能の一層の充実を図り、もって本市の政策課題の解決に寄与することを目的に設置する。

②　委員の構成等

　予算決算委員会は、議長を除く全議員で構成する（図表5-5参照）。

図表5-5　常任委員会・予算決算委員会・予算審査決算審査準備会の構成

	常任委員会				
①	総務委員会	文教厚生委員会	産業経済委員会	建設委員会	予算決算委員会

	予算決算委員会				
②	第1分科会	第2分科会	第3分科会	第4分科会	

	予算審査決算審査準備会				
③	第1分科会	第2分科会	第3分科会	第4分科会	

※②・③の分科会の構成委員は予算決算委員会以外の常任委員会委員と同じ

③　議案の付託

　予算決算委員会には、予算及び決算の議案を付託する。

（3）予算審査・決算審査に係る具体的な流れ

　本市議会における予算審査及び決算審査の具体的な流れについては、以下のとおりである。

①　予算審査決算審査準備会（各分科会）

　予算審査決算審査準備会では、予算決算委員会での審査の前提として、定例会の約1か月前から論点の抽出並びに政策、施策の評価等の準備を行う。

　論点の抽出等に当たっては、決算審査における政策評価を踏まえるとともに、市民との意見交換会で聴取した意見、執行機関における行政評価、政策討論会各分科会の調査研究成果、会派の調査研究成果等を活用する。

　予算決算委員会における政策サイクルの趣旨を踏まえ、総合計画に掲げる政策、施策を評価対象として、委員間討議を行い、論点を抽出する（論点抽出の様式については図表5-6参照）。

② 　議案説明（本会議）

　本会議における議案説明は、総括質疑に必要な概要の説明にとどめ、予算決算委員会における説明は省略し、予算決算委員会各分科会において各事業の詳細説明を行う。

③ 　総括質疑（本会議）

　全ての議案を対象とし、総括質疑を行う。なお、質疑の対象となっている案件の大部分は各委員会に付託され、専門的な立場から審査するため、質疑に当たっては大綱にとどめ、また、自己の所属する委員会（予算決算委員会においては分科会）の所管事項については、質疑は行わないこととしている。

④ 　予算・決算議案の付託

　予算・決算議案は予算決算委員会に付託され、さらに予算決算委員会において、各分科会へ分担される。

⑤ 　予算決算委員会各分科会における審査

　予算決算委員会各分科会においては、執行機関から議案の詳細な説明を求め、予算審査決算審査準備会で事前に抽出した論点をもとに、詳細な審査を行う。

　分科会における討論の前に、分科会としての論点を整理し、争点を明らかにするために委員間討議を実施し、分科会としての表決を行う。

⑥ 　予算決算委員会（全体会）での表決

図表5-6　論点抽出の様式

令和〇年〇月　令和〇年度予算審査（決算審査）

予算審査決算審査準備会第〇分科会　抽出論点

【〇〇〇部】

1　政策目標名

政策目標〇　〇〇〇〇〇

2　政策名

政策〇　〇〇〇〇〇

3　政策分野名

政策分野〇　〇〇〇〇〇

① 政策分野に関する問題認識（抽出した理由）

・
・

② 政策分野に関する各種情報（個別計画、行政評価、要望的意見、市民との意見交換会、政策討論会や会派の調査研究成果等）

・
・
・

4　施策名及び論点	5　事務事業名等 （予算説明書・決算書）	6　質疑により明らかにすべき事項
施策名 施策1　〇〇〇〇〇 ① 論点（重要事項、問題点） ・ ・ ・		
施策名 施策2　〇〇〇〇〇 ② 論点（重要事項、問題点） ・ ・ ・		

7　委員間討議での論点・合意点

8　備考（修正、変更等の要点）

（左側縦書き）

Ⅰ　予算審査決算審査準備会

Ⅱ　定例会各分科会予算審査・決算審査で活用

149

予算決算委員会において、各分科会から審査報告を行い、審査報告に対する質疑、委員間討議、討論を実施し、委員会としての表決を行う。

⑦　本会議での表決

本会議において、委員会から審査報告を行い、審査報告に対する質疑、議員間討議、討論を実施し、表決を行う。

（4）政策サイクルと決算審査・予算審査の連動

① 　1年間の議会活動サイクルと審議の準備の整理

本市議会においては、以前は2月、6月、9月、12月定例会ごとに審査し議決してきたが、議会の継続した活動のより一層の充実と、議会として市民の声を聴く仕組みの構築に取り組んできた。その結果、政策サイクルを回すための制度設計が整えられ、1年間を通した活動が求められるようになった。住民福祉の向上に向けた議会からの政策づくりの課題であった事務事業の評価をどのように行うのか、また、政策サイクルとしてどのように定例会の審査、審議を準備するのかについて、議会運営委員会を中心に制度を練り上げてきた。

事務事業評価については、個別の事務事業としてはよくできているとしても、政策や施策の全体最適性として事務事業を議会として評価すべきとの考えから、事務事業を切り口として総合計画の政策、政策分野の全体と個別計画、事務事業について評価することとした（予算決算委員会の政策サイクルのイメージについては第4章第1節図表4-1参照）。

② 　決算審査から予算審査

議会として9月定例会の決算認定に臨み、2月定例会の予算審査を行うこととなる。決算審査と予算審査には年度間のタイムラグがあるが、住民福祉に資する予算が執行された結果をどのように評価し、その内容が次年度以降どのように予算化されるのか、政策サイクルで見ることができる。

そこで議会は、審査、審議の準備として、9月定例会の決算審査の約1か月前から予算審査決算審査準備会を立ち上げることとした。同様に2月定例会の予算審査の約1か月前から同準備会を立ち上げている。

　予算審査決算審査準備会では、各委員が論点を持ち寄り、各分科会として取り上げる論点について協議がなされる。この論点は、政策討論会各分科会の具体的検討テーマとして抽出し調査研究を行っている項目が中心であり、予算審査決算審査準備会で論点を抽出した後、委員間討議を行い、市民との意見交換会などで市民から評価していただいた内容を中心に練り上げる。その後、分科会の論点として取り上げるのか、個人的に質疑を行うのか整理している。

　4つの分科会においては、論点抽出の様式（図表5-6）に総合計画の政策名や政策分野名、事務事業名を記入し、質疑により明らかにする事項を各委員がつくり上げることとなる。事前の準備を定例会の本会議や委員会・分科会での予算審査・決算審査に生かし、執行機関に対して事業内容などについて質疑する。その終了後は、分科会ごとに委員間討議を実施し、必要であれば分科会として修正案や決議案、要望的意見をとりまとめ、予算決算委員会に報告する。その後、本会議において審議を行っている。

4　議員（委員）間討議と要望的意見

　予算審査・決算審査の具体的な流れについては以上のとおりであるが、本市議会における議案審査の特徴として、各段階における議員（委員）間討議を位置付けている（図表5-7）。

　議案審査は、ともすれば執行機関に対する質疑に終始しがちであるが、本市議会では議員相互の議論が重要であるとの考えのもと、議員（委員）間討議を位置付けている。

　政策サイクルを回していくためには、市民意見という政策情報を議会における政策形成に反映させ、さらにその結果を市民へ説明していくことが必要であ

図表5-7　議案の審査における議員間討議の位置付け

る。

　議決に対する説明責任を意識し、その責任を果たすため、議員（委員）間討議により、議論を尽くし、何を論点としてどのような審議を行い、その経過の中では何が争点となったのか、何を合意点として確認したのかを説明することができなければならないと考える。

　さらに、本市議会では、議決に当たって執行機関へ議会としての意思を示す方法として、附帯決議のほかに、議員（委員）間討議を踏まえ、委員会等の総意に基づきとりまとめる要望的意見を位置付けている。これは、原案には賛成するが、予算の執行等に当たっては議会からの意見を尊重するように、という議会からの「意見」という形での意思を伝えることが重要であるとの考えからである。

　これまでの当初予算の審査を通してとりまとめられた主な要望的意見は図表5-8の通りである。

図表5-8　主な要望的意見の概要

	項目	概要
予算決算委員会第1分科会	公共施設の整備について	公共施設マネジメントの推進に当たり、庁内における専門組織の設置を検討すること。また、施設再編プランの策定については、全市的な市民への周知に加え意見交換の場を設定すること。
	財政基盤の健全化について	人口減少や社会保障制度における扶助費の伸びに加え、新庁舎建設等の大型事業も予定されていることから、健全な財政運営に当たっては、将来的な大幅な負担増加に配慮しながらも、まちづくりに対する財源の充当方法と投資的経費における新たな市債発行のルールを検討すること。
	市債管理のあり方について	市債管理については、新規市債発行額を元金償還額以下に抑えるルールだけではなく、実質公債費比率や将来負担比率などの指標の活用も含め様々な角度から市債管理の手法を見いだし、財政健全化と投資的経費のバランスを図った新たな市債管理のルールを検討すること。

予算決算委員会第2分科会	学校図書館の充実のための学校司書の配置について	学校図書館が有効に機能するためには学校司書の果たす役割が大きいことから、年次計画に基づく学校司書の計画的な確保に早急に取り組むこと。
	保健センターのあり方について	保健センターについては、移動手段を持たない方への配慮も含めて中心市街地における代替施設整備の検討を早期に行うとともに、保健センター本体の設置の方向性を示すこと。
	子育て世代包括支援センターの役割と有機的な組織連携について	様々な問題を抱えている方を支援するためには各課間の情報共有や相互連携による支援が必要であり、各課の関連する業務等を総合的に調整する部門の設置など有機的な組織連携の方策を検討し、子育て世代に寄り添った支援体制を構築すること。
予算決算委員会第3分科会	ICTオフィス環境整備事業について	多額の一般財源を投資し、本市の地方創生関連事業において極めて重要な事業であるICTオフィス環境整備事業について、企業誘致活動の状況や見通し等を市民、議会に報告すること。
予算決算委員会第4分科会	私道の除雪について	一定の要件を満たす私道の市による除雪実施を検討すること。また、私道の除雪に対する支援の継続・拡充の検討を進めること。
	雪対策における予算措置のあり方について	雪対策において、オペレーターの育成、行政・業者・地区との連携、私道除雪、排雪の早期実施、間口除雪の充実、全庁的な雪対策に向けた組織体制の整備などは市民要望が多い事項であることから、将来の課題解決という視点に立ち、予算の執行や次年度以降の予算編成に取り組むこと。
	公営住宅等長寿命化計画の見直しに向けた検討について	市営住宅について、建替事業の進捗状況や人口減少といった社会情勢の変化などを十分に検証し、市全体における市営住宅のあり方という視点に立ち、早期に公営住宅等長寿命化計画の見直し作業に着手するとともに、入居者の意見を聴取し計画に反映させること。

5　おわりに

　以上、会津若松市議会の政策サイクルと予算審査・決算審査の取組みについて説明した。政策サイクルについては、各ツールが有機的に連動するよう制度設計されているが、本稿において、その詳細について説明することは難しいため、概要の記述とさせていただいた。

　本市議会における議会改革の経緯や、理論的支柱、具体的な取組みの詳細については、会津若松市議会編集『議会からの政策形成―議会基本条例で実現する市民参加型政策サイクル』（ぎょうせい、2010年）及び同『議会改革への挑戦　会津若松市議会の軌跡―市民の意見を起点とし「課題解決」を図る議会へ』（ぎょうせい、2019年）に詳述しているので、本市議会の取組みに興味を持たれた方は、ぜひお手にとっていただければ幸いである。

会津若松市議会のプロファイル

定数	28人（平均年齢：58歳、男女比13：1）
人口	平成27年国勢調査 124,062人（伸び率△1.7％）
産業構造	平成27年国勢調査 1次産業　　3,063人 2次産業　14,133人 3次産業　38,549人
財政規模	令和2年度当初予算（一般会計） 485億5,900万円
会期	年4回（2月、6月、9月、12月）
連絡先	〒965-8601 福島県会津若松市東栄町3番46号 電話：0242-39-1323 FAX：0242-39-1470 メール：gikai@tw.city.aizuwakamatsu.fukushima.jp HP：https://www.city.aizuwakamatsu.fukushima.jp

第 3 節　民意を反映する政策タイムライン
　　　──可児市議会の予算審査

1　予算を定めることは議会の使命

　二元代表制の地方自治体においては、議会が合議制であるのに対し、首長は独任制であり、一人の首長が大きな権限を有している。独任制は意思決定が迅速である一方、民意の反映が困難といったことが挙げられる。

　地方議会の使命として「条例を設け又は改廃すること」、「予算を定めること」、「決算を認定すること」などが議決事項とされているが、中でも地方自治法96条1項2号において規定されている「予算を定めること」については、首長の予算に関する権限「予算を調製し、及びこれを執行すること」に関してその形成、決定、執行について、議会としてどのように「監視と評価」をしていくのかが大きな役割であり、どのように決定したのか（決定のプロセス）を広く市民に公表することにより議会の説明責任を果たすことになる。

　以前、筆者に近い住民の皆さんに「議会に期待していることは何ですか？」と聞いたことがある。それに対する回答の主なものは「権力により集められた税金の使い方が正しいか？」、「集められた税金がどのように使われているか？その効果は？」、「不正や無駄はないか？」、「市民の声は市政に反映されているか？」であった。市民福祉の向上に向けて、まずは議会として予算・決算審査を通して、より丁寧に、より深く議論をする「熟議型議会」の醸成のためにその機能を充実させる仕組みをつくることが必要となってくる。「熟議型議会」こそが、住民投票では代替できない議会の機能であると考えている。

2　サイクルに基づいて意思決定を進める

　可児市議会では、決算認定に重点を置き、重点事業点検報告書や総合計画・総合戦略などを勘案して議員間自由討議を活発に行い、丁寧な審査を行っている。次年度予算について議会内で議論し一致した事項を提言としてとりまとめて、次年度予算へ反映させる仕組みをつくっている。もちろん、その際には議会報告会や各種団体との意見交換会、高校生議会など様々な広聴機能により集

図表5-9　民意を反映する政策タイムライン

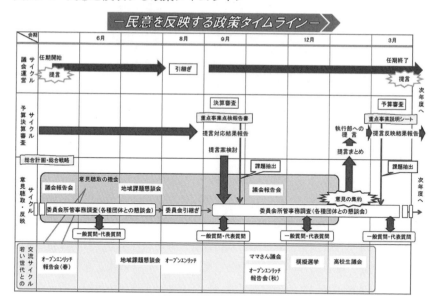

めた市民意見を予算に反映させることができる。

　ここでは、予算に対して可児市議会がどのように審議を進めているかを紹介
する。その前に、可児市議会で意思決定を行うために用いている4つの政策サ
イクルについて説明する。可児市議会では、これら4つのサイクルを集約した
ものを「民意を反映する政策タイムライン」として議会活動を充実させている
（図表5-9参照）。

・1期4年のサイクル（議会運営サイクルとして引継ぎ事項を決定し、申し
　送りをしている）。

・決算認定の際に課題を抽出し、それを次年度予算に反映させる予算決算審
　査サイクル。

・定例会ごとに、常任委員会と各種団体との懇談会、議会報告会などで出さ
　れた市民意見や一般質問から抽出した課題を、各常任委員会の所管事務調
　査に追加し、委員会機能を充実させる政策サイクル。

・高校生議会やママさん議会、地域課題懇談会等で集約した若い世代の意見
　を反映する交流サイクル（議会、学校、NPO縁塾、行政、子育て世代・

地域との協働）。

　これら4つのサイクルそれぞれが、複雑に関係を構築している。このように、4つのサイクルを回しながら議会運営を行うことにより、市長提案の予算や条例案などについて議会が意見を申し添えることができ、市民意見が強く反映された議案へと変わっていくことになる。このような取組みによって、議決した案件全てに議会・議員の説明責任を果たすという自覚が強まるとともに、住民への周知を図る方法としての「議会報告会」や「各種団体との懇談会」、「様々な議会の広報活動」などの充実が図られている。このように、4つの政策サイクルの取組みにより「民意を反映する」議会活動を展開している。

3　予算決算審査サイクルとは

　2007（平成19）年に当選した8人の新人議員は、民間企業の出身であったり、会社経営の経験があったり、商工会議所や青年会議所などの経験があったりといった、若い子育て世代であった。この8人の経験から「民間企業は決算を重視し、黒字の事業を伸ばし、赤字の事業は縮小・廃止するのが当たり前となっているのに、議会は決算を認定事項だというだけで、チェック機能が甘くなっている」と感じ始めた。このような観点から、決算から見えてくるものを、現在執行中の予算をチェックしながら次年度予算に反映することができるよう、毎定例会、執行部より可児市政経営計画の重点事業予算執行状況の説明を受け、議会からの詳細な質疑を行っている。予算審議、決算認定にて予算決算委員会の全会一致でとりまとめた提言を市長に通知するという決算を重視したサイクルを確立した。その際には、議員間自由討議にて徹底した議論を行っている（本章第1節図表5-1参照）。

　これまでに、予算決算における提言等は、予算の減額修正1件、増額修正1件、2つの付帯決議と40件以上の提言を行い、政策に生かされている。特に、2012（平成24）年に行った付帯決議では、子どものいじめ防止の専門委員会設置についての予算化時に、条例化がなされていないことから早急に条例化することを付帯決議とし、日本で最初の「子どものいじめの防止に関する条例」を制定することができた。この後、ちょうど他市でいじめを苦にした子どもの自殺事件が起きたことから、全国的にも注目を集めることとなった。

4　可児市議会の予算審査

　可児市議会における予算審査について具体的に説明する。予算決算委員会は議長・監査委員を除く20人で構成している。予算審査に当たり、各常任委員会で期日前委員会を開催することにより、それぞれの委員会スキームと課題に対して、予算審査の重点を洗い出し、各委員が予算審査に臨んでいる（図表5-10）。

　委員会初日（予算審査1・2回目）は、当初予算案の説明に入る前に、決算審査で提出された予算決算委員会からの提言への対応について執行部に説明を求め、今年度予算にどのように反映されたかを確認する。次に、各所管部ごとに全ての項目について詳細説明がなされるが、予算説明中の特定財源はその内訳（予算の概要の主な説明の特定財源名に加え、予算書説明欄の名称〔正式名〕を説明する）、前年度対比が大きい事業はその理由の説明を求め、予算書と同時に配布される重点事業説明シート（予算時、決算時は重点事業点検報告書（図表5-11））により、事業内容・事業期間・目標指標・財源内訳などが明確に示されているため、事業の詳細内容が容易に分かる仕組みとなっている。説明に要する時間は10時間程度となる。

　予算審査3〜5回目は予算に対する質疑を行う。予算質疑については事前通告制をとっており（通告のない質疑も当日に取り扱う）、議案説明後5〜6日後に予算質疑を行う。その間に出された質疑について予算決算正副委員長と担当事務局員で内容を精査し、必要がないと判断されたものについては通告者に説明をした後、質疑を取り消す場合もある。

　質疑は一覧の順に、通告委員が質問事項を発言し、執行部が簡潔に答弁する。質疑・答弁は、原則として一問一答とし、質疑内容が重複する質問事項は、通告した委員が質疑一覧の順に連続して質問事項を発言し、その後に執行部からの回答をまとめて求める。追加質問や関連質問を口頭で行うことは可能とし、質疑終了後、予算に係る自由討議の動議が出されて認められた場合は、自由討議を行う。自由討議で出された課題や提言などは、所管常任委員会ごとに予算決算分科会を設置し、委員会内で自由討議を中心に提言をとりまとめ、委員会最終日に提出する。各分科会では数時間に及ぶ討議がなされることもあ

図表5-10　2020（令和2）年度予算審査の流れ

（1）予算案説明／2月21日・25日

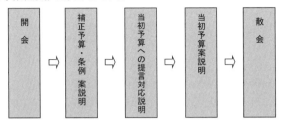

・定例会初日終了後(午前中)、令和元年度補正予算案の説明、特別会計条例の一部改正についての説明を求めます。

・当初予算案の説明に入る前に、令和元年第4回定例会における予算決算委員会からの提言への対応について、執行部に説明を求める。

　その後、令和2年度当初予算一般会計の歳入の説明を求めます。

・常任委員会の所管(部)ごとに、令和2年度一般会計(歳出)、特別会計(歳入歳出)、企業会計(歳入歳出)の順で予算案の説明を受ける。

・予算説明中の特定財源はその内訳、前年度対比が大きい事業はその理由の説明を求める。

　また、重点事業説明シートを活用し、重点事業説明シート中の「対象年度に目指す事業の成果」、「新規取組」及び「説明資料」の記述のあるものについて簡潔明瞭に説明を求める。

・新規事業については、重点事業説明シートを中心に歳出事業の説明の中で丁寧な説明を求める。

・課長以上は分掌事務ごとに出席を求め、市長および副市長、教育長は必要に応じて出席要請を行う。

・複数の部署で担当する議案は、各常任委員会所管の出席する日程で説明・質疑を受ける。

・原則として、説明に対する質疑は行わないが、説明漏れや再度確認を行うために補足説明を求めることは認める。

（2）予算案事前質疑締切／3月3日（火）正午

・事前通告の対象となる議案は令和元年度補正予算案、令和2年度当初予算案と特別会計条例とする。また、今回の議案以外で質疑がある場合は、2月28日(金)正午までに常任委員会の質疑様式で提出する。

・取りまとめの際に、疑義があるもの、修正・削除を検討すべきものについては、正副委員長または事務局から問い合わせをするため、3月3日から6日までは連絡が取れる体制にしておくこと。

・事前質疑の取りまとめは、4日15時以降に予算決算正副委員長と事務局で行う。

・精査した質問を常任委員会ごとにまとめ、執行部へ通知する。(3月6日　目安)

（3）予算案質疑／予算以外の議案の説明・質疑／(自由討議)／3月11日、12日、13日

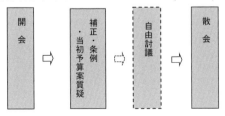

・各委員会所管の令和元年度各会計補正予算案、条例案、令和2年度一般会計、特別会計、企業会計の予算案の順で質疑を行う。その後に自由討議を必要に応じて実施する。
・複数の部署で担当する議案は、各常任委員会所管の出席する日程で説明・質疑を受ける。
・執行部の出席者は、質疑の対象となった部課長とする。

【予算案の質疑の留意点】
・質疑は一覧の順に、通告委員が質問事項を発言し、執行部が簡潔に答弁する。
・質疑答弁は、原則として一問一答とする。
・質疑内容が重複する質問事項は、通告した委員が質疑一覧の順に連続して質問事項を発言し、その後に執行部からの回答をまとめて求める。
・執行部による議案説明は改めて行わない。
・委員会当日に関連質問を口頭で行うことは可能とする。

【予算に係る自由討議の留意点】
・質疑が終了し執行部の退席後に質疑を通して、予算に係る自由討議の動議が出され認められた場合は、自由討議を行う。
・自由討議の結果を受けて提言等が出される場合は、予算決算委員長、副委員長でとりまとめを行い、3月16日の予算決算委員会にて委員会に諮る。

（4）討論・採決（・提言等のとりまとめ）／3月16日

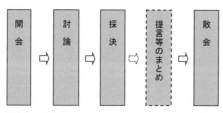

・議案番号順に付託された議案ごとに討論および採決を委員のみで行い、執行部は必要に応じて委員長が出席要請を行う。
・全ての付託議案の採決後に、提言案等がある場合は予算決算副委員長が報告し、予算決算委員長報告に付託する意見または附帯決議案として審査する。
・委員会終了後に正副委員長が委員長報告を作成する。
・提言等については、原則として全会一致で採択されたものについてまとめるものとする。

図表5-11　重点事業説明シートの例

重点方針	まちの安全づくり	所属	建設　部　　土木　　課					
事業名	橋りょう長寿命化事業	会計	一般	款	8	項	2	目	5

事業内容	・橋りょう長寿命化修繕計画に基づいて、調査及び工事を実施し、広域的な交通を担う道路橋の劣化による事故の防止と橋りょうの延命化を図ることにより、安全で円滑な道路網を維持します。
計画期間の取り組み	・市道橋りょう（2m以上）の法定橋りょう点検 ・橋りょう塗膜含有物調査業務 ・可児市橋りょう長寿命化修繕計画に基づく対象橋りょうの補修詳細設計及び修繕工事
説明資料（写真・地図等）	位置図（二野中橋）　　　　　　　　位置図（第一八幡前橋）

年度	期間合計 （見込み）	2年度予算	3年度（見込み）	4年度（見込み）	5年度（見込み）
事業費 （千円）	442,100	89,600	98,000	113,500	141,000

161

る。委員会最終日に、討論・採決後に各分科会から提出された提言について報告があり、提言として取り扱うか最終の自由討議を行う。その結果を受けて提言等が出される場合は、原則として全会一致で採択されたものについてまとめるものとしている。

　このように、丁寧な予算審査を通して「監視・評価」を行っている。議会の大きな特徴は合議制である。多様な考えを持つ議員が討議をし、合議体である議会としての意思決定をすることに大きな意味がある。その結果、多様な民意の反映が実現することとなる。

　可児市議会では、予算審査の活性化は、決算審査等を踏まえた議会からの積極的な政策提言、並びにその政策提言を踏まえての予算審査にあると考え、予算と決算を連動させている。予算審査に当たっては決して単年度の審査とならないよう注意が必要だ。また、総合計画や総合戦略、ファシリティ・マネジメント等を意識し、中長期の財政見通しを考慮した予算審査を心がけることが大切であると考えている。

可児市議会のプロファイル

定数	22人（平均年齢：62.1歳、男女比19：3）
人口	平成27年国勢調査 98,695人（伸び率1.3％）
産業構造	平成27年国勢調査 １次産業　　　674人 ２次産業　17,474人 ３次産業　28,681人
財政規模	令和２年度当初予算（一般会計） 315億5,000万円
会期	年４回（３月、６月、９月、12月）
連絡先	〒509-0292 岐阜県可児市広見一丁目１番地 電話：0574-62-1111（代表） FAX：0574-63-3972 メール：gikai-jimu@city.kani.lg.jp HP：http://gikai-kani.lg.jp/

第6章

監査委員と
地方議会の連携による議会力アップ
——議員選出監査委員の活用

[執筆者]
江藤俊昭

はじめに　議会改革の第2ステージの進展のために

　議会改革は進展している。その本史に突入しているとともに、第2ステージに果敢に挑戦する議会も登場している。第2ステージの肝は、議会改革を住民福祉の向上に連動させることであり、その道具は議会からの政策サイクルである。この議会からの政策サイクルの多面性は、日々の実践で徐々に明らかになっている（日本生産性本部2019）。

　今日、相互に関連する2つの視点を挿入した議会からの政策サイクルが作動するようになっている。1つは、議会による自治体政策の監視（評価）を踏まえた提言を行う政策サイクルである（政策法務・政策財務を含む。終章参照）。もう1つは、地域経営の本丸である財政、そしてそれを踏まえた地域経営の要である総合計画に関わる議会からの政策サイクルが作動していることである。両者の視点から、検討してきたように、決算審議（審査）を踏まえた予算審議（審査）が行われるようになっている。

　第4章・第5章によって、議会改革の第2ステージのさらなるバージョンアップを目指す議会が政策財務とかかわる実践を紹介してきた。本章では、それをさらに進めるために、監査委員と議会との連携を模索したい。おりしも、議員選出監査委員（議員から選出される監査委員。以下「議選」という）の選択制が導入された（2017（平成29）年地方自治改正）。たしかに、議選は評判が悪かった。だからといって、廃止すればよいという単純なものではない。議選の意義や課題を含めて、監査委員と議会との連携を模索する。

第1節　監査委員制度の現状と課題

1　大阪府ショック

　2017（平成29）年12月、自治体の監査制度に関心がある者には衝撃が走った。大阪府で議選を廃止する条例が制定されたからである。「府議会議員のうちから選出される監査委員は、１人とする」を「監査委員は、府議会委員のうちから選出しない」に改正した（大阪府監査委員条例３、同年12月20日可決）。監査委員５人のうち１人が議選であったが、それを廃止するというものである。

　2017（平成29）年６月、地方自治法の一部改正の中に議選の選択制の条文改正があったことから、大阪府議会ではそれに基づき議論し議選の廃止を決めた。この自治法改正は、多様な改正項目があり、施行日も異なっている。2018（平成30）年４月施行の１つが、議選の選択制である。この選択制は、条例に基づき議選を廃止することができる構成になっている。議論をせず、条例改正しなければ従来通りである。筆者は、議選を廃止するかどうかはともかく、「評判の悪い議選制度」を再考するよい機会だと考えている。つまり、議会力アップのために監査制度を活用する手法を考えたい。その制度化として、議選の継続か、廃止かを議論してほしい。なにも議論しないことによる議選存続は、議会改革路線とは乖離している。大阪府議会の場合、自治法改正を踏まえて議員提案により議会で審議し議選を廃止した。議員提案による条例改正である。提案理由は、次のとおりである。

> **【議選廃止の条例改正の議員提案理由（大阪府）】**
> 　監査委員と議会のチェック機能における役割分担を純化すべく、議員のうちから監査委員を選任しないこととするものである。すなわち、いわゆる議選監査委員は、府政に精通した選良としての優れた識見で府の監査に一定の役割を果たしているが、監査の独立性を担保するためには、できる限り外部の人材を登用すべきとの観点から、このたびの法改正を機に、議

員のうちから監査委員を選任しないこととするものである。

　あわせて、その枠を活用し、監査委員のうち少なくとも１人を、広く府民等から公募することにより、選任要件に適した人材を選任することができるとするものである。

「大阪府ショック」は、議選の廃止にとどまらない。この提案理由の最後の段落にあるように、議選が減った１人分を「公募」とする条例である。その公募のうちから１人を通常の監査委員候補とともに、首長が議会の同意を経て選任することは他の「識見」の場合とかわりはない。

　この議選廃止の議論をすることで議会力アップにつながると思ってはいるが、議選の意味を再確認し、継続させつつ議会力アップにつなげることも考えたい。同時に、廃止した場合の議会力アップの手法も検討する。

2　「評判の悪い議選」

　議選の選択制に係る自治法改正は、第31次地方制度調査会（以下「地制調」という）答申を踏まえている（江藤2016、2017）。独立性・専門性に問題があるがゆえに、議会は監視機能に特化させるという問題意識でその選択制が提案された。そのほか、答申直前まで議選の廃止を提案することを主要に議論していた第29次地制調答申は、短期交代の運営や形式的になりやすいことを問題とした。例えば、指定都市では、任期１年が過半数となっている（13市、２年は７市）。結局、第29次地制調答申は議選について両論併記をして（まさに議事録のよう）今後の検討課題としている。地制調における「評判の悪い議選」の論点は次のものである。

〔第31次地方制度調査会答申〕
　監査委員はより独立性や専門性を発揮した監査を実施するとともに、議会は議会としての監視機能に特化していくという考え方もあることから、各地方公共団体の判断により、監査委員は専門性のある識見監査委員に委ね、議選監査委員を置かないことを選択肢として設けるべきである。

〔第29次地方制度調査会答申〕

　議員のうちから選任されるいわゆる議選委員については、短期で交代する例が多いことや、当該地方公共団体の内部にある者であり、その監査が形式的になりがちではないかとの指摘がある。

3　議選制度を考える

　制度（理念）と運用を区別して評価する必要がある。制度設計では議員の「政治的感覚」を重視した「用心棒説」が妥当するが、実際の運用に当たっては、それが機能しない。多くの議論（ほぼ批判的）は、この運用次元で行われる。なお、筆者は用心棒と名付けているが[1]、単なる「暴力的な活動」をイメージしているわけではなく（識見監査委員だけでは十分な監査ができない場合、議員という特性を活かして識見監査委員をサポートする）、地域経営にとって識見監査委員とは異なる視点からの政策能力の行使を想定している。

　説得的な議論を行うためには、議選の制度設計の際の議論を確認しておきたい。議選の設計に当たって政府は次の説明理由を用意していた。いわば、「用心棒」のような役割が議選監査委員には必要というものだ。

　「監査事務は、本来は会計や経理方面に関する専門的知識経験によってのみによって行い得るものであるが、監査が多くの場合行政の批判や非違の剔抉となるから、議員のように覊束されない独立の地位にある者を同時に伴っていなければ、おそれ目的に適合する徹底した監査を行い得ない虞があるからである。殊に都道府県や大都市においては、地方長官部局長等に対する直接的にして具体的な行政の批判をするのであるから、学識経験ある者の中から監査委員の如く、一般吏員と同様の地位ある者のみの力では、なかなか実績を挙げることができない」（今村・辻山編2004：976）[2]。

1　「用心棒」という特徴付けは、政治的影響力の行使の側面を強調している。本文で指摘するように制度化の時期には、その政治的感覚を踏まえた監査力が度外視される傾向がある。議選の役割は用心棒でいいといっているわけではない。「用心棒」が一人歩きしているので、ここで指摘しておきたい。

　議員の身分がありながらも、執行機関となっている議員という変則的な制度の成立は、こうして生まれている。また、監査委員制度が設置された際、従来あった議会の監査機能、具体的には実地検査権が監査委員に位置付けられたことも確認しておこう。同時に、監査請求制度が議会に制度化されている（ほとんどの議会はこの制度を活用していない）。議選をなくす場合には、実地検査権を議会に戻すという結論が本来導かれることも想定しておこう[3]。なお、監査委員は、執行機関の多元制の特性から行政委員会・委員に位置付けられる。その際、監査委員以外は合議体の行政委員会であるが、監査委員のみ独任制を採用している。この視点での活動も必要である。

4　議選の選択制を議会力アップの議論に連続させる

　議選監査委員制度は、すでに指摘した問題があるし、議員の身分を残したまま執行機関の特別職となる変則的な制度である。それにもかかわらず、現行では議選を議会改革に活用できると考えている。そこで、どのように活用できるかをまずもって考えたい。その上で、仮に議選を廃止する場合に、議会の監視機能の充実強化についても考慮したい。どちらにせよ、監査委員制度を考える上で、2つの変化を確認することが前提である。1つは、議選の選択制だけではなく、監査基準の策定、監査専門委員の設置など監査委員制度を充実させる自治法改正が行われたことである。もう1つは、議会からの政策サイクルの理論化と実践によって、単なる形式的な議会改革だけではなく、住民福祉の向上を目指し実現する議会が広がっていることである。

　議会からの政策サイクルを実践している議会が、自治法改正による監査基準の策定、監査専門委員の設置等（そして、義務化されていない自治体でも内部統制の方針を策定することなど）[4]、積極的に活用すべきである。本書では、議会からの政策サイクルを充実・強化させるために議選の活用を考えたい。議

2　引用は、今村・辻山編（2004：976）（原著『改正地方制度資料集15部』441頁、想定問答集）による（ルビは引用者）。

3　議員の身分を残したまま執行機関として活動する議選の「変則」を解消するには、監査委員制度を前提とすればその委員を議会による選挙によって行うことも想定している。

4　内部統制は、執行機関を対象としている。それを強化する議会の役割を本著では主題的に考えている。とはいえ、この内部統制の議論を議会の「内部統制」を議論する際にも活用すべきである。

選を個人（あるいは会派）としてだけではなく、議会として活用する手法の開発である。

　すでに指摘したように、議選には制度（理念）上重要な役割があるにもかかわらず、運用では大きな問題がある。その運用上の問題点から議選の廃止が提案されている。そこで、まず制度上の役割が果たせるかどうかを検討したい。いわば「用心棒」説の作動の可能性を探ることである。監査委員制度が生まれた際に、その説明では、識見だけではなく、力を持った議選がいるからこそ充実した監査ができる、つまりその必要性がうたわれた。政治的感覚をもって監査に当たることも必要である。実際には、こうした役割を実践している議会は少ないかもしれないが、行っている議会もある。まさに、制度設計の際の目的の実現の可能性を探ることである。

【政治的感覚の要素（行政監査だけではなく財務監査においても）】
①　内容にかかわる政治的感覚（監査における議選の役割）
　・議会で議論している論点を踏まえた監査の視点（機関）
　・議員として活動した際の疑問からの視点（会派・委員会）
　・住民からの意見（反対・要望等）を踏まえた視点（会派・議員）
②　形式にかかわる政治的感覚（監査事務局やその他の執行機関との関係）
　・資料提供の不十分性の指摘
　・監査の結果に関する報告や意見の案（事務局作成）の不十分性への指摘

　議選の継続、あるいは廃止に当たっても議会からの政策サイクルの強化にかかわる説明責任が必要となる。こうした議論を踏まえて、議選の役割を確認する必要がある。議選を廃止する場合、次の2点の説明責任を伴う。

A：議選廃止による新たな監査委員の役割・効果が従来の監査委員のそれよりも勝ること（内部統制も含める）。
B：議選の廃止による独立性の確立の可能性（専門性も含める）。

※議選を存置する場合にも説明責任が不可欠。

　他方で、議選を継続させる場合も、議会からの政策サイクルの強化につなげることが重要である。このための、制度設計を示さなければならない（A'：廃止よりも継続の方が勝ること、B'：独立性の模索）。ようするに、継続の場合も議会審議が必要である。

　こうした説明責任を果たす際に不可欠な論点を考えていきたい。①監査委員の問題（独立性（及び専門性）、議選廃止の理由の妥当性、議会の同意権）、②議会からの政策サイクルと監査委員との連動強化（監査委員（議選も含む）による研修、監査報告（とくに財政援助団体、指定管理者等）を踏まえた議論、議会による監査請求）、③独立性・専門性強化（個別外部監査、監査専門委員の設置、事務局の充実、共同設置等）、などである[5]。

第 2 節　監査委員と地方議会の役割の異同と連携の課題

1　議会と監査委員の役割：同様なミッション

　監査委員は執行機関であり、議会は執行機関とは異なる議事機関である。議選の存続、廃止にかかわらず、その役割の異同の確認によってそれぞれの役割が明確になると思われる。さらに、それらの連携の可能性を探りたい。

　ミッションは、監査委員も議会も、そして首長等も同様である。再確認しておこう。自治体は「住民の福祉の増進に努めるとともに、最少の経費で最大の効果を挙げる」こと、及び「常にその組織及び運営の合理化に努めるとともに、他の地方公共団体に協力を求めてその規模の適正化を図」ることである（自治法2⑭⑮）[6]。これを踏まえて、議会と監査委員との役割の異同を考えよ

5　監査委員をめぐる議論の作法（議選廃止条例議案の提出の仕方等）も付け加えておこう。議選の設置を制度化した歴史的文脈を考えれば、議選廃止の条例提案は議会側（議会としての提案である委員会提案がベターである）が妥当であるが、監査委員は執行機関に属しているために首長からも考えられる。その場合でも、議会は長期的な視点で審議するのは当然である。

う。

2　二元的代表制を作動させる監査委員と議会

　二元的代表制を作動させる監査委員の位置を確認する。監査委員は、行政委員制度であり執行機関である。「住民自治の根幹」としての議会力アップを支援する監査委員という位置付けの確認である。

　議会と監査委員との関係を探る上で、議会の監査機能を含めた監視機能の充実を問うことである。監査委員と議会それぞれの充実・強化は重要である。監査委員制度改革では、公認会計士・税理士・弁護士（団体）が提起する専門性重視（資格要件）の改革案も参考にできる（ただし、義務化することは考えていない）。同時に、その関係を問うことが重要である。「本当の二元代表制を実現し、確たる議会改革を実現するためには、監査制度改革と地方公会計改革は、必要不可欠な条件である」（石原2011：8）、あるいは「地方自治体の監査機能を含めた監視機能を、独立した機関として果たす議会のあり方を議論することが、監査機能を論じていく上では、実は最も重要な論点になる」（新川2011：37）、という指摘は大いに参考になる。

　議会の監視機能は監査領域に限っても適切に作動しないし、専門性や独立性に問題があるという指摘から、外部監査を含めて監査委員制度改革は盛んに議論されている。つまり、議会の監視機能を作動させることは困難だから、監査委員制度改革を進めるというものである。しかし、まずもって「機能回復を考えなければならないのは、議会の監視機能や監査機能だ」。この視点から「特に議会の監査機能力向上との関係で、それを補うのとして監査委員や外部監査人、あるいは地方監査共同組織が俎上に上ってくる」（新川2011：38）。ようするに、「住民自治の根幹」としての議会の監査機能を含めた監視機能強化の議論を中心に据えることである。

　具体的には、議会は監視機能と政策提言機能を担う。そのためには、的確で有用な情報が議会に提供されなければならない。監視機能の発揮が政策提言機

6　正確には、その後に続く「地方公共団体は、法令に違反してその事務を処理してはならない。なお、市町村及び特別区は、当該都道府県の条例に違反してその事務を処理してはならない」「前項の規定に違反して行った地方公共団体の行為は、これを無効とする」も含めてのミッションである（自治法2⑯⑰）。

能の強化につながる。議会の監視機能に有用な第一級の情報を提供するのが監査委員である。こうした視点からすれば、「二元代表制の本質は、議会と首長側との徹底的な議論に見出されるべきで、監査改革や地方公会計改革は、この議論に有用な情報を、〔報告を首長にという現行制度を変更して——引用者注〕第一義的議会に提供することを目的とすべきである」という指摘は傾聴に値する（石原2011：9）[7]。

3　政治の磁場にある監査委員

　監査委員の独立性・専門性を強調することは重要である。注意していただきたいのは、自治体の監査は、真空で行われているわけではないことである。監査委員は、政治の場で作動している。監査制度、つまり監査委員監査は透明性や監査を重視するいわゆる改革派首長の下では有効に作動する。しかし、身内の「闇」をさらけ出すことに躊躇する多くの首長の下であれば監査にブレーキがかけられる。首長からの直接の指示か「忖度」かどうかはともかく、監査委員事務局からの「手を緩める」指示もあるだろう。監査委員の倫理にゆだねるのはあまりにも楽観的である。

　監査機能を外部化しても同様である。「独立した外部監査機関は、客観性や専門性の外見は持つことができるとしても、政治的には無意味かもしれない」。いわゆる外部化・独立化による技術的専門性の確保、合規性チェックは可能だとしても「当該地方自治体に対して自ら民主的統制を加えることはできない。せいぜい法的権限を持ち、行政上の限られた権限を行使し、あるいは司法判断にゆだねざるを得ない」（新川2011：38）。

　政治の磁場で活動する監査委員を作動させるには、議会のかかわりが必要である。議選はともかく、議会による監査請求、選任に当たっての同意等を含めて、監査委員が作動できる環境を整備する役割を議会は担う。実際の監査の場面で、首長によるブレーキ（忖度であろうと）を打開できるのは議選である（用心棒説の文脈）。もちろん、議選はそれを防止する自動調整機関ではない。

　議選自体が、首長のブレーキに沿う（迎合する）こともある。このような政

7　この引用文は「ここでは〔全国都市監査委員協議会『監査手帳』——引用者注〕、監査委員が行う監査等の種類と報告書に関して説明があり、報告は市長と記載されている」という指摘の後段に配置されている。

治的磁場を意識した行動が必要であり、そのための議会による行動指針策定が必要である。もちろん、議選が不可欠だと断言する意図はない。こうした覚悟がなければ、議選がいても首長によるブレーキどころか、議会によるブレーキを強化することにもなる。首長からの独立性の保障の文脈である。

4　住民自治を進める監査委員

　住民自治の根幹としての議会が監視機能を果たすためには、そのための情報を的確に入手するチャンネルを確立する必要があることを強調した。このことは、「各種の行政マネジメントに関する情報を適切に市民目線で提供する制度を構築」することでもある。

　これには2つの意味がある。1つは、住民代表機関としての議会に対して、わかりやすい情報を執行機関、監査委員は提供する必要がある。もちろん、単なる情報提供だけでは説明責任を果たしたことにはならない。難解な財務情報は住民目線で作成し、議員に「具体的な意味内容をかみ砕いて解説するシステム」の構築である（石原2011：9）。

　もう1つは、住民による監視の視点である。住民目線で、住民にとってわかりやすい情報提供は、住民による監視の充実につながる。住民監査請求や事務監査請求の有効性と連動する。同時に、それは監視機能を専門とするNPO等の住民組織の成長を促す。それと議会との連動も模索してよい。

5　監査を含めた監視を担う議会：監査＝監視ではない

　議会は、監視機能と政策提言機能を担う。その関係とともに、その監視の中でも監査機能と監視機能との関係を探ることは、監査委員と議会との役割分担を探る意味で重要である。まず、議会の監視機能と政策提言機能についてである。例えば一方で決算審議を予算審議に活かすように監視機能の強化が政策提言機能の強化に、他方では提言を踏まえることにより監視が充実するように政策提言機能の強化が監視機能の強化に連動する。議会からの政策サイクルは、このことを強調している。

　次いで、監視と監査の関係についてである。監査委員の監査については明確である。法定されているし、監査計画には明確に監査委員の監査対象が位置付

けられている。議会は、議会の監視を監査委員の監査とは同列視できないとともに、こうした監査委員の監査対象外を担うと単純に区分するわけにもいかない。

　そもそも、議会は議決権のほか、検閲権、調査権を有している。議会は広範囲な監視対象を有している。そこで監査委員とは対象を異とする監視を行うことは当然である。監視と政策提言とは厳格に区分できない、というより連動しているが、予算、条例（制定時でも制定後でも）、そしては行政組織全体を視野に入れた改革（首長直近組織条例、行政改革の基本方針等）などの事項は、監査委員と異なる議会の監視領域の主たるものである。

　もちろん、監査委員の監査対象と、議会の監視対象が重なる領域もある。監査委員の行政監査や決算審議は議会の監視領域と重なるとはいえ、議会はその第一級の位置を占めている。監査委員による監査を重要な素材の１つとして監視に議会としてかかわることになる。もとより監査委員を含めた行政委員会・委員の合意・選挙や、その組織のあり方も議論できる。議会の監視機能はその意味で監査委員の監査を超えたものとなる。

　議会は、監査委員の監査対象と重なる領域はあるが、視点を異にすること、及びより広い領域にかかわることからすれば、議会は監査機能を発揮するのではなく、監査機能を含めた監視機能を発揮する。もちろん、監査委員の監査対象を議会が全てを担うという意味ではない。これらについては、議会の監査請求を活用することになる。ようするに議会については、〔監査＝監視〕ではありえないし、〔監査＜監視〕（監視の中に監査全てが入る）と単純にいえるわけではない。ともかく、議会は監査機能の一部を含めた監視機能を発揮する。

　アングルを変えてみれば、議会は独自な監視機能を発揮するとともに、監査委員の監査領域の中で、議会がかかわれない（財政援助団体等）、あるいはかかわれる領域を意識し議会の監査請求、監査委員報告を活用することが必要である。これは議選の存置、廃止を問わず議会は検討しなければならない。

6　監査委員と議会との役割の異同

　監査委員と議会（そして首長等）は、住民の福祉の増進を最少の経費で最大の効果を及ぼすように進める共通のミッションを有している。こうしたミッ

ションを持ちつつも、監査委員を有効に活用するのは議会であることを強調してきた。監査委員は図表6-1の業務をこなす。これを踏まえての監査委員と議会の役割分担、連携の議論が必要となる。図表6-1では議会との「類似機能」として行政監査があげられているが、本書では決算審査も含めて考えている。

図表6-1　監査委員による監査の種類と目的

監査の種類	監査の契機	監査の目的		着眼点	類似機能
財務監査（定期） 　　　　（随時）	義務（年度1回） 任意	財務の事務執行が法令に則って適正に行われていることを担保	指摘型 保証型	合規性・3E	包括外部監査
行政監査（随時）	任意	事務執行が法令に則って適正に行われていることを担保	指摘型	合規性・3E	議会、行政評価
財援団体等監査	長の要求・任意	財政援助団体等の出納その他の事務で財政援助等に係るものが適正に行われていることを担保	指摘型	合規性	長
指定金等監査	長の要求・任意	指定金等が扱う公金の収納・支払事務の適正さを担保	指摘型	合規性	会計管理者
決算審査	義務（年度1回）	会計管理者の調製した決算の正確性を担保	保証型	正確性	
例月出納検査	義務（月1回）	会計管理者の現金の出納の正確性を担保	保証型	正確性	
基金運用審査	義務（年度1回）	長の基金の運用の正確性を担保	保証型	正確性	
健全化判断比率審査	義務（年度1回）	長の計算した健全化判断比率の正確性を担保	保証型	正確性	個別外部監査
直接請求監査	住民の請求	住民の請求により事務執行を監査し住民自治を保証	指摘型	合規性・3E	個別外部監査
住民監査請求	住民の請求	住民の請求により財務の事務執行を監査し住民自治を保証 住民訴訟の前置機能	指摘型	合規性	個別外部監査
長の要求監査	長の要求	長の要求により事務執行を監査し長に政策判断の材料を提供	指摘型	合規性・3E	個別外部監査
議会の請求監査	議会の請求	議会の請求により事務執行を監査し議会に政策判断の材料を提供	指摘型	合規性・3E	個別外部監査
職員賠償責任監査	長の要求	職員の賠償責任の有無及び額の決定	指摘型	合規性	

出典：総務省（2013：39）
注：本書では、議会の「類似機能」として行政監査だけではなく、決算審査も含めて考えている。

　その連携に当たって、2つのポイントがある。1つは、監査委員との類似機能である行政監査や決算監査を議会審議に活用すること、もう1つは議会がかかわれない領域にかかわっている監査委員報告を踏まえて議会審議に活用すること、である。これらを行うに当たって、議員それぞれでの活用は必要であるが、議会としての取り組みも必要である。もちろん、監査基準の設計、監査委員の勧告、監査専門委員の設置等による監査委員の役割強化は前提だ（議選の存置にせよ廃止にせよ）。そのために議会は積極的にこれらの提案を行わなければならない。

7　監査と監視の異同を意識──監査機能と監視機能の強化

　監査の役割は、法律で規定されている[8]。監査委員の監査権限と議会の監視権限の異同を確認すれば図表6-2の通りである。監査は法律で規定されているのであって、監査という用語は限定的に用いられる。

図表6-2　監査委員の監査と議会の監視

監査委員の監査	議会の監視
定期監査199①④、例月現金出納検査235の2①、決算審査233②（地方公営企業法30②）、基金の運用状況審査241⑤、健全化判断比率等調査（財政健全化法3①・22①）、随時監査199①⑤、行政監査199②、公金の収納又は支払事務に関する監査235の2②（地方公営企業法27の2①）、住民の直接請求に基づく監査75、長の要求に基づく監査199⑥、住民監査請求に基づく監査242、職員の賠償責任に関する監査243の2の2③（地方公営企業法34）	議決権96、検査権98①、調査権100①②、専決処分の承認179③④、決算不認定の際の報告233⑦、副市長等・行政委員会・委員の同意権・選挙権162・182①・196等
議会の要求に基づく監査98②、議選の選出196①	

注：下線は議会が監査にかかわる権限である。監査の役割は法律で規定されている。

第3節　監査委員と地方議会の連携の意義と課題──議会力アップの視点から

1　議選をめぐる議論のポイント

　議選の選択制の導入によって、それを廃止した自治体もあらわれた。議選はその現状の問題（任期の短さ）とともに、そもそも議員の身分を残したまま、執行機関に属する変則的な制度であること強調した。しかし、廃止することを

---

[8]　その際、指摘した監査要点の内容は、次のものである。実在性（記録された取引が実際に発生しているか）、網羅性（認識されるべき取引の記録に漏れがないか）、合規性（事務の執行が法令等に従って適正に行われているか）、経済性（一般財源をできるだけ節約しているか）、効率性（単位当たりの行政コストを縮小化できているか）、有効性（事業等が所期の目的（アウトプットやアウトカム）を達成しているか）、である。

推奨しているわけではない。

　歴史的な経過を考慮しないとしても、変則的制度であるという観点から廃止を提案するのであれば、日本の自治制度にある変則的制度、例えば議会による首長不信任議決と首長による議会解散、議員がメンバーとなる審議会（都市計画審議会等）といった制度も議論しなければならない。監査委員だけを標的にする意味が問われる（本章補論参照）。

　また、議会改革が進展し議員は監査委員としてではなく議会・議員として活動することに集中するべきだという議論もないわけではない。一般的とはいえないが、議会力アップにつなげている議選もいる。

　そこで、議選をめぐる議論の論点を再確認したい。すでに指摘したように議選廃止による新たな監査委員の役割・効果が従来の監査委員のそれよりも勝ること（内部統制も含める）、議選の廃止による独立性の確立の可能性（専門性も含める）、これらを確認してはじめて議選の廃止を議論すべきだろう。少なくとも4つの論点を踏まえよう。

① 独立性・専門性の誤解

　i 独立性はなにも議選だけが問題になっているわけではない。そもそも監査の対象となる首長が選任する制度である。監査委員事務局は出向職員であるために、監査対象と監査主体とが交互に入れ替わる問題もある。また、識見は外部だが、議選は内部であることを強調することは慎重な議論が必要である。二元的代表制の下で首長等への監視の役割を強調すれば、外部ともいえるからである。

　ii 専門性はなにも議選だけが問題になっているわけではない。そもそも識見（監査委員）には専門性があるが、監査にとっての専門性かどうかは慎重な議論が必要である。財務監査では公認会計士や税理士、またリスクマネジメントなど法的思考が必要な監査では弁護士といった専門性が必要である。また、それらに長けている行政職員 OB がいる。しかし、監査は真空で行われているわけではなく、政治の磁場で行われている。その政治的感覚＝政治的専門性は議選の特性である。

② 「用心棒」の誤解：独立性・専門性を作動させる議選（監査委員の強化）

　筆者は監査委員が制度化された際に、監査請求制度とともに議選が配置され

た理由から、「用心棒」と特徴付けた。「用心棒」は腕力だけではない。

　「七人の侍」の島田勘兵衛などをイメージすれば、知的であり冷静な心がある[9]。議員バッジをつけて「ふんぞり返る」者もいないとはいえないが、庶民のために、また住民自治を進めるために活動するのが「用心棒」である。映画でもやくざと庶民に雇われることで用心棒の役割・性格は異なる。逆にいえば、議会・議員の横暴な見解をごり押しする場合もある。議選は、内容にかかわる政治的感覚（議会審議によって明確になった論点を踏まえた監査の視点等）を有するとともに、形式にかかわる政治的感覚（資料提供の不十分性や識見の監査の不十分性の指摘等）を有することはすでに指摘している。前者はまさに監査委員の専門性の強化、後者はその独立性の強化に連動している[10]。

③　情報の入手（議会の監視機能の強化）

　監査委員には特別な情報が集積する。後述する監査委員と議会との連携、及び監査委員の守秘義務の再検討によって、監査委員に集積している情報を議会が入手することができる。議選の廃止は、重要な情報源を手放すことになる。

④　一度議選を廃止すれば戻せない

　議選には問題があることは十分指摘したが、議選廃止によって監査委員と議会がそれぞれ強化されることの検証が不可欠である。理論上は可能であっても、議員定数削減と同様に、一度議選を廃止すれば、議選復活は不可能である。筆者が議選廃止に消極的なのは、その論理とともに、その決断の責任を危惧しているためである。

　こうした少なくとも4点について積極的に応えた上でなければ、議選廃止の決断はすべきではない。もちろん、議選を存置させる場合も、議会からの政策サイクルの強化につなげることが重要である。このための制度設計を示さなければならない。

9　1954年、東宝、黒澤明監督。14世紀（中世のころ）、悪党の跳梁跋扈に悩まされていた農民たちが武士を雇って、その悪党と戦った歴史的事実を参考とした小説も参照されたい（下川（2009）、農民自身が先頭になって戦った）住民自治は住民が創り出すものである。

10　この文脈で、監査委員事務局の共同設置は有効な手法の1つである。

2　監査委員と議会との連携

　議会の監視機能を強化するために、監査委員との連携が必要である。監査委員報告を議会審議に活用すること、監査委員（議選を含む）による議員研修などを念頭に置いている（後述）。大津市は、議選を廃止する際に議会力アップ、つまり監視機能につなげることも議論した（図表6-3参照）。

図表6-3　議会と監査委員の連携（議選を廃止しなくともこの連携は必要）

監査情報共有	①決算常任委員会全体会における意見陳述、質疑応答の充実（決算総括説明、行政評価の報告とあわせて概ね30分程度としていたが、2018年度からは監査委員の意見陳述のみに対する質疑の時間を設ける） ②定期監査の結果について、監査委員から報告・意見交換の実施（年2回の市長への報告時期にあわせて、全員協議会を開催し、定期監査の報告を受けるとともに意見交換会の実施）
議会情報共有	①監査委員の委員会傍聴機会の確保（常任・特別委員会の所管事務調査等の年間スケジュールを監査委員に通知、各委員会の開催日時、議題等について、その都度監査委員に通知） ②本会議・委員会の会議録の共有（議会での議論の状況を迅速に伝えるため、本会議や各委員会の会議録を第一校（粗起こし内部資料）の段階で監査委員に送付）

注1：ローカル・ガバナンス学会・自治体学会議員研究ネットワーク主催「内部統制・監査制度等の改革と住民自治——2017年地方自治法改正を素材に」（研究フォーラム：2018（平成30）年8月11日山梨学院大学）における清水克士大津市議会局次長のレジュメ・報告をもとに作成。
注2：表中には示していないが、これに議会による監査請求及び議選を含めた監査委員による議員研修を付け加えておこう。

　ただし、ここで議論されている連携は議選の廃止の代替とはならない。むしろ、議選を廃止せずとも監査委員と議会の連動には有用である。なお、図表6-3には監査委員と議会との連携には議会による監査請求及び議選を含めた監査委員による議員研修を付け加えよう。

　再度確認すれば、この監査委員と議会との連携の議論は議選廃止とは関係なく、監査委員と議会との連携による監査委員の強化、議会の監視機能の強化と連動するものである。ぜひ、議選廃止せずとも、まずもってこの連携の強化を議論し実践してほしい。

3　守秘義務を限定した上での監査委員と議会との連携の作法

　監査委員と議会との連携について、それぞれの活動力の充実を目的に考えてきた。その際、監査委員の守秘義務を広くとれば、その連携は有効に作動しない。また、議選になれば、一般質問を退任した後はもとより現職時も「禁止」と考える議員もいる。監査委員になったことで議員活動ができないと嘆く真面目な議員もいる。まさに、本末転倒である。これでは議選はいらないことになる。そこで、決算委員会（常任・特別）に参加しない、という妥協点がうまれている。

　守秘義務の厳格な解釈によって、議選であれ識見であれ議会との連動は困難であった。監査委員は、「常に公正不偏の態度」で監査し、「職務上知り得た秘密を漏らしてはならない」だけではなく「その職を退いた後も、同様とする」（自治法198の3②）。この規定を根拠に守秘義務が議論される。

　議選は「監査委員としての職務上知り得た秘密に属する事項について、議員として本会議で明らかにし質問するなどの活動を行うことは、本項（自治法198の3②──引用者注）に抵触する」（松本2017：699）。決算委員会に議選が参加しないことは、この文脈で理解できる。この守秘義務規定は、他の行政委員会・委員と同様である。こうした解釈を広く取れば、議選の議員は何もできないだけではなく、議選を経験した議員は何もできない。監査関連の知識を議会質問に活用、あるいは多くの議員が監査実務に触れる、といった議選メリットも活用できない。これでは、監査委員（議選も含めて）と議会の連携もできない。議会の監視力をアップさせるためにこそ議選制度が存在する。

　ようするに、「職務上知り得た秘密」とは、職務の執行に当たって知り得た「秘密の全て」と解釈すれば、住民自治の原則に反する。この「秘密」とは、「個々の事実に即して判断する」ことになる。国家公務員法100条1項の秘密について、「『秘密』であるためには、国家機関が単にある事項につき形式的に秘密の指示をしただけでは足りず、右『秘密』とは、非公知の事項であつて、実質的にもそれを秘密として保護するに価すると認められるものをいうと解すべき」であるという最高裁判決（1977（昭和52）年12月19日）を参照したい（松本2017：670）。つまり、秘密は限定的なのであって、その限定されたものの

「全て」であるに過ぎない。

　情報公開・透明性の時代、監査にかかわる文書も公開の対象になる。首長から提案される議案に添付される資料等も含めて公文書の基準等の整備を早急に進めるべきである。議選が個人・会派のためだけに活用することは、道義的な問題もあった。こうした公文書の基準の整備や情報公開のルール化は、議選が個人・会派のためだけに活用することを防ぐ意味がある。

　範囲を確定するルール化は、議会からの政策サイクルに監査委員を組み込むことに有用である。行政運営において透明性が強調されている時代では、守秘義務の範囲は制限されるのは当然である。守秘義務について、個人情報保護条例や情報公開条例の範疇ならば、ほぼ可であるとの認識を共有している議会がある（西脇市議会）。

4　監査委員同意（選出）基準の確立

　監査委員（議選を含めて）や議会の力をアップさせるには、監査委員の選任のプロセスを改善することが必要である。首長の選任であるが、議会の同意が前提となる。議会による同意の基準を明確にすること、及び議選を選出する際のプロセスを議会側にシフトさせることである。なお、議会による議選の活用により、議選の能力や意識が向上する。このことは識見委員との緊張感も増し、監査がより充実する。

① 　同意の基準の明確化（図表6-4）

　監査委員は、「人格が高潔」な者ということは共通している。その中で、議選とともに、自治体の「財務管理、事業の経営管理その他行政運営に関し優れた識見を有する者」（識見）が選任される。この要素を具体的に示すことである（資格、経験（主な活動、審議会委員経験等））。

② 　議選選出を議会側にシフト

　そもそも、議選を首長が提案する場合、その人選は議会側が大きな影響力を有しているといえる。例えば、町村の場合ではあるが、議選の人選方法については、「議会に一任する」が554町村（73.9%）と最も多く、次いで「長と議会で相談する」の152町村（20.3%）、「長限りで決めた」の44町村（5.9%）となっている（全国町村監査委員協議会2020）。議会が影響力を行使していると

図表6-4　監査委員（識見・議選）の同意（選出）の際の基準

識見	議選
「人格が高潔」な者	
「財務管理、事業の経営管理その他行政運営に関し優れた識見を有する者」＝具体的に検証（資格、経験（主な活動、審議会委員等） ＊識見の増員 ＊監査専門委員の活用	政治的感覚を有する者（内容と形式） 財政や法律等に長けている者（資格を有するという意味ではない） ＊議選を選出する際のプロセスの透明性（立候補・所信表明・質疑・選挙）

注：「」内は法律の文言である。＊は基準ではないが、それぞれの役割を強化する手法である。

　はいえ、従来の議長選挙のように、ポストの１つとして監査委員の特性を考慮せずに、最大会派や会派間調整で人選を行っていることが多い。驚くことは、「長限りで決めた」自治体もあることである。本章で強調する議選の監査委員の属性を考慮して、議員による「選挙」（自治法にも公選法にも規定されていないので選挙のようなものという意味）がベターであろう。無理だと感じる読者もいるだろうが、不透明な議長・副議長の選挙でもようやく立候補制・所信表明・選挙というプロセスが広がっていることを考慮すれば、議選選出の際にも応用できる。

　広がっている議長選挙の立候補制と所信表明後の選挙という手続きを活用することはできる。議選の「選出」に当たって、立候補制で所信表明後の投票によって候補を決める議会もある（西脇市議会）。

　議員が一般質問を自粛する議会もあった。これでは議員の存在意義が失われる。本末転倒である。いままで自粛していたが、現在は撤廃した議会がある（一般質問する場合は通告前に監査委員事務局長と質問内容を精査、西脇市議会）。監査業務のため欠席する場合、議員としての議論に参加できなくなり、議会としても損失である。それにもかかわらず、「活動時間としては大変だが、議選監査委員を議会がしっかり活用することで、真剣に監査を行う議員が出てくると思うので、しっかりとこの制度を活用すべき」としている（芽室町議会）。なお、仕事量も増すので今後は「議選監査委員のなり手不足の懸念もある」という（西脇市議会）。議選をサポートする体制や、活動量に適した報酬の論点が浮かび上がる。

5　議会からの政策サイクルに監査委員を活用

①　決算委員会と議選の関係

　決算特別委員会、あるいは決算常任委員会に議長とともに議選が構成メンバーには入らないし、議会での決算審査の場合に、監査委員はその質疑にかかわらないというのが、多くの議会の常識となっている。議員であるがゆえに議選でも決算にかかわる表決権は当然あるとしても、議会における決算審査の場合は執行機関として活動していたことを考慮しているためである。本章では、これを一歩進めて議選が決算審査の論点を議会・議員に明確にすることも試みるべきことを強調している。

　今日、予算と決算を連動させ議会の監視機能をアップさせることが行われている。委員会への分割付託といった予算・決算の一体化原則を無視する運営を是正するとともに、予算が正当に活用されたかという視点からの決算審査や、決算を意識した予算審議が可能となる。具体的には、予算決算特別委員会、及び予算決算常任委員会の設置である。議長を除く議員全員が構成メンバーとなることが多い（半数を交互に入れ替えという運営も行われている）。これだと議選も決算も審議するその委員会のメンバーとなる。いわば「二重所属」問題である。なお、決算特別委員会に議選がメンバーとして入っている場合には、そこでも問題となる。

　指定都市の場合、11市が二重所属となっている（決算特別委員会を含めて）。議選は執行機関として監査にかかわっている。そこで、議選も議員であるとはいえ、決算審査に監査委員という立場で執行機関としてかかわわっているがゆえに、議選が執行機関に質疑するわけにはいかない。決算特別委員会には議選はその委員にはならないことを原則とする。また、予算決算特別委員会、あるいは予算決算常任委員会として議選がそのメンバーになっている場合でも、決算審査に当たって議選は質疑等を自粛する必要がある。申し合わせ事項等で規定すればよい。

②　予算決算審議と議選との連動（図表6-5参照）

　可児市議会は、政策サイクルを回している。その中には予算決算サイクルがある。それに議選を連動させることになる。決算監査報告書を全員協議会（全

協）で報告（説明）や意見交換をしている。なお、予算決算常任委員会にも所属しないことになっていたが、予算常任委員会と決算特別委員会に分割し、予算常任委員会には所属する議会もある（2019（令和元）年度より、西脇市議会）。本書でも指摘しているように、ベターな選択である。ただし、予算決算委員会（常任、特別）は、決算と予算を連動させることに意義がある。委員会を分割する場合も議論を連続させる必要がある。

図表6-5　決算審査における議選の活用

> 【可児市議会】
> 決算監査報告書を全協で報告（説明）や意見交換をしている（監査業務から生じる「守秘義務」は、監査委員の考えで情報提供できる範囲を決めている（特段のルールを作ってない））。
> 【西脇市議会】議選監査委員による監査報告会（2018（平成30）年6月から仮実施。2019（令和元）年度から本格実施。）
> 　2018（平成30）年6月定例会では、定期監査報告書に基づいて行う。9月定例会では、決算審査意見書に基づいて行う⇒決算審査に活かす。監査報告会は全議員での議員協議会の場で行う（非公開）。質疑は監査報告会3日前までに事前通告（事前通告なしでも議選監査委員が答弁できる範囲で行うことができる）。

③　監査委員報告の活用

　監査委員報告を議会として受け取り、議会審議に活用するルールを明確化する必要はある。監査委員報告は、議会との類似機能の領域だけではなく、議会がかかわれない領域についての貴重な情報を提供している。これを議会審議に活かす必要がある。例えば、三重県議会には「平成29年度財政的援助団体等監査結果報告書」2018（平成30）年3月が議会に提出されている（出資団体、公の施設管理団体、補助金交付団体）。これらの提出のルール化とともに議会審議への活用をぜひ確立してほしい。報告はあるものの議員個人に配布されるだけの自治体、報告もない自治体もある。

　また、会津若松市では監査委員からの報告は定例会に議会側の報告案件として上程されている。正確には、議長への報告として提出され、それを報告として議会に上程している[11]。報告案件は、本会議における総括質疑の対象とはなるが、委員会へは付託されない。

　議会としてではないが、議員として財政援助団体等にかかわることは可能で

ある。例えば、2018（平成30）年度の当初予算に対する予算決算委員会第1分科会（総務委員会）での審査において、監査方針や財政援助団体等への監査に関する質疑に活用する議員もいた。なお、2017（平成29）年度においては、財政援助団体等への監査として、指定管理者の監査があったが、この指定管理者は、市の補助金も受けている。監査委員報告は、こうした領域にも議会の監視が効く。

④　研修の充実

　議選が講師役となって議会での研修を行うことを提案したい。現職議選や議選OBや、監査事務局と協力して監査委員を講師とする研修である。監査委員制度や監査内容等についての有能な講師は存在する。長年、識見監査委員として就任している方、あるいは監査委員事務局職員はいる。

　また、都道府県ごとに設置されている町村監査委員協議会役職の方、あるいはその事務局長・職員などが想定できる。議会の監査請求を積極的に行っている徳島県那賀町議会にはベテラン監査委員・識見監査委員がいて、現場に即した『町村監査入門』を作成している[12]。監査委員制度に詳しい身近な方を講師にした議員研修は不可欠である。

　さらに、議選監査委員による議員研修は議会からの視点による実践的研修となる。芽室町議会では、「財務監査機能の強化」を目的に、出納検査結果報告について研修を行った（「監査委員制度の概要と出納監査について」2019（平成31）年4月24日）。講師は議選の西尾一則議員だった。参考資料として、全国町村監査委員協議会編『監査必携』（第一法規、2020年）が活用されている。監査委員の活動全体を踏まえた研修となった。

11　監査委員から議長に提出された報告として、例えば「行政監査の結果について（報告）」（2017年3月29日）、「定期監査（後期）の結果について」（2017年3月29日）、「定期監査（前期）の結果について」（2017年8月4日）、「公の施設の指定管理者監査の結果について」（2018年1月30日）、がある。

12　2017年発行、A4判85頁。桝田正憲氏によるものである。桝田氏は徳島県監査委員協議会会長・全国町村監査委員協議会会長を歴任している。議会事務局長と監査委員事務局長は兼務、その下に独自に議会事務局職員と監査委員事務局職員が独自に（兼務ではなく）配置されている。『町村監査入門』は、監査委員事務局からメールにて送っていただいた。なお、那賀町監査委員の実際については、田口（2018）、に詳しい。

6　バージョンアップのための制度活用

　監査委員制度の充実のための制度改革を考えよう。

① 監査委員の定数増や監査専門委員の活用

　監査委員は一般の市町村では2名であるが、条例に基づき定数増を行うことができる。筆者は、議選の政治的役割、そして識見の独立性・専門性を考慮して、識見2名、議選1名を提唱している。ただし、「監査委員に常設又は臨時の監査専門委員を置くことができる」（自治法200の2）ようになった。そこで、監査専門委員を設置することで、独立性・専門性の強化に活用できる。

② 監査請求の活用と外部監査の活用

　監査委員報告を議会審議に活用するだけではなく、積極的に議会による監査請求権を活用したい。同時に、外部監査を活用することも必要だ。条例により包括外部監査を実施する地方公共団体の実施頻度が緩和（現行は毎会計年度）された（自治法252の36②）。

　また、議会による監査請求に際して、個別外部監査を請求することができる（自治法252の40①）。こうした外部監査を積極的に議会から提案することも必要である。

　なおその際、議会は外部監査人の監査に関し必要があると認めるときは、外部監査人（現職と経験者）の説明を求めることができる。また、議会は外部監査人の監査に関し必要があると認めるときは、外部監査人に対し意見を述べることができる（自治法252の34①②）。これも積極的に活用したい。

③ 監査委員の共同設置

　監査組織の独立性・専門性を強化するには、監査委員事務局とともに、監査委員自体の共同設置も模索してよい。その際、議選については「他の団体の監査を行うことになるので、若干問題があるが」、次のように考えられる。「任期ごとに各地方公共団体の議会が廻り持ちにして監査委員を選出する方法を採るならば、たとえ、特定の団体の議会の議員から選出されることとしても問題はない」と理解してよい（松本2017：1308−1309）。

④ 監査委員事務局の共同設置を考える意義

　議選がいようがいまいが、監査委員の独立性・専門性の議論は絶えない。監

査組織体制は、周知のように監査委員と監査委員事務局で構成されている[13]。監査委員事務局の共同設置によって、その監査組織体制の充実強化、具体的には独立性・専門性の強化を目指すことができる。

　本章では、監査委員制度の充実強化や議会の監視機能の強化の文脈で監査委員やその中の議選の役割を考えている。そこで、監査委員事務局の共同設置を主題化する。それが独立性・専門性の強化となる。そのことを確認することで、議選、そしてそれを含めた監査委員だけが独立性・専門性にとって問題があるわけではないことを強調したいためでもある。

　行政委員会・委員（本章の場合、監査委員）の共同設置は以前より可能であったが、監査委員事務局の共同設置は、2011（平成23）年地方自治法改正によって可能となった（機関等の共同設置（自治法252の7）。

　監査委員事務局の共同設置は、独立性・専門性の強化につながる[14]。議会事務局の共同設置は、「根なし草」となることで議会の強化にはつながらない。しかし、監査委員事務局の共同設置はまさにこの「根なし草」の性格が監査組織の独立性、そして専門性を高める。

7　議選と議会との連動への提言

　これらの実践において、議選が抱える問題を解決し、議会力をアップさせる方向も見え始めた。

　論点1：議選は議会審議に躊躇せず、積極的にかかわろう！議選が一般質問を自粛する、守秘義務があるので議会審議にかかわれないという議会がある。本末転倒だ。守秘義務の範囲の確定を行おう！

　論点2：決算審査を充実させよう！監査制度だけではなく、決算ポイント等を議選が論点整理することもできる。なお、理論上決算委員会（常任、特別）と予算委員会とを区分すれば決算委員会に議選は構成メンバーから外れること

13　市町村の場合、監査委員事務局（自治法200②）は議会事務局（自治法138②）と同様に任意設置である。

14　岡山県備前市と瀬戸内市は、監査委員事務局を共同設置した（2016（平成28）年4月1日）（武久2017）。具体的には共同設置は自治法に基づき設置される（自治法252の8）。名称は「備前市瀬戸内市監査委員事務局」、その主たる執務場所は瀬戸内市役所、幹事市は瀬戸内市役所となった。その物件費、人件費は幹事市である瀬戸内市の蔵出蔵入予算に計上する。経費分担は両市の協定に基づく。職員は幹事市の代表監査委員によって任命され、幹事市である瀬戸内市職員ではない者の身分は瀬戸内市の職員とみなされる。

で、また予算決算委員会では予算審議では議選は質疑等を自粛することで整合性は取れる。なお、どちらにせよ詳細は各常任委員会（正確には分科会）等に分野ごとに「付託」されることが多い。その場合は、決算委審議については質疑等を議選は自粛することで整合性は取れる。

　論点3：少数派の意向も意識しよう！多数派が議選になり、監視には役立たないこともある。選出の方法の改善や決算等の審議に議選を活用する。単なる第3のポストではないこともある。また、例えば4分の1であっても監査請求や外部監査請求を可能とする自治法改正も実現したい。それ以前でもそれぞれの自治体で少数者を尊重したそれらの請求制度の実質化を構想したい。

補　論　議選委員の二重身分は二元的代表制にとって異質か

1　「変則」（議員と執行機関の身分）の位置

　議選委員が議員の身分を残したまま、執行機関の行政委員といういわゆる「二重」の身分であることは常に指摘している（「二重問題」とは異なる）。筆者は、これから住民自治を推進するために二元的代表制を強調している[15]。「変則」であっても、二元的代表制の充実には役立つことを指摘してきた。ここでは、この「変則」はそもそも二元的代表制にとって異常なのかを考えたい。

　これは、日本独自の二元制を問うことでもある。したがって、アメリカ大統領などの制度は活用すべき要素はもちろんあるが、それをモデルとして日本の地方自治制度（二元的代表制）を評価するわけにはいかない。この点については後述する。まず議選委員の「二重身分」という「変則」は、なにも監査委員制度だけではない。審議会の構成委員に議員が入っていることを想起していただきたい。議選委員の選択制の議論の遡上に、それらを含めて議論することも必要だ。

15　「的」を入れているのは、議院内閣制の要素（長への不信任議決等）だけではなく、議会と首長とが対立ではなく緊張関係にあること、そして議会と首長だけではなく住民が政治や行政に積極的にかかわるという要素を強調したいためである。

　今日、議員が審議会委員に極力入らないことが多くの自治体で広がっている。「極力」であっても全てではない。法令の規定があるからである。

　議選委員の選択制の法改正以前の議論であるが、法令で規定された審議会への議員の就任について果敢に挑戦した北海道芽室町議会の議論を参考に考えたい。

　芽室町議会では法令に基づき民生委員推薦会委員（民生委員法6）に1名、都市計画審議会委員（都道府県都市計画審議会及び市町村都市計画審議会の組織及び運営の基準を定める政令2）に4名が就任していた。そこで、「法定に基づく審議会等委員であっても、議員は執行機関の諮問機関及び審議会等の委員に就任すべきではない旨を決定」した。実際は「議員の審議会等委員への就任については辞退」となる[16]。

　この結論の理由は、二元代表民主制（本書では二元的代表制）という制度からのものである。「これらの審議会等委員への就任について、全議員で協議した結果、本町議会基本条例の各条により、議会は二元代表民主制の充実と町民自治の観点から、議決機関の構成員たる議員を執行機関の附属機関の構成員とすることは、地方自治制度の根本理念に反することから不適当であるとの結論」に至った（「議会運営委員会提言事項」2015（平成27）年3月25日決議）。この提言には記載されていないが、報酬の「二重取り」批判への解消もその理由だった。

　芽室町では、すでに都市計画マスタープランを議会の議決としていた（自治法96②、2015（平成27）年）。実質的に都市計画にかかわる権限を議会側に移動した。都市計画審議会に当時の経済常任委員会委員が多数参加していたため、審議会で議論された計画が議会で説明・報告されても実質的な審議はされないことが問題となっていた。そこで議会側で審議し責任を持つ体制（議決事件の追加）を整えた。なお、民生委員推薦会委員の辞退については、実質的な議論を議会としてかかわれないことや、すでに指摘した「報酬の二重取り」批判を考慮しつつ、二元的代表制からのものである。

16　芽室町議会は、奈良県大和高田市議会の動向を大いに参照した。芽室町では都市計画審議会条例は現行、都市計画審議会条例施行規則は改正、民生委員推薦会規則は現行、といった状況である。このほか、町議会議員等弔慰等審査委員会委員の規程自体を廃止した。

　芽室町議会では議選委員の選択制について周到な議論をしたことはすでに指摘した。その上で、議選委員は存置することを決めた（2018（平成30）年11月9日）。法定の審議会は、「二重身分」を解消するために「辞退」とした。しかし、二元的代表制を作動させるために議選委員を存置しその活用を模索している。二元的代表制を作動させるためにであって、単なる二元という形式による議論ではない。なお、都市計画審議会委員の辞退に当たって、議会側に都市計画において重要な都市計画マスタープランといった権限を移動させていることに留意していただきたい。

2　変則であっても異常ではない──二元的代表制から考える

　二元的代表制から議選委員の位置を確認しよう。議選監査委員の議会の議会力アップにつなげる手法を検討してきた。日本の二元代表制は、二元制の典型といわれるアメリカ大統領制とは大きく異なる。議会招集権、首長不信任議決と首長による議会解散は二元制に馴染むのか。アメリカ大統領には議会招集権も議会解散権も備わっていない。そもそもその大統領には予算調製権・提出権、法律案提出権もない。拒否権はあるものの（大統領領はあるが）専決処分権はない。日本の二元制は、日本の二元代表制である。大統領制をモデルとするならば、そもそも日本の地方政府形態自体が変則である。議選委員や審議会への議員参加もそのうちの１つである。

　議選委員の設計を異常として議論する、したがって議選委員を廃止するのは、何らかのモデルがあっての議論だと思われるが、どのような地方政府形態をイメージするかは、その議論からは定かではない。こうした議論を慎重に行わず、中立性や専門性から（本章で何度も指摘している）、あるいは二元制という原理の問題（「補論」で取り上げる論点）から廃止する志向はあまりにも短絡的である。アメリカ大統領制から見れば異常であっても、日本の地方自治制度においては異常とは断言できないこともある。

　議選の選択制導入によって議選委員を廃止した自治体もあったが、そもそも議会力アップ、住民自治の推進から考えた場合、別の選択肢もあったはずである。それは本章で指摘する議会と監査委員（識見・議選）との連動である。同時に、地方自治制度改革への提言もあってよい。以下の制度改革を踏まえない

上での議選委員廃止は議会力を低下させる。議会の監査機能が削除され（時間的にはずれがあるが）監査委員に移動した際の事項を考慮すれば、実地検査権と監査請求権をまずもて考えることが順当である。選択制は妥当だとしても、廃止する場合には議会力をアップさせるための制度挿入を可能とする改正が必要である。

① 議選の委員の廃止に当たって、実地検査権を議会側にも付与することを可能にする。

② 監査請求などを実質的・有効に作動させる条件を整備する。議会側に監査請求（自治法98②）も個別外部監査請求（自治法252の40①）、議会による外部監査人への説明要求・意見陳述（自治法252の34）は制度化されている。これらには議会の議決が必要だ。過半数を獲得しなければならない。自治体の問題点を抉り出すためにはそのハードルを低くすること、過半数ではなくとも可能となる衆議院の予備調査権のようなものの制度化も必要である[17]。

③ 住民監査請求を充実させる。例えば、住民監査請求に対して「棄却」とする場合に、議会の同意を必要とする改正も必要である。

④ そもそも、監査委員を執行機関とせず議会側に配置することも検討する。アメリカ合衆国のGAO（会計検査委員）を念頭に、監査委員を執行機関側に配置したことは常に問題にされている[18]。

以上の論点を踏まえた制度改革を同時に考案すべきであろう[19]。本章で繰り返し議選委員の廃止に慎重な議論をしているのは、これらのことを考慮しない廃止は少なくとも議会力を制度的にダウンさせるからである。仮に議選委員を

17　国政調査権とは異なり強制力はないが、委員会による議決、若しくは40人以上の議員の賛同で発議できる。国政調査権に基づく証人喚問などの強制力は伴わないが、衆議院調査局や法制局に調査を命じることができる。1998年の制度挿入以来、予備的調査権報告書は47件提出されている。衆議院財務金融委員会において（2020年11月24日）、この予備的調査権がはじめて「拒否」された（いわゆる「森友問題」、『朝日新聞』2021年1月26日）。少数派に配慮した憲法規定を有している国もある。ドイツ（44条）やフランス（51条の1）である（同）。

18　この議論で常に指摘されるのは、議会を対象とした住民訴訟が多いことである。したがって、議会側に配置すれば、甘くなるのではないかという指摘がある。議会人は襟を正していただきたい。同時に、この議論でいえば監査委員を執行機関に配置することは執行機関に甘くなることを暗に語っている。

19　包括外部監査も活用し易くなった。条例により任意に導入できる自治体は毎年度ではなく実施頻度定めることができる（自治法252の36）。この条例を決めるのは議会である。

廃止する場合には、これらの意見書を国に提出したかどうかも問われる。

〔参考文献〕

石原俊彦（2011）「監査制度改革と地方公会計改革－議会改革の盲点を突く」『地方議会人』
　　2011年 8 月号

今村都南雄・辻山幸宣編（2004）『逐条研究地方自治法Ⅲ』敬文堂

江藤俊昭（2016）「第31次地方制度調査会と住民自治（上）（下）」『議員 NAVI』2016年 4 月
　　11日、 4 月25日

江藤俊昭（2017）「地方自治法等の一部改正と住民自治（上）（下）──議会による活用の可
　　能性を探る──」『議員 NAVI』2017年 6 月26日、 7 月10日

下川博（2009）『弩』小学館

武久顕也（2017）「備前市瀬戸内市監査委員事務局共同設置の取組と今後の課題」『地方自治』
　　833号（2017年 4 月号）

田口一博（2018）「議会と監査委員（上）（下）」『地方議会人』2018年 3 月号、 4 月号

新川達郎（2011）「これからの議会と監査の在り方－監査制度改革論議の中で」『地方議会人』
　　2011年 8 月号

松本英昭（2017）『新版逐条地方自治法（第 9 次改訂版）』学陽書房

吉本理沙（2013）「議選監査委員のメリット・デメリットに関する一考察」『愛知経営論集』
　　第167号（2013年 2 月）

〔報告書・答申〕

岡山県東備三市監査共同組織研究会（備前市・瀬戸内市・赤磐市 / 関西学院大学）（2014）
　　『監査共同組織に関する研究会報告書』

全国町村監査委員協議会（2020）『町村等監査委員に関する実態調査結果の概要（令和元年
　　度）』（調査対象町村758町村）

総務省（2009）『内部統制による地方公共団体の組織マネジメント改革〜信頼される地方公
　　共団体を目指して』

総務省（2013）『地方公共団体の監査制度に関する研究会報告書』

総務省（2014）『地方公共団体における内部統制制度の導入に関する報告書』

地方自治研究機構（2017）『市区町村等の内部統制型リスクマネジメントに関する調査研究』

地方制度調査会（第29次）（2009）『今後の基礎自治体及び監査・議会制度のあり方に関する
　　答申』

地方制度調査会（第31次）（2016）『人口減少社会に的確に対応する地方行政体制及びガバナ
　　ンスのあり方に関する答申』

日本生産性本部（2019）『地方議会における政策サイクルと評価モデル研究会報告書』

第三部

議員実践レポート

第三部に寄せて

議員の目利き力＝瞬発力を養う実践事例
——議員力の向上により地方財政と政策サイクルをつなげる

［執筆者］
江藤俊昭

　地方財政の知識を踏まえて政策サイクルを回すにも、それを実際に作動させるのは議員である。議会からの政策サイクルが構築されていれば、議員の動きも目測が効きやすい。とはいえ、議員の資質が前提となっている。能力がなければ、地方財政もサイクルの意味も理解できないからである。

　M.ウェーバーは、政治家の資質として、情熱、知識（判断力）、結果責任をあげている。これに、コミュニケーション能力を加えることも必要だろう。本書に引き付けていえば、住民福祉の向上のために議員として活動したいという情熱、公職者としての責任（倫理責任と結果責任）、そしてその情熱と結果責任の自覚（いわば姿勢）を現実化させるには知識（判断力）が必要である。

　議会・議員活動にとって、地方財政の知識は不可欠であるが、それを活かすのは議会という討議空間での実践である。住民福祉の向上を議会側から充実させる道具として議会からの政策サイクルを提案してきた（本書第二部）。これを作動させるのは、議員である。議員には、地方財政の知識を実践の場で活用・応用する能力が必要である。その能力が議員に宿っていなければ、議会からの政策サイクルは空虚な乗り物となってしまう。

　そこで、地方財政をめぐる議会における審議・審査に当たって、議員が作動させる知識の実践的活用の際の論点や留意点を確認する必要がある。本書序章において議員の「瞬発力」と指摘した能力である。この「瞬発力」を読者に追体験していただきたいという意図から、第三部を配置している。

　議会は先駆議会だけではない。先駆的とは呼べない議会でも、もちろん地域経営を担う予算を議決し、決算を認定しなければならない。議会がしっかりと作動しない場合でもそれぞれの議員は真摯にこの課題に取り組まなければならない。ここで指摘する「瞬発力」は先駆議会の議員にとってだけではなくそれ

以外の議員にとっても不可欠な能力である。先駆的とは呼べない議会の議員は、議会からの政策サイクルを作動させる提案を積極的に行うとともに、瞬発力を駆使して政策財務にかかわる必要がある。その意味でも、第三部は追体験できる構成となっている。

＊　＊　＊

　議会からの政策サイクルを作動させている議会でも、またそれを作動することができない議会でも、そこで活動する議員の「瞬発力」を培うには、議員それぞれの努力が必要である。この「瞬発力」は、知識の実践的応用であり、これには個人の努力を超えそれを「培う場」が必要になる。それが議員間・議会事務局職員間ネットワーク、つまり、前述のコミュニケーション能力である。住民と議会・議員・議会事務局職員とのコミュニケーションもあるが、ここでいう「瞬発力」の醸成には議員間・議会事務局職員間ネットワークが必要である。

　第三部を執筆している桑畠健也さんは、議員として積極的に政策提言をするために「議員力検定１級」などを取得している。「瞬発力」は個人の努力とともに、ネットワークが不可欠である。第三部で紹介する様々な視点を活かし行動する際に、議会事務局の支援を得ている。また、彼は自治体学会議員研究ネットワークの中心的役割を担うなど、ネットワークを積極的に形成している。議選監査委員の必要性を説くに当たっては、自らの体験とともにこの議員研究ネットワークの研究会での活動も役立てている。

　今日、議員・職員のネットワークは、市民と議員の条例づくり交流会議、LM（ローカル・マニフェスト）推進連盟、ローカル・マニフェスト推進連盟九州、議会事務局研究会、議会事務局実務研究会、いわて議会事務局研究会など、全国に広がっている。しかも、新型コロナウイルス感染拡大に伴って、オンラインを活用したネットワーク形成という新たな段階に突入している。「瞬発力」育成にも大きく貢献することになる。

　コロナ禍の中で、2020（令和２）年は議員間・議会事務局職員間ネットワーク元年と位置付けられる。新川達郎・江藤俊昭『非常事態・緊急事態の議会・議員』（公人の友社、2020年）の【附記】（220頁）において、「議会・議員ネットワーク元年」と命名した（江藤執筆部分）。同書は、非常事態・緊急事態に

おける議会・議員の対応を、住民自治の進化を念頭に置きつつ模索してきた。議会・議員だけではなく、住民・首長等という三者間関係から考えている。同時に注意していただきたいことは、非常事態・緊急事態における議会・議員の対応には、自治体内におけるこの三者間関係だけではなく、自治体議会・議員ネットワークを視野に入れることが必要であるということだ。本書でも改めてこの点を指摘したい。

　新型コロナウイルス感染拡大期においては、議会・議員ネットワークが活用された。阪神淡路大震災はボランティア元年、東日本大震災は自治体（行政）間連携元年といわれた。「元年」になって初めてこれらが作動したわけではなく、それまでの地道な努力が非常事態で脚光を浴びた、ともいえる。新型コロナウイルス感染拡大において議会・議員ネットワーク元年となったと強調したい。非常事態・緊急事態は、住民に大変な苦労を強い、社会に大変革を呼び起こしてきた。このような時期だからこそ、議会を作動させ、住民の苦労を少しでも軽減させる必要がある。地域民主主義、議会は試されているとともに鍛えられる。日常の議会の成熟度が問われている。

　第三部で紹介する瞬発力は、議員間・議会事務局間そして議会間ネットワークによってさらに充実することを常に意識してほしい。議員のコミュニケーション力は、ここでも役立つ。

＊　＊　＊

　第三部は、政策財務に議員がかかわる勘所を紹介している。主語が、議員となっている。制度（法律等）や議会としての運用（条例・規則・規程・申し合わせ等）を踏まえて、議員として政策財務にどうかかわるかの手法の提案である。制度、議会としての運用（期待される運営や問題のある現状）、個人の努力が叙述にあたって混在していると思われるかもしれない。３つの層がある。とはいえ、議員として制度と運用を念頭に置いて議会としてどうかかわるかを体験として叙述しているところに、この第三部の意義がある。議員としての葛藤が理解できるであろう。この視点から多様な論点が抽出できる。拡散している論点を整理したのが、次のものである。関心ある論点から読むことも１つの手法である。

第7章　決算・予算審査に臨む心得

（1）決算審議の基本的視点と道具
①視点
・不認定の可能性を排除しない⇒第1節1
・認定の際の基準：一部でも問題があれば不認定に⇒第1節2
・歳入こそ宝の山（収納率、諸収入、雑収入）⇒第1節6
・特別会計の留意点（一般会計からの繰り出し・繰り戻し）⇒第1節7
②道具
・前年度の決算審査議事録⇒第1節3
・同一年度の予算書と決算書⇒第1節4
・行政評価⇒第1節5
（2）予算審議の基本的視点と道具
①視点
・ブレーキをかける意義⇒第2節1
・新規事業の重点的チェック⇒第2節3
・分割付託の問題点⇒第2節5
・修正や附帯決議ができない場合の対応（問題点を指摘して反対）⇒第2節6
②道具
・首長の施政方針⇒第2節2
・他の市町村の予算資料⇒第2節4

第8章　予算修正の勘所

①修正に当たっての姿勢と意義
・予算案はたたき台という視点：不磨の大典ではない⇒第1節1
・予算案の修正の意義⇒第5節1〜5
②修正案の形式
・修正に当たっての形式についての問題意識⇒第1節2
・修正の2つの形式：修正部分訂正形式と修正部分列挙形式→第1節3
・組み替え動議の射程⇒第1節4
③修正のプロセス
・修正案の諮り方：概観⇒第2節1
・修正案の諮り方：修正案別⇒第2節2
④修正案可決後の留意点
・委員会で通っても本会議では可決されないことも⇒第3節1
・表決は議長判断に委ねない：その後の議会運営の混乱の種⇒第3節2
・首長による再議の類型⇒第3節3
⑤最終日に追加された補正修正案をめぐる議論⇒第4節1〜4
⑥非常事態における議会としての対応
・補正予算修正の課題⇒第6節1
・那覇市議会の実践：予算修正の経験の蓄積から⇒第6節2〜3
・鎌倉市議会の実践：修正案可決とその後の首長による再提案⇒第6節4〜5

第9章　議選監査の実践的活用

①議選監査委員をめぐる状況

・議選監査委員の位置付け⇒第1節1、4
・政務活動費と監査⇒第1節2、3
②決算監査（監査委員）と決算審査（議会）の異同
・監査委員制度の構成：識見の存在⇒第2節1
・監査委員の役割と着眼点⇒第2節2、3
・監査にも議会にも有用な議選監査⇒第2節4
・企業会計の決算案審議に有用な監査の視点⇒第3節1〜5
③二重所属問題：監査委員と決算委員会委員
・議選廃止論をめぐる議論⇒第4節1、2
・二重所属の存続は議選廃止論に拍車⇒第4節3
④監査の対象：財務監査と行政監査
・監査計画の重要性⇒第5節1
・定期監査の項目⇒第5節2
・行政監査の意義⇒第5節3
⑤監査委員に付与された実地検査権限の活用状況
・事例1：公立病院⇒第6節1
・事例2：市立小中学校⇒第6節2、3
・実地検査権が議会へ戻った際の課題⇒第6節4
⑥財政援助団体等への監査の意義と活用
・行政監査と財政援助団体の役割⇒第7節1
・内部統制（リスクマネジメント）と監査制度⇒第7節2
⑦包括外部監査の活用
・包括外部監査の意義⇒第8節1
・包括外部監査の動向⇒第8節2
⑧議選監査選択制の留意点：廃止する場合の代替措置
・「それでも」廃止する場合の代替措置⇒第9節1
・廃止した場合の代替措置の事例：大津市議会⇒第9節2

注：⇒の後ろに示したのは、それぞれの章の中の節と項である。

第7章
決算・予算審査に臨む心得

［執筆者］
桑畠健也

　長野県飯田市議会や福島県会津若松市議会などでは、政策財務の観点からみて、政策サイクルに決算が位置付けられている（第二部参照）。筆者が議員だった埼玉県所沢市議会でも、2014（平成26）年からは、予算特別委員会を設置し、予算の分割付託をなくし、2019（令和元）年からは、予算委員会を常任委員会とし、3月予算議会のみならず、他定例会においても、補正予算については予算常任委員会が審査することとした。また2009（平成21）年の議会基本条例制定に伴い、総合計画の基本計画までを決議事項としたことから、総合計画の議決に当たっては、これまでの総合計画の進捗状況等について、あらかじめ検証を行なうなど、政策サイクルが部分的に起動しつつある。2016（平成28）年の第6次所沢市総合計画では、それらの検証結果を活かしながら、議会が前期基本計画を修正するなどした。

　政策財務の政策サイクルの起動を目指すためには、まずは、議員個々が政策サイクルを意識して議会活動を行なうことが重要である。その前提として執行部から提案される決算書がしっかりと読み込めなくてはならない。そのための基礎的な手法についてご紹介する。

第1節　決算書はこう読む！──決算審査の極意

　本書のここまでの論稿などで、決算審査について理解が進んだことと思う。しかし、決算審査ばかりは、1回こなしてみないと具体的な様子がつかめない。本節では決算審査を議員として経験した立場から、決算審査に臨むための考え方や、決算書以外に使える具体的な道具とその利用法をご紹介したいと思

う。筆者はこれまでに4回、決算審査特別委員会の委員を経験している一方で、3回、議会選出監査委員（議選監査委員）として決算監査も行った。決算は、執行部で調製され、その後監査委員会に送られ、決算監査が実施される。監査委員の監査を経て、決算についての監査委員の意見を付して議会に上程される。つまり、決算を議会に上程する側の経験も3度あるということだ。この経験が筆者の決算審査力を大いに高めてくれた。詳細は、第9章議選監査の実践的活用を参照いただきたい。

　決算審査力を高めるには、議選監査委員に就任することが最も早道ではあるが、少数派議員や新人議員には難しい。議選監査委員は、地方議会では上がりポストとしての要素も強く、議選監査委員経験者が決算審査で「その経験を生かして大活躍」ということは、多くはないようだ。

1　決算不認定を覚悟して審査に臨もう

　過激な物言いで恐縮であるが、決算を不認定する覚悟で審査に臨むことを求めたい。特に、現状の市政や区政に対し、例えば「新庁舎建設に反対」や「待機児童の解消を」などと批判して当選した議員は、その批判した項目については、しつこく執行部に質問し、問題があれば不認定とする、あるいは附帯決議を付けるぐらいの覚悟が必要だ。

　残念なことに、議員も期数を重ねてくると、決算審査に対する意欲が低下する傾向がある。意欲の低下の主たる要因は、決算審査が議員にとってうまみがないと思われているからだ。予算や条例であれば、否決や修正が可決すれば政策の変更が実現する。実現しなかったとしても、否決や修正を試みたことを議員活動レポートなどでアピールできる。ところが、決算を不認定としたところで、すでに執行済みの事業なので政策が覆ることはなく、インパクトが小さい。

2　決算の一部分が気に食わなくても全体を不認定とすることができる

　第4章第1節でも触れられているように、地方自治法の改正により、議会が決算を不認定とした場合、長は不認定の原因となった事由について必要な措置を講じ、その内容を議会に報告することとなった。法改正以後、神奈川県藤沢

市では、2017（平成29）年度の一般会計と介護保険事業費特別会計が決算不認定となり、2019（平成31）年2月15日に藤沢市から議会へ措置について報告されている。詳細な内容は藤沢市議会HPで確認いただくとして、報告内容を見ると、決算不認定の原因となった不適正な事務執行に対する防止策が記述されている。

　ここで、改めて認識してほしいのは、藤沢市の事例では、不適正な事務執行は決算全体の中では部分的なものであることだ。決算のある部分だけに問題があったとしても、議案として決算が上程されている以上、遠慮なく全体を不認定としてよいのだ。「決算の一部分に問題があるだけなのに、全体を不認定とするのはおかしい」という議員もいるが、予算の場合は修正議案の提出という手段があり、該当箇所のみの修正が可能である。しかし、決算に部分修正という概念はない。そのため、決算の一部が認定できない場合、全てを不認定とせざるを得ないのだ。だからこそ、不認定とすることを躊躇しないことをお勧めする。そして、上記のようなことを先輩議員や同僚議員からいわれた場合は、藤沢市の例や、あるいは2017（平成29）年度決算が不認定となった東京都小金井市や2018（平成30）年度不認定となった大阪府八尾市、長崎県佐世保市、宮崎県宮崎市の事例などを挙げるとよいだろう。

3　まずは前年度の決算審査議事録確認から

　議会によっては、全員が決算に関わる委員会に属するケースもあるようだ。ある全員参加の議会では、会派ごとにその人数に応じて割当て時間が決まっているという。そうなると、よほど準備をしてかからないと執行部との満足なやりとりは、期待できそうもない。

　所沢市議会の場合、決算特別委員会委員の当番が回ってくるのが4年に1回だったので、どんな手順で決算審査を実施していたか、すっかり忘れてしまっている。そこで、特別委員会開会までに、前年度の決算に関する委員会の議事録に目を通していた。同時に、決算特別委員会の委員長報告議事録を確認した。こちらの方が、お勉強的な質問は報告から除かれるケースが多いので、より論点がはっきり見渡せた。

　新人議員で初めて決算審査に臨む場合は、自分の関心のあるテーマについて

どういった議論がなされているか、決算に関する委員会の議事録で確認すると
よいだろう。ほとんど説明なしで数字しか羅列されていない決算書や分厚い事
項別明細書にいきなり食らいつく前に、議事録を確認しておいた方が、方向性
がつかみやすくなる。また、対象年度の予算に関する議事録も、余力があれば
確認すべきだ。予算審査に当たっては、何が争点になっていたかをつかむこと
が重要だからである。

　可能ならば、議会に提案される前の監査委員会の決算監査議事録を入手する
とよい。しかし、この議事録の入手は、ハードルが少し高い。決算特別委員会
の全委員が決算監査議事録に目を通しておいた方がよいと考え、議会事務局を
通じて資料を要求したことがある。しかし、監査事務局からやんわり拒否され
た。仕方がないので、情報公開請求制度での公開を請求し、資料を全委員に配
布した。原則、この方法を用いれば、誰でも議事録を入手することができるは
ずだ。理想は、こんな手間をかけなくても、議選監査委員が、決算審査に入る
までに監査委員会での議論の論点を報告することである。そうした事例もいく
つか出てきているようだ。

　守秘義務についてどう捉えるかについては、違法性の問題だけではなく、議
会内でのイザコザを避ける意味でも慎重であるべきだ。ただ、新人議員だけの
会派や少数会派の場合は、現職の監査委員や監査委員経験者が身近にいないこ
とが多いので、情報公開請求制度に頼るほかない。

　監査委員の議事録のメリットは、質問内容を確認することで未執行の予算が
発見しやすいことにある。所沢市の場合、監査事務局が決算監査に当たって、
監査委員向けに資料を作成するのだが、未執行予算をリストアップしてあるた
め、決算監査で未執行予算について監査委員が質問した場合、議事録に掲載さ
れ、それによって未執行予算の存在を確認できる。もちろん、後述するよう
に、予算書と決算書を丁寧に見比べれば未執行予算を見つけることはできるの
だが、分厚い資料をいちいち見比べるのは手間であるし、予算書の形式と決算
書の形式が微妙に異なっていることもあり、見つけるのは骨が折れる作業であ
る。

4　次に、同一年度の決算書と予算書を見比べよう

　決算の議論がそれほど活発ではない、あるいは情報公開の体制が整っていない議会の場合、やはり基本となるのが、同一年度の決算書と予算書を見比べることである。

　この作業の第一の目的は、未執行予算を見つけることである。やみくもに最初の頁から最後まで見ていくと疲れてしまうので、まずは、それぞれの項ごとの不用額を確認しよう。不用額が発生していない項目は未執行予算がないので、確認しなくてよい。

　項全体の金額に比べて、相対的に不用額が多い場合は、要注意である。あとは、細節番号が事業ごとに振られている場合は、細節番号を追っていくという方法もある。いずれにせよ手間がかかるが、頑張って探してほしい。予算の未執行というのは、執行部側にとっては議員が想像する以上に、重大な問題であると認識されている。できれば触れてほしくないのだ。わざわざ予算化したにもかかわらず未執行ということは、予算化の前提や調査が甘かったということでもあり、また予定していた補助が付かなかった可能性もある。何はなくとも未執行予算は議論の俎上に載せて、未執行となった理由を問いただすことが重要である。その理由があまりにずさんなものだった場合、不認定理由とすることが可能である。

　続いて、予算に比べて実際の執行額が低い事業についても確認する必要がある。年度後半になり、予想に反して予算執行率が低くなることが予想された場合、何とか予算を消化しようとしたり、補正予算で減額修正をする、あるいは別の予算項目に流用するなど懸命に対応する。そのため、予算執行率が5割を切る事業というのは、なかなかお目にかかれない。以前筆者は、景観条例に関わる予算執行率が5割を切っていた事業を見つけたことがある。その理由について質問した結果、次年度からは予算額そのものが大幅減額となった。決算審査を予算策定につなげる意味からいっても、未執行事業と予算消化率の低い事業は要チェックポイントである。

　以上の2点に関連して注目すべきなのが、予算流用である。予算は、款・項・目・節と大項目から小項目に向かって分類されている。目・節間流用は原

則認められているが、款・項間での流用は議会の承認事項となっている。流用は、必ず決算書に記載することになっており、流用元はマイナス表示、流用先はプラス表示で示されている。流用の項目を発見したら、流用元と流用先の使途と金額を必ず確認しよう。流用があるということは、流用元の予算消化率が低いことでもある。特に、同じ目・節間で流用が認められているとはいえ、例えば人件費を消耗品費に振り替えるなど、全く違う性質の予算への流用は、なぜ流用せざるをえなくなったのかを確認しておくべきだろう。

5　事務事業評価表を活用しよう

　以上述べた点は予算の数値的な差異の分析、つまり定量的な評価である。議会の決算審査では、予算で設定した当初の行政目的がどの程度達成されたかを審査することも重要である。いわば定性的な評価である。この点については、事務事業評価表や政策評価表などの行政評価に関連する文書を丁寧に見てみよう。これらの表には、成果指標として具体的な数値目標と、その目標が達成されなかった場合、達成されなかった担当部局の分析が記述されている。定性的な評価は、事務事業評価表の様式が整い、扱っている範囲も広い自治体の場合は、各担当部局の自己評価を丹念に見ていくだけで、決算審査において問題とするべき項目が見えてくる。この際、担当部局の自己評価を鵜呑みにしてはならない。特に自分にとって関心の高い事業については、他市事例なども調べて、達成できなかった理由についての自分なりの仮説を持って執行部と議論すべきである。ただ、決算審査は一般質問とは違うので、あまり深追いしたり、政策提案まで踏み込むことは避けた方がよい。

　事務事業評価表は、事業についての評価なので、その事業が決算のどこに該当するかをひも付けるにはひと手間かかる場合もある。事業名と予算項目が一致していればよいのだが、実際には1つの事業に複数の予算項目がひも付いている場合も多く、いったいどの項目で質問すればよいか悩むことになる。所沢市の場合は、新規事業予算や重要事業予算については、事業名と事業に該当する予算をどの項目から引っ張ってきているかが分かる資料が、予算書の附属資料として執行部によって作成され提供される。しかし、そうした資料がない場合、事業と当該予算とのひも付けが分からないこともしばしばだ。そういった

場合は、総括的な質問の時間で改めて確認するか、あらかじめ執行部に確認をしておく。会派の時間割当てがない議会では、各款の審査に入る前に、この事業は決算書のどこに対応するかを確認するというのも手である。

6　歳入こそ重要

　経験上、多くの議員は、歳入部分への関心が低いようだ。しかし、歳入部分こそ、決算不認定の理由を発見できる可能性の高い宝の山である。ポイントは2つ。まずは税金に限らず保育園の利用料などの収納率をチェックすることだ。この場合、近隣他市区や財政規模が同規模の他市区のデータをあらかじめ確認しておこう。他市区と比べてあまりにも収納率が低い場合は、十分、決算不認定の理由となりえる。同時に、不納欠損額と件数もチェックしよう。不納欠損処理件数が多くなれば、収納率の分母が小さくなるので、見かけ上は収納率が高く見えることになる。直近3〜5年の不納欠損の件数や金額の推移も確認しておこう。

　2つ目のポイントが、諸収入や雑入の項目だ。これまでの経験では、ここに職員手当不正受給に対する返還金などが含まれていた。所沢市の場合、諸収入の「その他」として処理されるので、積極的に説明されることはない。とにかく、諸収入に「その他」があり、かつ金額も相対的に大きいようであれば、「金額の大きい順に上位3つないし5つの項目と内容について説明いただきたい」といって追及してみよう。意外な内容が浮かび上がってくるかもしれない。

7　特別会計は、一般会計からの繰出し、一般会計への繰戻しを中心に確認しよう

　一般会計は、それでも分かりやすい。厄介なのが特別会計である。例えば、国民健康保険特別会計や介護保険特別会計などは、制度そのものをしっかり理解しないと、読み解くのは難しい。後期高齢者医療特別会計は、ほとんど市区の裁量がないと考えていたので、筆者はノータッチであった。

　介護保険制度を特に政策の中心に据えて議員活動を行いたいということなら、しっかりと勉強する必要があるとは思う。しかし、取り急ぎ見ておくべき

は、一般会計から特別会計への繰出しや、逆に、特別会計から一般会計への繰戻しの部分である。特に、繰戻しには、何らかの課題が隠れている可能性がある。また、介護保険特別会計については、自治体の自由度が相当狭められているので、自治体の裁量が認められている部分を中心にチェックするとよいだろう。

　公会計は、日常使っている用語とはかけ離れていることも多く、とっつきにくいことこの上ない。本節にてお伝えした内容をお試しいただき、充実した決算審査を行っていただきたい。とにかく、納得がいかない決算であれば、遠慮なく不認定とする気構えで十分に準備をして、決算審査に臨んでいただきたい。

第2節　予算書はこう読む！——10年後の評価に耐え得る予算審査を

　本節では、予算書をしっかり読み込み、理解するために必要な方法について、紹介する。予算書に何が書かれているか、よく理解しなければ、政策サイクルもうまく起動しないからだ。

1　何かをさせないのも、予算審査の大事な仕事

　「週刊東洋経済」2020年2月1日号の特集は「衝撃！住めない街」。市役所の建物が老朽化しているにもかかわらず、財政的に厳しいため耐震改修すらままならない関東のA市の事例などが取り上げられていた。記事に取り上げられたA市のかつて議員であった先輩たちは、この事態を招いた責任をどう考えているのだろう。

　高度経済成長時代には、何かをつくるのが議員の仕事であり、それによって住民に感謝され、票も稼いできた。しかし、先見の明がある議員や議会が適正なチェック機能を働かせて、将来に禍根を残す事業にブレーキをかけていたなら、A市の悲惨な事態は防げたかもしれない。

　特に、これから人口増も税収増も見込めない縮減社会となる中で、議員の予算審査は、まず何をさせないか、そしてもっといえば、何をやめさせるか、と

いうことを意識するべきだろう。

　第8章第5節でも述べるように、議会の大きな役割は、obligation to dissent（反論する義務）、つまり「議案には、何か必ず問題がある」という意識で臨むことであり、これは予算審査に当たっても重要だ。

　皆さんには、「あのとき、少なくとも自分だけは修正若しくは反対しておけばよかった」と10年後に思わないように、予算審査に臨んでいただきたい。

　一方で、新人議員の場合、予算審査についていくのが精一杯。十分に予算の中身を把握できぬままに、いつのまにか賛成ということも多いだろう。しかし「あのときは新人議員だったから」という言い訳は10年後に通じない。そうならないために最低限押さえておきたいポイントをお伝えしたいと思う。

2　まずは首長の施政方針をチェックしよう

　予算書を前にして、「はて、いったいどこから手をつければよいのだろう」と、戸惑っている新人議員も多いのではないだろうか。

　議会は容赦のないところで、新人議員に対して親切な説明も研修もない。会派に属していれば、場合によっては先輩議員がいろいろと教えてくれることもあるだろう。しかし、そうではない議員に対しては、執行部側も、わざわざ親切に教えてしまうと、寝た子を起こすことになるので、新人議員の質問を適当にやり過ごす。

　そこで、まずチェックすべきなのが、首長の施政方針である。所沢市の場合は、予算書と附属資料は1週間前に配布されるが、施政方針は予算が審査される3月定例会初日にしか配布されない。議会初日、登壇した市長の施政方針演説を聞きながら、配布された施政方針に盛り込まれた首長のこだわり新規事業をチェックする。

　首長の施政方針は、予算全体の要約でもある。予算のどこに力点を置くか、あるいは、何を新しく始めるかが示されていることが多い。

　できれば、施政方針は、現年度分だけではなく、現在の首長の任期に出されたものを全てチェックしておこう。そうすることで、どの政策に首長の関心があるのか、あるいは過去にどのような関心があったのかも分かる。

　大事なことは、施政方針を聞きながら、何を予算化させないか、あるいはよ

り現実的な方向に修正させるか、批判的に判断することだ。

　また、最近は、予算編成過程を公開することも増えてきている。特に、予算編成の方針を公開している自治体も増えてきている。施政方針と重なる部分もあるので、一応チェックしておくとよいだろう。

　議会における、予算化させないための道具は主に2つ。予算修正と附帯決議だ。特に予算修正は、成立することもまれであるが、第8章「予算修正の勘所」を熟読いただき、ぜひ修正案づくりだけでもいいので、挑戦していただきたい。予算とはどういうものなのか勉強になるし、予算修正を試みていることが分かると、他会派の議員や執行部などから、修正を阻止しようと説得が入ることもある。その際には、しぶしぶ修正案提出を諦めるふりをしながら、「せめて附帯決議をつけさせてくれ」と要求する方法もありだ。

　附帯決議も、一定の歯止めをかける効果は見込まれる。議員が考える以上に執行部は附帯決議に忠実だ。それなりの配慮を働かせてくる。これは、執行部が親切だからということではなく、彼らは、あくまでも法律や条例の忠実な執行者たらんという意識が強いためだ。

　議員活動においては、自分の価値観を一方的に執行部に押しつけても、「それは考え方の違いですね」と返されて話は平行線に終わる。賢い議員は、執行部のロジックの土俵での勝負を試みる。1つでも多く、執行部のロジックを学ぶことだ。そのロジックの1つが、附帯決議に対する考え方である。もし附帯決議が付されたならば、折に触れて決議案の内容を持ち出すことだ。議員の方はすっかり忘れているが、執行部はしっかり覚えている。

3　新規事業を重点的にチェックしよう

　首長の施政方針において注目すべきは、新規事業である。首長も自分のこだわりを実現したくて、首長になっている。また、次回選挙に向けて票が欲しいし、期数を重ねた首長であれば、後世にレガシー（遺産）を残したいと考えている。

　その意欲が端的に表現されるのが、新規事業だ。逆にいえば、首長のこだわりがあればあるほど、政策的な合理性や継続性の観点からはあまり望ましくない事業も含まれる可能性が高くなる。議員側からすれば、それだけ隙が多く攻

めやすいともいえる。筆者が初めて経験した予算修正は、新たに就任した市長の給与減額予算案の否決修正であったが、あっさりと否決修正が実現できた。

　それほど予算を必要としない理念的な取組みであれば大きな影響はないが、当初年度は予算額が少ないものの後年度負担が拡大する新規事業は要チェックだ。使用料などを徴収する事業であれば、収益計画も同時に厳しく見極めよう。

　一番分かりやすいのが施設整備、いわゆる箱モノ建設である。最初は調査費計上から始まる。「調査費だけですから、首長の顔を立てて、これだけはお願いしますよ、議員さん」と言われることもあるだろう。しかし、ここで認めてしまうと、なぜか「議会にもお認めいただいた」と後で言われるようになる。危ない、危ない。それが、将来にわたって負の遺産となると判断したなら、調査費から反対することが大事だ。往々にして、予算額の大小で判断してしまいがちになるが、少ないからこれぐらいならいいか、などといった判断は禁物である。

　執行部側は、後年度負担及び収益計画は必ず試算しているので、その点についてしっかりと確認することだ。最初はなかなか資料を出してこないが、頑張ってくらいついてみよう。

4　他市町村の予算資料も参考にしよう

　多くの自治体では、新規事業については、最近はそれなりに説明資料が準備されているのではないだろうか。

　ここで、もう一点、基礎的なことを確認しておく。議会が予算審査の対象としている予算議案は、あくまでも議案番号の付された款項までの額が記載された予算書のみである（地方自治法215条）。

　さらに正確にいえば、最初の1頁目が議案であり、続く数頁が議案付表である。これを審査するのだ。もっとも、これでは実質的な内容が分からないので、「一般会計・特別会計歳入歳出予算事項別明細書」といわれる参考資料が用意される（自治法211条2項（政令に定める予算に関する説明書）及び自治法施行令144条（予算に関する説明書））。この事項別明細書が、あまり親切ではない。最近では、この事項別明細書の説明欄に、事業ごとの明細を親切に掲

載する市町村も出てきた[1]。

　東京都小金井市や西東京市のように、事業の総額だけでなく、節ごとにどのように予算が配分されているかまで記述されている場合は、分かりやすいだけでなく、予算修正の提案に当たっても非常に便利である。

　都内のある区の事項別明細書は、説明部分に事業ごとの予算額は記載されているが、残念ながら、節ごとの配分額までは記載されていない。

　所沢市の場合は、事項別明細書は、小金井市や西東京市ほど親切ではないが、その代わり附属資料が充実している。議会基本条例の制定をきっかけに、それまでの通り一遍の議案書に加え、事業ごとの内容を整理した分かりやすい事業概要調書が用意されるようになった。それ以前は、口頭での説明が中心であったため、メモをとるのも大変で、「わざと分かりにくくしているのでは」と思うぐらいであった。附属資料が貧弱だと、予算の詳細を確認するために、必然的に質問時間も長くなる。

　所沢市の場合、充実した事業概要調書のおかげで、予算内容について確認する質問時間が減って、議会、執行部ともにメリットがあった。事業概要調書では、例えば「交通事故防止啓発普及事業」の場合、その歳入と歳出が、それぞれ歳入は「寄附金」に、歳出は「消耗品費」と「備品購入費」に予算として計上されている金額が記載されている。読者の所属する議会では、どの程度の説明資料が用意されているか定かではないが、もし説明資料が貧弱ならば、資料の充実を働きかけるべきだ。

　施政方針で、これは問題だという事業があり、かつ、その事業の節ごとの明細が分からないなら、予算質疑で節ごとの予算の割り振りを確認しよう。

　また、事業の詳細がよく分からず、かつ、質問時間にも制約がある場合、先に挙げた小金井市、西東京市などの先進的な予算資料を用意している市町村の資料を参照しよう。加えて、自分の所属する自治体と属性の近い自治体の先進事例を参考にするとさらによい。うまくすると、当年度の予算資料がアップされている可能性もある。予算資料の充実度と議会改革度は正比例していること

1　小金井市（https://www.city.koganei.lg.jp/shisei/zaiseiyosan/yosan/yosanhensei/31yosanjikoubetu.html）、西東京市（https://www.city.nishitokyo.lg.jp/siseizyoho/zaisei/yosan/H31yosan/ippan/31ippankaikeiyosan.html）など〔2021年2月2日最終確認〕

が多いので、議会改革度ランキングなどを参照して議会改革の進んでいる議会の予算資料もチェックしてみよう。

5　予算案の分割付託は避けた方がよい

　これは、第8章でも触れる論点であるが、予算案の分割付託方式は、避けるべきだ。

　これまで、予算の修正に取り組んできた立場からいえば、分割付託してしまうと、予算修正がやりにくいことがよく分かる。理由は簡単で、歳入と歳出が分離して議論されてしまうからだ。

　修正のやり方にもよるが、減額修正の場合も増額修正の場合も、歳出部分とともに歳入部分も修正するのが原則だ。分割付託では、歳入部分は、総務を取り扱う委員会に付託される。したがって、修正箇所が総務委員会付託であれば、歳入歳出一体の修正案が同委員会から提案できるが、それ以外の委員会からは、修正提案は事実上できなくなる。もちろん、最終的に本会議に修正案提出という方法もあることはあるが、予算委員会への一括付託であれば、全ての予算案についての修正提案が委員会から提出できる。本会議での修正提案を行う場合、提案者は所属委員会での賛否がどうであったか突っ込まれる。「委員会で賛成していたのに、なぜいきなり修正提案を出すのだ」と。苦し紛れに、「委員長報告を聞いて考えが変わった」などとやり返すことになる。そういう不毛な議論を避けるためにも、予算委員会への一括付託が重要ということだ。

6　修正もできず、附帯決議もつけられない場合はどうする

　この事業だけは予算をつけたくない。しかし、奮闘むなしく、修正もままならず、附帯決議もつけられなかったらどうすればよいか。

　賛成意見をいいながら、気に入らない部分について、問題を指摘するという方法もあるだろう。もちろん、反対意見として問題となる事業を指摘して、反対するという方法もある。こればかりは正解がない。現実的には、全体の予算の一部だけが反対にもかかわらず、全て反対というのは、抵抗感があるだろう。また、議会によっては、別会派から攻撃を受ける場合もある。

　筆者も修正案が通らなかったことから、予算案そのものに反対したことがあ

る。なぜそうしたかといえば、修正を試みた事業は、自治体に大きな禍根を将来残すと判断したからだ。この判断はいまだに間違っていなかったと思う。どうすればよいかは、その事業の有無による将来への影響力で判断するしかないだろう。現時点では10年後に後悔しない判断だと自負している。いつかはちゃんと反対するという議員は多い。しかし、いつかは、なかなかやってこない。

第 8 章

予算修正の勘所
——議員力の向上のために

［執筆者］
桑畠健也

　本章の目的は、これまでの地方議会では取組事例がそれほど多くはない、予算の修正について、埼玉県所沢市議会やその他区市議会での実践例を手掛かりに、その有効性や限界、あり方について探るものである。

　本書のここまでの議論では、議会内で、政策サイクルの形成を目指すコンセンサスが、一定程度議会内に醸成されてきている事例が中心であった。そういったコンセンサスが形成されている状況にない議会において、議会におけるこれまでの議論を無視、あるいは軽視するがごとき執行部からの提案について、修正を促すための強力な道具が、予算の修正である。

　具体的には、第5章第1節で指摘されている予算審査の充実のための4つの結論のうちの、「③議会の予算過程にかかわる権限の活用、手法の模索」の重要な道具として予算修正は位置付けることができよう。また、予算修正は、提案に当たっても一定数の賛同者が必要であり、さらに可決のためには、過半数以上の賛同者が必要なことからも、「議員個人の要請を機関としての議会の要請に転換させる手法」としても適切であり、この道具がもっと活用されることが期待される。予算修正という手法が活用されれば、「予算過程を『取り引き』に活用」される可能性を減らすことが可能となる。

　予算修正という地ならしが議会内で頻繁に行われる状況が前置されることにより、あらかじめ政策サイクルを形成するほうが、議会と執行部双方にとって有益であることが認識されることも期待できる。つまり、議会内における政策サイクル形成を促す萌芽となる可能性も秘めている。しかし、予算修正は実践事例も少なく、議会内に、修正のための手法や見解が確立されていない場合が多い。本章では、そうした状況に鑑み、実践例から得た知見を提供するものである。

　本章では、実際の予算修正にいたるプロセスについて、少し詳細に記述することを心掛けた。なぜなら、実践例が少ないことから、実際にどこから着手し、どのようなプロセスを経て修正議案の提案に至るまでがイメージしにくいためである。なお、文中意見にわたる部分については、筆者の私見であることをお断りしておく。

第1節　予算修正は議会改革の一里塚

1　予算案は不磨の大典か？

　本来であれば、予算案はもっと修正されるべきであるし、修正したい議員も多いはず。どうしても納得がいかない予算項目がありながら、予算全体の否決には抵抗を感じるため、嫌味たっぷりの意見を付してやむなく予算に賛成か、せいぜい白票若しくは退席での意思表示で我慢……。もう、そういうことはやめて、堂々と予算修正に挑戦しよう。

　修正案が可決したとしても、市長や町村長には再議権があるので、残念ながら原案に復してしまうこともある。しかし、賛成しながらの意見表明よりも、議会の意思を示すことができる。そして、予算修正は議員力を、そして議会力を確実に向上させる。後述するように、会議原則[1]への深い理解がないと、提案から議決に至るプロセスを乗り越えられないからだ。

　予算案の修正は、予算委員会形式を採用する議会の増加に伴い、微増傾向にあるようだ。全国市議会議長会調べによる、2018（平成30）年12月31日現在の一般会計当初予算の審議結果によれば、当初予算案を修正した議会が815市議会中、21市議会（2.6％）、附帯決議があるものが34市議会（4.2％）。まだまだ修正は少数派である。筆者が議員になった2005（平成17）年度は、修正が15市

---

[1]　念のため説明しておくと、会議原則とは、会議を円滑に進めるための原則であり、法規上に明確に記述されている原則もあるが、そうではない原則もある。筆者も、予算修正を実践していく過程で、この会議原則が重要であることに改めて気づかされた。本章でたびたび触れる全国町村議会議長会編集による「議員必携」（以下、「議員必携」）の会議原則の項目はよく読んでおいていただきたい。

議会（1.9％）、附帯決議ありが36市議会（4.6％）であった。

　一方、2018（平成30）年の全国町村議会議長会調べによる予算修正件数は926町村議会中一般会計56件、特別会計3件と市議会に比べて活発である。町村議会の場合、議会内に会派が存在しないケースが多い。「平成25年7月現在で、154団体（16.6％）となっている」（平成27年地方議会に関する研究会報告書）など、会派の縛りに囚われることが少ないことから、修正がしやすい状況に置かれているのであろう。逆にいえば、それだけ市議会も会派の縛りがなければ、予算修正を行いたい議員が潜在的に多いとも推察できよう。

　また、全国町村議会議長会「議員必携」では、非常に丁寧に、予算修正の方法を記述している。このことも、町村議会における修正へのハードルを下げているとも考えられる。

　予算の修正が増加傾向にあるとはいえ、予算修正はまだまだ一般的ではない。予算を修正するとして、果たしてどこから手をつければよいのか分からないという議員が大半だからではないだろうか。

2　修正部分の多さにたじろぐ

　初めて筆者が議員として予算の修正案に取り組んだのが、2007（平成19）年12月定例会に提出された一般会計補正予算の修正である。当時の市長が選挙公約としていた、約20％の市長等の報酬削減予算案の否決である。補正予算案を認めず修正案を提案した理由は、報酬引下げに当たって必須とされる特別職等報酬審議会の議を経ていなかったためだ。予算案修正とともに、関連する「市長等の給料の特例に関する条例制定案」も否決した。当時の市長を支持する議員及び会派が、議会内で多数派を形成できていなかったこともあり、修正が実現した。

　初めてということもあり、補正予算修正案の作成には難儀した。正直にいえば、財務担当職員に、陰ながら助言をもらったことでなんとか修正案提出にこぎつけたのだ。

　歳出の修正はともあれ、扱いに苦慮したのが歳入である。市長と教育長の報酬を削減する予算案を修正したものだから、外形的には減らすことを止めたため、増額修正の形となった。歳入は、19款繰入金があれば、財政調整基金から

の繰入れの形をとれるので、そこに計上すべきだが、19款は、対象となった補正予算案で計上されていなかった。予備費の費目があれば、そこからの繰入れも考えられたが、こちらも計上されていなかった。予備費繰入は、費目が計上されていたとしても相当禁じ手に近いのではあるが。

　20款繰越金、前年度繰越金の費目が計上されていたため、「繰越金額を増額するという形にするといい」という助言もあり、そのとおりにした。実際にこれ以外に歳入計上できる費目もなかった。減額修正ならまだしも、増額修正で前年度繰越金からの繰入れというのは、財政の内部に通じていない議員では思いもつかなかったであろう。

　修正案を改めて確認したところ、修正案の修正箇所は、全部で88か所に及んでいた。他方、2017（平成29）年3月定例会で補正予算の修正をした際の修正箇所は28か所であった。修正内容としては、同じ1項目でありながら、修正箇所数にこれだけの差があるのは、2007（平成19）年の修正は給与の修正であり、予算書に附属する給与費明細書の修正にまで及んだためである。だが、附属する給与費明細書の修正は、原則必須ではない。なぜなら、この部分は今から述べるように、予算書本体ではないからである。

　議員に配付される予算書は、一般的に款項だけでなく、目節、さらに節の説明まで記載されている。当たり前ではないかといわれそうだが、厳密にいえば、地方自治法に基づく予算案本体は、同法215条に基づく内容を記載している1頁目と、216条に基づく款項に分類された別表部分までが、議決事項である。目節以降を記載した歳入歳出予算事項別明細書は、同法211条2項及び同法施行令144条に定められた「予算に関する説明書」という位置付けになる。目節は議決事項に当たらないため、目節間流用は議会の議決を必要としないとされているのも、ここに淵源がある。もちろん、決算においては、目節間の流用は重要なチェック項目である。

　以上の予算書の構造からいえば、予算修正案は、「予算に関する説明書」を除く予算書本体だけの修正案でよい。2015（平成27）年3月に東京都板橋区議会に提出された予算修正案は、款項部分の修正額記載のみであり、修正理由として該当する目節とその金額を示さず、修正の内容を具体的に記載するにとどめている。筆者としては、この方式が、地方自治法に基づく最も素直な方法で

あると考える（図表8-1参照。同図は、2015（平成27）年3月の板橋区議会に
提案された予算修正案を参考に、2007（平成19）年の所沢市議会の修正事例に
当てはめて筆者が作成）。

　ただ、款項だけの修正では、どの部分の修正となるのか、修正提案者以外の
議員や執行部、そして何より住民にとっても、理解しにくくなる。また、執行
部側が議決を恣意的に解釈する可能性もある。目節流用で、修正案を換骨奪胎
する危険性もある。そのため、目節部分の修正をしっかりと修正案に盛り込む
方がよい。必須ではないが必要である。

3　予算修正案の形式はおおむね2つ

　修正案のあり方をめぐって所沢市議会運営委員会では、予算修正案をいくつ
か取り寄せて調べた。

　この調査の結果、予算修正案の形式は、大きく2つに分類できた。1つは、
執行部が提出した修正案に、修正箇所の金額部分に二重線を引き、その上に修
正金額を書き込む方法である（図表8-2参照。同図は、所沢市議会の2007（平
成19）年修正案をもとに作成した。図は1頁目のみを示しているが、実際には
予算書全てにわたって該当箇所を修正している）。

　これは、予算案全体の中でダメな部分を示す、いわば修正部分訂正形式であ
る。

　例えば、2007（平成19）年の修正案の場合、補正予算は事項別明細書も含め
て全37頁あり、修正案も、この全37頁の原案の変更箇所に二重線を引き、その
上に修正金額を記入している。そのため修正案も、変更を加えてない頁を含め
て37頁となった。三重県松阪市議会に2016（平成28）年10月に提出された修正
案もほぼ同様の形式だ。この修正部分訂正形式は、パソコンなどの機器が一般
的でなかった頃には、合理性があったのだろう。執行部側の予算案に手書きで
書き込むだけで修正案が作成できるのである。しかし、ワープロソフトや表計
算ソフトの使用が当たり前になり、修正案が容易に作成できるようになった現
在、この形式による修正案はメリットよりもデメリットが大きいので、できれ
ば避けた方がよい。

　もう1つの形式は、予算書全体の修正ではなく、修正を望む箇所だけを抜き

図表8-1　修正部分列挙形式の予算修正案

議案第○号平成○○年度○○市一般会計補正予算に対する修正案

議案第○号平成○年度○○市一般会計予算の一部を次のように修正する。

「第1表　歳入歳出予算補正」の一部を次のように改める。

歳入

款	項	市長提案額	修正額
20　繰越金		千円 1,356,542	千円 1,357,773
	1　繰越金	1,356,542	1,357,773
歳入合計		82,221,453	82,222,684

歳出

款	項	市長提案額	修正額
2　総務費		千円 9,899,840	千円 9,900,893
	1　総務管理費	7,662,545	7,663,598
10　教育費		9,786,634	9,786,812
	1　教育総務費	1,553,973	1,554,151
歳出合計		82,221,453	82,222,684

（修正理由）
　市長及び教育長の給与費減額については、市長等の給料の特例に関する条例案が可決されたため、あわせて予算の一部を修正するものである。

図表8-2　修正部分訂正形式の修正案

議案第○○号

平成○○年度○○市一般会計補正予算（第○号）

平成○○年度○○市の一般会計の補正予算（第○号）は次に定めるところによる。

（歳入歳出予算の補正）

第1条　歳入歳出予算の総額に歳入歳出それぞれ　~~211,540~~　212,771　千円　を追加し、歳入歳出予算の総額を歳入歳出それぞれ　~~82,221,453~~　82,222,684　千円とする。

2　歳入歳出予算の補正の款項の区分及び当該区分ごとの金額並びに補正後の歳入歳出予算の金額は「第1表　歳入歳出予算補正」による。

平成○○年○○月○○日提出

○○市長　　木　田　　弥

出し、修正前と修正後の歳入歳出の金額を表形式若しくは文書形式で記載する
ものである。この形式は、図表8-1のように、必要な部分だけを取り出した修
正部分列挙形式である。

　この形式であれば、修正部分訂正形式による修正案のように多くの頁を必要
としない。単に、修正箇所のみを別途、抜書きすればいいのだ。パソコンによ
る文書作成が容易になった昨今、以前に比べて、議員側もそれほどの手間なく
修正案を作成することができる。

　2017（平成29）年3月定例会の補正予算案の修正提案に当たって、当初は、
この修正部分列挙形式で修正案が作成された。その際に参考となったのが、
2016（平成28）年6月に、郡山市議会に提案された予算減額修正案であった。
理由は、限られた時間の中で、参考となる他議会の修正案が見つけられなかっ
たことと、前回の修正案提出から10年もたっていたため、予算修正の詳細が
残っていなかったからだ。

　その後、議会事務局などからの助言もあり、最終的には2007（平成19）年時
とほぼ同様の修正部分訂正形式に変更した。修正案が可決された後、市長から
議会に対して再議を求める「再議書」が提出された。この「再議書」は該当箇
所を抜き出した修正部分列挙形式で議会に提出された。頁数は1頁であった。
議会の作成した修正部分訂正形式の修正案は11頁あった。執行部側が再議書を
修正部分列挙形式で提案した以上、今後は、議会側も修正部分列挙形式による
修正案を提出しても問題がないことが改めて確認できた。調べた範囲でいえ
ば、この修正部分列挙形式の事例が、現在は多数派のようである。

4　歳入部分の修正の判断が難しい

　前記2つの形式によらず、支出の修正項目だけを記載した予算組み替え動議
を提出するという方法もしばしば用いられる。

　組み替え動議が賛成多数で可決したとしても、動議そのものに拘束力はない
ので、首長は従う義務はない。だが、もし首長が何らかの対応をしなければ、
最悪の場合、予算そのものが否決される可能性がある。そうした事態を避ける
ためにも、執行部が歳入部分の修正も含めて、予算案再提出の形で修正して提
出することが多いようだ。2015（平成27）年3月に、所沢市議会予算特別委員

会に組み替え動議が提出された。結果的には否決されたが、予算修正案に比べてはるかに少ない手間ですんだ（図表8-3参照。同図は、作成された組み替え動議を一部修正したもの）。

　この手法は、該当する款項部分も明示しないので、予算修正動議ではなく、予算再提出を求める動議に性質が近い。

　歳入の修正を欠いた予算修正案は、予算案は歳入と歳出を一体で過不足なく提案すべきとする、自治法210条の総計予算主義の原則からも、若干疑問が残る。しかし、第6節でも似たような事例として沖縄県那覇市議会をとりあげるが、こうした形式をとりたくなる理由も分からないではない。増額、あるいは減額の場合でも、歳出部分の修正は容易であるが、歳入部分の修正となると、先ほども述べたように、どこの部分を修正すべきか判断が難しいからだ。

　繰入先として適切な款が予算案になければ、新たに款を立てればよいではないかという考えもある。しかし、新たな款を議員側から提案することは、特に増額修正の場合、首長の予算編成権を侵犯することになるという解釈もあるようだ。そのような法解釈上の相違を避ける意味でも、歳入修正部分を明示しない方式は、便利である。

　しかし、組み替え動議による予算修正は、首長側が、組み替え動議の可決を受けて予算案を再提出する度量がないと成り立たない。款項への歳入の繰入れ若しくは繰出しについての該当箇所の明示がない以上、再提出された予算案が、議会の意図した内容と違ったものとなる場合も考えられる。そうなれば、さらに混乱が深まる。

　千葉市議会では、2010（平成22）年度当初予算に対して、2会派から組み替え動議が、1会派から修正案が提出された。いずれも否決。結局、組み替え動議から正式な予算修正案に切り替えて3会派が提出。この案が可決されることとなったという。組み替え動議は、提出しやすいというメリットがある反面、千葉市議会のような状況を招く可能性もある[2]。

　組み替え動議の事例は、手順を丁寧に踏んだ予算修正に比べて件数も多いようである。いくつか調べてみたが、修正というより、予算案に対する反対意見

2　千葉市長・熊谷俊人 Blog 「平成22年度予算は3会派による修正のうえ成立」2010（平成22）年3月20日（http://kumagai-chiba.seesaa.net/article/144124923.html〔2021年2月2日最終確認〕）

図表8-3　組み替え動議の例

議案第○号　令和○○年○○市一般会計予算に対する組み替え動議

令和○○年○○市一般会計予算について、下記のとおり組み替えを要求する。

記

1　10款　教育費について
　　○○市内小中学校防音校舎への除湿工事の可能性、又は必要性について調査するための委託料を加えること。

2　財源について
　　13款予備費の充用を含め、現予算額の範囲内で執行すること。

以上

に相当する内容が過半を占める。少数会派のパフォーマンスとして利用されている例もあるようだ。やはり、執行部に対抗して責任を持って予算の修正をもくろむ以上は、組み替え動議によるのではなく、予算修正案の提出に取り組んでいく必要があるだろう。そうしないと、本当の意味での議会力は高まっていかない。

第2節　修正案作成に油断は大敵！

　前節の内容を参考にしていただき、予算の修正案（以下「修正案」という）作成までこぎつけたとしよう。しかし、それで安心してはいけない。修正案に合わせた表決の諮り方をしっかりと確認しないと、せっかくの修正案もなかったことにされてしまう。所沢市議会でも、修正案が実質的に否決されてしまう事態となったことがある。そういった問題が発生するのも、それだけ議会での予算修正が少ないということである。所沢市議会における2017（平成29）年予算修正は議会として10年ぶりであった。それより前に修正案が可決された事例を調べたところ、1990（平成2）年までさかのぼった。約30年前である。

　表決の手続は、法律や条例で大まかにしか定義されておらず、より具体的な方法となると、曖昧な点が多い。いくつかの文献を当たってみたところ、細かく突っ込んで記述されていたのは、「議員必携」にも記載されている「町村議会の運営に関する基準」7章3節「表決」であった。町村議会は、議会事務局体制が、市に比べて脆弱なため、事務局に頼らなくても自力で議員が議会運営について対応するために、この必携及び基準は作られたといわれている。

　同基準には、修正案の表決方法について詳細に記載されている。ただし、この内容も、後ほど述べるように、修正案の形式によっては適用できない場合もある。また、香川県坂出市議会のホームページには、修正案の採決に関する原則が、「全国市議会旬報より引用」との断り書きが付されて掲載されているので参照されたい[3]。

3　坂出市議会ホームページ「議会のあらまし（修正案の採決に関する原則）」（http://www.city.sakaide.lg.jp/site/gikai/ara21.html〔2020年2月2日最終確認〕）。

1　予算特別委員会への修正案の提出と諮り方

　「町村議会の運営に関する基準」と所沢市議会での予算修正事例から、基本的な修正案の諮り方をおさらいしておこう。今回は、予算特別もしくは常任委員会（以下「委員会」という）における修正を例とする。

　委員会への修正案の提出は、1人から可能である。一方、本会議への修正案の提出は、団体意思の決定なので、議員定数の12分の1以上の発議者及び賛同者が必要になる（自治法115条の3）。委員会への修正案の提出は、討論開始前までに委員長に提出すればよい。委員会で修正案が可決すれば、委員会としての機関意思の決定となる。

　ここで、委員会での修正案の諮り方を確認する。なお、修正案は、1件しか提案されていない場合で考える。まず、修正案を提出した委員から修正案の説明がなされ、それに対しての質疑が行われる。続いて意見を求め、その後採決に入る。採決では、最初に修正案について諮る。①修正案が可決された場合、修正案を除く原案について諮る。②修正案が否決された場合には、原案について採決する。

　②については、標準市議会会議規則77条3項で「修正案がすべて否決されたときは、原案について表決をとる」と記載されている。ところが、①の「修正案を除く原案について諮る」ことについての記載は、標準市議会会議規則にはない。「町村議会の運営に関する基準」には、「まず修正案を採決した後、修正議決した部分を除く原案について採決する」と記述されている。この①がなぜ必要か、改めて確認する。修正案に対する議員の表決態度は、棄権の場合を除き、おおむね次の4つに分類できる。

　　イ）修正案に賛成、修正案を除く部分に賛成
　　ロ）修正案に反対、原案に賛成
　　ハ）修正案に賛成、原案に反対
　　ニ）修正案に反対、原案に反対

　　イ）は、予算案の一部分だけの修正を求める立場である。ロ）はそもそも原

案全てに賛成であるが、修正案が通ってしまった場合は、残りの部分は当然賛成となる。ハ）は、修正案には賛成だが、それ以外の部分にも反対の事項がある場合である。もし仮に、修正案のみを諮り、残りの部分を諮らなかった場合、ハ）の立場の場合は反対を表明する機会を失してしまうことになるので、残りの部分を諮る必要がある。ニ）は全て反対なので説明は不要だろう。

2　諮り方の選択は修正案の形式による

　ここまで一通り説明してきたが、この諮り方が成立するのは、修正箇所だけを取り出して修正案を提示する、修正部分列挙形式の場合だけである。もし、予算案の修正箇所を二重線で訂正して表現する修正部分訂正形式であれば、その形式からして、修正部分とそれ以外を区別せずに一括して提案していると解釈されてしまう場合がある（修正案の修正部分列挙形式、修正部分訂正形式については、前節参照）。

　よって、修正部分訂正形式による修正案の場合、修正案に賛成した時点で、修正案を除く部分も賛成するという、イ）の立場に立つことになる。ハ）の立場で表決したい場合は、修正案は修正部分列挙形式でなくてはならない。もし、修正案が修正部分訂正形式であるなら、諮り方は修正案の賛否だけでよいということになる。この部分は分かりにくいと思うので表にまとめた（図表8-4）。

　このように、修正部分訂正形式による修正案が可決された場合、修正部分とそれ以外の部分を分けていないのだから、修正部分賛成、修正部分以外賛成が同時表決されたことになる。全国市議会議長会の標準市議会会議規則が、この点について記述していないのも、修正案の形式によっては、修正部分以外も諮るということが一般化できないためであるかもしれない。

　実際に、いくつかの市議会における表決方法を議事録で確認したところ、表決に当たっては、修正案の形式にこだわらず、修正部分を諮り、次いでそれを除く部分を諮ることが一般的に行われているようである。それ以外の例は見いだすことができなかった。

　なぜ、この点にここまでこだわるかといえば、所沢市議会の2017（平成29）年3月定例会に修正部分訂正形式による修正案が提出された際、執行部側と議

図表8-4　修正案の形式と表決の諮り方修正案の形式表決の諮り方

修正案の形式	表決の諮り方	原案に修正部分以外で反対の場合
修正部分列挙形式	①修正案を諮る	②で反対して意思表明
	②修正部分以外の部分を諮る	
修正部分訂正形式（予算原案の全ての頁を含む修正案に限る）	修正案を諮る（修正部分と修正部分以外を一括で諮ったことになるので、修正以外の部分を諮る必要はない）	修正案が可決した段階で、修正部分以外も可決したことになるので、反対の意思表明ができない

　会側との表決の解釈の相違が生じたためである。表決は、まず修正部分訂正形式による修正案に対して行い、修正案は可決された。その後、修正部分以外の予算案を可決したところ、執行部から、修正部分訂正形式の修正案であるから、修正案が可決した時点で、修正部分以外も含む修正予算案は可決したことになる。その後、修正部分以外の予算案を可決した時点で、修正していない原案を可決したことになる、という解釈が提示された。もし、修正を確定したいなら、修正部分以外の予算案は否決するべきであったという。

　文言はともあれ、執行部としては、最初に諮ったのは修正案で、次に諮ったのは原案である、という解釈だ（図表8-5）。もし、最初に修正案、次に原案と議長が諮っていれば、より正確であるし、修正案に賛成している議員も原案に反対したことであろう。そもそも「可」を諮ることが会議原則なので、こういう諮り方は考えにくいのであるが。

　調整の末、その後、結論からいえば執行部側も解釈を改め、議決結果は修正案が確定となり、市長は再議書を提出することになった。

　こうした解釈の相違が生じた要因は、修正案を修正部分訂正形式で作成したことに尽きる。もし、修正部分列挙形式による修正案であれば、このような解釈の相違は生じなかったであろう。そのため、修正案は修正部分列挙形式で作成すること、また、修正案を諮る前に開催される議会運営委員会では、それぞれの表決の持つ意味を確認することが重要であることを、改めて強調したい。

　最後に、修正案が確定という解釈で一致した論理についても、ここで述べておこう。まずは、修正案の諮り方はともあれ、本来の議会の意思がどこにあったかということが最も重要であるということだ。議会の団体意思がまず尊重されるべきというのが、会議原則である。仮に、執行部側の解釈の立場に立った

図表8-5　執行部と議会の見解の違い

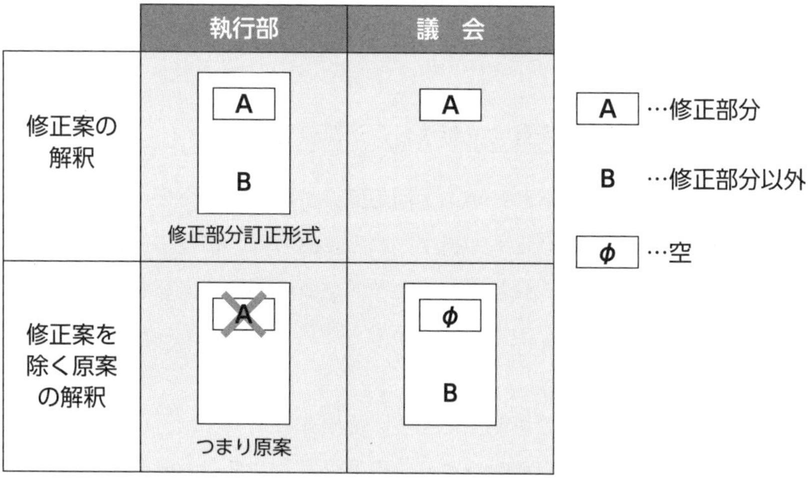

として、そもそも修正部分訂正形式による修正案が可決した時点で、修正部分とそれ以外の部分の原案は可決しており、一事不再議の原則に立てば、その後の議決は瑕疵ある議決という解釈も成り立つ。また、10年前には同じ諮り方、同じ修正部分訂正形式による修正案で、修正案が問題なく成立していた。もし、今回の執行部側の解釈をとるなら、10年前の修正案の解釈が誤りということになる。さらに、修正部分訂正形式による修正案を諮った三重県松阪市議会でも、同様の諮り方で修正案が成立している。

　以上、長々と説明してきたが、修正案が完成したとしても、その諮り方、表決の持つ意味を、議員も執行部もきちんと確認していくことが、無用な混乱を避ける意味でも重要であるということである。

　したがって、修正案は修正部分列挙形式で作成し、全国町村議長会編「議員必携」記載の「町村議会の運営に関する基準」にあるように、修正部分を諮り、その後、修正部分以外を諮ることである。もし、どうしても全ての予算案の頁を含む修正部分訂正形式の修正案で提案するのであれば、修正案の採決は修正部分以外の採決も同時に含まれていると理解すること、また、この方式では、修正部分以外の反対は不可能であることに留意していただきたい。

第3節　修正案が可決しても、原案が執行されることもある

1　事例①——予算特別委員会で可決した予算修正案

　所沢市議会の2018（平成30）年第1回定例会予算特別委員会において同年度当初予算案に対し、予算修正案が提出された。内容は、市長の掲げる重点政策目的を達成するための株式会社の新設とその出資に関わる出資金の削除を求めたものである。政策目的そのものは評価できる点も大いにあったが、その出資割合に問題があるとされた。

　それは、市の損失補償の可能性である。提出された案では、市の出資割合が51％。経営責任を一手に引き受けざるを得ない割合である。他の出資者は、大手エンジニアリング会社、地元金融機関などである。株式会社の業務内容が、水道などの地域独占的な性質のものであれば、リスクは低く見積もることができるが、本件はゴミ発電による電力を販売するという、競争の厳しい分野への進出である。経営が不調に陥った際には、市が損失補償を求められることになる。この点も確認しようと、市以外の出資者であり、かつ資金の融通先でもある金融機関や、エンジニアリング会社に対して参考人としての議会への出席と説明を求めたが、文書での回答となった。株式会社への融資を明言している金融機関からの回答文書によれば、市に対する資金融資に当たっては、債務保証は求めないが、経営権が市から別の法人に移行した場合、再検討を要するとのことであった。議会からは損失補償という用語での質問であったが、債務保証という用語を用いての回答であった。この点も、損失補償についての疑念を払拭できない要因となった。なぜなら、法人に対する政府の財政援助の制限に関する法律3条で、地方公共団体は、土地開発公社と地方道路公社以外は、債務保証を行ってはいけないこととされており、債務保証は求められてもできないのだ。そのために、債務保証に代わる制度として損失補償を行うことになる。

　関係者への質問を通じても、会社運営が不調に陥った際の損失は、市が、つまりは市民が被ってしまうという疑念は拭えなかった。こういったリスクを回避するためにも、最低限、出資割合の引下げを求めて、議案提出者側との議論

を尽くそうと試みた。しかし、出資割合を下げる意向も示されなかったため、仕方なく出資分については、全額削除する修正案が提案された。

　提案された一般会計の予算修正案は、予算特別委員会では可決したものの、本会議ではわずか1票足りず、原案可決となった。予算特別委員会での否決が、政策の変更を促すことも期待されたが、本会議までに執行部側からの修正提案はなされなかった。

2　再議請求を避けるためにも、修正案可決は3分の2以上の賛成が理想？

　もっとも、あと1票あったとしても、可否同数である。そうなれば、自治法116条にのっとり、議長が決することとなる。議長の投票は、可否どちらに投票するかについては自由であり、憲法上は何ら制限がない。しかし、会議原則では「現状維持の原則」に従うこととされている。予算原案を現状維持とするなら、否決という判断となる。これが、一般的な解釈であろう。しかし、修正した提案は新規政策であるので、現状維持なら可決という判断の余地も残っている。もし、議長が修正案可決と判断し、しかも出席議員の3分の2以上の得票を得ていない状態で修正案に賛成した場合、議長不信任案の提案など、その後の議会運営に混乱を招いた可能性も高い。修正を実現するためには、少なくともあと2票、そしてできれば有効投票の3分の2を超える票を獲得することが必要だった。

　なぜ3分の2以上必要なのか。今回は、修正案は可決しなかったが、もし可決した場合、市長提出議案であれば、自治法176条及び177条で、市長には再議権が認められている。再議とは、修正や否決された首長提出議案について、改めて議決を求める制度である。再議では、同法176条に該当する場合は、出席議員の3分の2以上の同意が必要であり、それがないと議決は確定しない。いったんは修正可決したとしても、再議請求された場合、修正案の再可決は難しかった。もし、最初から出席議員の3分の2以上で修正案を可決すれば、市長が再議権を行使する可能性はより低くなる。そのため、できれば出席議員の3分の2以上の賛成が望ましいということだ。

3　事例②——再議可決は過半数でよい場合もある

ちなみに、自治法177条に該当する場合は、同法116条にのっとり、再可決は過半数議決でよい。予算修正の場合は、おおむね同法176条に該当するため、出席議員の3分の2以上の同意が必要となり、再可決のハードルが高くなる。これらの仕組みは分かりにくいので、図表8-6にまとめた。参照していただきたい。

図表8-6　再議について（収入又は支出に関する議決に対する長の処置）

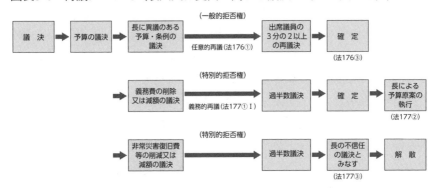

出典：総務省資料（https://www.soumu.go.jp/main_content/000084396.pdf）を一部修正し、予算修正に関係する部分のみを掲載

首長は予算修正されたからといって、必ず再議請求をするとは限らない。例えば、総務省調べによる2014～2016（平成26～28）年度の3年間の長の再議請求の件数は、市町村では24市町村、36件である。2016（平成28）年度に、当初予算を修正した市議会は36市議会であるが、この件数に比べても、再議の件数がざっくり3分の1であるとみなしてよいだろう。

修正可決によって議会の明確な意思表明がなされたのであるから、一定程度尊重しようという配慮のある首長であれば、予算案の再提出など、何らかの調整、妥協が予想される。例えば、これまで紹介した2007（平成19）年の予算及び条例修正時には、再議請求を覚悟していたが、首長側は議会の決定に従った。ところが、2017（平成29）年3月定例会の本会議における予算修正案可決

では、市長は再議権を行使した。

　この修正案は、自治法177条に該当する義務的経費と市長が判断したため、過半数議決となった。義務的経費に該当するか否かの判断についても、議論があった。明らかな義務的経費であれば納得もいくが、この点についても、議会と執行部で食い違いが見られた。結果的には、再議においても修正案が再び過半数の議決を経て可決したため、修正が実現した。しかし、義務的経費であると市長が判断したため、予算は原案どおり執行された。

　修正した予算案は、補助金の不正支給に係る返還金の補正予算であった。会計検査院から不正支給を指摘されてのものである。この補助金はある団体に委託した事業の人件費を補助するものであった。前年度まで認められていた支出項目が、認められなくなったにもかかわらず、担当者の確認不十分により前年度同様に支出していた。変更に当たって国から通達があったことは確認できている。論点は、受け取った団体に対して不正に支給してしまった補助金の返還をお願いすることの是非であった。こういった事案はあってはならないが、実際にはしばしば起こっている。そのため、市民に対して誤って過剰に補助金等を支給した場合やその逆に過少に徴収した場合、その差額の返還をお願いするのは当然のこととされている。例えば、2016（平成28）年12月、熊本市では、同市による罹災証明書の発行ミスにより生じた義援金や被災者生活再建支援金など７件の過剰支給406万円の返還を被災者にお願いし、被災者の同意を得て返還されている。

　返還請求が修正案可決後なされたならば、再議に当たっては、そのことをもって否決する、つまり当初予算に賛成する可能性もあり得た。というのも、この予算案は、2017（平成29）年２月28日に予算案を付託された総務経済常任委員会で否決された2016（平成28）年度補正予算であり、また、委員会該当部分は、この項目のみであったため、修正せず委員会における否決で議会意思を表明できた。

　しかしその後も補助団体に対して返還請求がなされていないことが確認されたため、2017（平成29）年３月２日に該当箇所だけを減額する減額修正案が本会議に提案され、可決となった。結果的には、修正提案が可決したとはいえ、事実上の原案執行となった。議会意思を表明できたことで、今後、同様な事例

についての注意喚起を促す効果はあったと思う。

<table>
<tr><td>第 4 節</td><td>最終日に追加で提案された補正予算案を減額修正</td></tr>
</table>

1　平穏に終わるはずだった6月定例会

　所沢市議会にとって、6月議会は、人事が最大の関心事である。議会初日は、新議長・新副議長などの選出が慣例となっている。議会改革の教科書的理解では、議長任期は原則4年。代えるとしても、せいぜい2年に一度。「毎年、議長ポストをたらい回しにするのはよろしくない」との見解が支配的なようである。そうした考えも分からなくはないが、議長や副議長など主要な役職が毎年代わることで、議会が活性化している側面もある。2018（平成30）年に発表された早稲田大学マニフェスト研究所の議会改革ランキングでも、所沢市議会は、県内で1位、全国でも40位である。

　6月定例会は、議長などの選出が終わった後は議会審議は平穏に進むことが通例のようだ。2018（平成30）年6月定例会も、そのような経過をたどると思われた。しかし、予想は見事に裏切られた。最終日に追加提案された補正予算案の減額修正案が可決されたのだ。しかも、3分の2を超える圧倒的多数で。

　前節にて、首長の再議権行使を避けるためには、過半数ではなく、3分の2以上の賛成による修正案可決が望ましいと指摘した。今回は、議長を除く32人中28人の議員の賛同を得て可決した。

　今回、減額修正の対象となった補正予算案は、議会開会冒頭に提案されたものではなく、最終日の提案であった。所沢市議会では通例として、最終日に教育委員や公平委員、人権擁護委員などの人事案件が諮られることが多い。人事案件以外では、緊急性の高い、すぐに事業に着手しなくてはならない補正予算案や条例案が提案される。具体的には、災害に伴う補正予算案などである。最終日は、会期延長をしない限り、十分な審議時間が確保できないこともあり、必然的に、審議時間をそれほど必要とせず、全員が反対しにくい議案が提案の中心となる。

審議方法も、委員会付託を省略して、全体審議となることが多い。特に人事案件では、審議そのものがはばかられることもあり、質疑や討論なども行われることはほぼない。最終日に提案される議案とはどのような性質のもので、どういった諮られ方をするかをおおむね理解していただいた上で、今回修正された補正予算案についてご説明する。

2　最終日に補正予算案が提案される

　6月議会に提案される補正予算案は、3月に本予算を可決したばかりなので、小幅な補正となるのが通例だ。議会も日程の折り返しを迎えた頃に、最終日に補正予算案が提案されることが非公式に伝えられた。人事案などであれば、議会開会前の代表者会議などで、最終日に人事案が提案される予定であることが非公式にアナウンスされるのがお約束だ。その内容は、海外出張案件であった。

　詳細が公表されたのが、議会終了日前日。ここで、全容が明らかになった。議案件数は1件であるが、その内容は2件の海外出張を含んでいた。1件は市長と担当職員2人、計3人による、今後、連携が予定される欧州の某都市を中心とした環境関連の海外出張。もう1件は、東京オリンピック・パラリンピックで合宿地として受け入れる欧州の対象国への打合せを目的とする海外出張（こちらは職員1人の派遣）。地元大学の関係者や県職員と一緒の派遣ということもあり、これらの関係者がすでに参加を決めており、ホストタウンである所沢市だけ参加しないということは難しい状況であった。歳入は、いずれも国庫補助などが見込めないため、財政調整基金からの全額繰入つまり一般財源で充当である。

　出張の日程については、市長の欧州海外出張は出発日が議会終了日の2日後であった。さらに、参加する職員の1人は国からの出向職員で、7月末には国へ戻る予定となっていた。「いなくなることが分かっている職員を同道させることに、どんな政策的な意味があるのか」、「行かせるのであれば、今後の連携を担当する職員が行くべきではないか」、「これでは、国から出向してきた職員の卒業旅行ではないのか」。事前の議案に対する会派ヒアリングで出た疑問である。

　最終日の補正予算案は全体審議で行うことが通例であるが、委員会付託を求める会派がいれば委員会付託を行うことが議会運営委員会で確認されていることもあり、委員会付託をして、本会議だけでなく、委員会でも議論することとなった。議案の説明が終わり、議会運営委員会で、委員会付託が確認された。その後、担当職員からのヒアリングが会派ごとに行われた。このヒアリングを通じて、市長ら3人の欧州出張は削除するべきとの意見が議会内でまとまりつつあった。今回のように財源が財政調整基金の取り崩しであれば、容易に修正案が作成できる。議会も議会事務局も予算修正でたじろぐことはなくなった。

3　当初は委員会への分割付託となった

　さて、今回の予算は、2分野にまたがるため、当初2つの委員会に分割付託となった。これまでも議論してきたように、予算案の分割付託は、特に予算を修正する場合には、歳入と歳出が分離して委員会に諮られるため、混乱が生じる元となりがちである。

　東京オリンピック・パラリンピック関連の補正予算案は、歳入歳出ともに総務系の委員会に付託。そして、修正を求める環境関連の出張は、歳出は環境系の委員会に付託。しかし、環境関連の出張の歳入部分は、総務系の委員会に付託されている。例えば、総務系の委員会では東京オリンピック・パラリンピック関連の海外出張には賛成であるが、歳入にはそれだけでなく、市長ら3人の欧州視察も含まれている。いったいそれぞれの委員会でどのような意思決定をすべきなのか。最も分かりやすい方法が、両委員会とも否決し、本会議でも否決することである。しかし、これでは東京オリンピック・パラリンピック関連の海外出張まで否決されてしまう。もちろん、予算修正案が諮られた場合、修正案を先に諮るので、結果が確定すれば、東京オリンピック・パラリンピック関連の海外出張予算は残して、修正が実現する。歳入は認めるが歳出は否決すれば、事実上、予算凍結となるのであるから、それでいいではないかという考えも提起された。それはそのとおりであるが、いくら修正案が先に諮られるとはいえ、日程では、まず、それぞれの委員会の委員長報告が行われる。その報告をどうするかも問題だ。さらには、歳入歳出一体の原則に反する。今から考えると、総務系の委員会と環境系の委員会の合同審査という方法もあった。た

だし、合同審査の調整はさらに時間がかかる。会派間の様々な議論の結果、や
はり分割付託はとりやめた方がよいのではないかとの意見が出された。様々な
調整を経て、分割付託をとりやめるために、改めて議会運営委員会を開催する
こととなった。

　これにより、すでに質問順と質問者が確定していた全体審議の議案質疑の扱
いについて再検討が必要となった。議案を審議する委員会に所属する議員は、
委員会で質問できることから、本会議での議案質疑にエントリーしていない可
能性もある。議会運営委員会では、分割付託のとりやめと、新たな議案質疑の
質疑者の確認と質問順位確定を行った。

　ほとんどの会派が結論として修正案に賛成であったからスムーズに事が運ん
だ。予算の修正を意図した場合には、分割付託はふさわしくないことと、当然
ながら、予算案の分割付託はいかに不合理であるかを、改めて学ぶことができ
た。議会の経験知は、こうして実際にコトを起こすことで高まっていくこと
が、ここでも証明された。

4　議案質疑を通じても減額修正の趨勢は変わらず

　本会議場での議案質疑が開始された。質疑者は、委員会付託を省略したこと
で1人増え、9人が行った。

　議論の焦点は、市長らの欧州出張であった。市長が現地へ出向きながら、こ
れから連携を行う訪問先の市長に会えないことが問題視された。また、同様の
連携をすでに行った市では、いずれも市長の現地訪問はなかったことが明らか
にされた。議会内で問題視されたのが、3日後に迫る出発日の問題である。当
然、飛行機の予約は手配済みだという。もし、キャンセルが発生した場合、そ
の負担はどうなるのか。正式な契約書は交わしていないとのことであったが、
予約した時点で、議会に認められていない予算執行を事実上行ったことになら
ないかとの指摘がなされた。執行部との議論は平行線をたどったが、議案質疑
を通じて、賛成者が増えるという内容ではなかった。質疑を通じて、減額修正
ではなく、議案そのものの否決でよいのではないかとの議論も出たが、減額修
正を支持する議員もいたため、再議を阻むためにも、最大公約数が確保できる
補正予算案の減額修正とすることとなった。採決の結果は冒頭述べたとおりで

ある。

　今回の補正予算案の減額修正を経て、所沢市議会においては、予算案の修正が議会として使えるツールのひとつとして認識されていることが明らかになった。また、修正案の起案から議会での扱いまで、執行部との合意がとれているため、スムーズに事が運んだ。これまでであれば、しぶしぶ賛成するしかなかったが、問題箇所は減額修正するという、現実的な対応ができる文化が醸成されてきたのは、やはりこれまで、可決、否決を問わず何度も予算修正に挑んできた成果であるといえよう。

　一方で、課題もはっきりした。予算案の分割付託はやはり修正になじまない。予算常任委員会が補正予算案についても審議する方法を選択することが大事ではないか。所沢市議会もこうした経緯を経て2019（令和元）年6月定例会から予算常任委員会が全ての予算案を審議する体制に移行した。

第5節　否決（修正）こそが議会の真髄

　予算修正こそ議会活性化の本道であるとの思いで、予算修正の経験について、ご紹介してきた。

　本節は、少し視点を変えて、新たに議員となられた方々に、改めて予算や条例の修正の意義についてお伝えしたい。また、議員の仕事は執行部から出された条例案を粛々と大過なく可決することであると思っている議員もいるため、新人議員だけではなく、2期目以上の議員の方にもお読みいただきたいことは言うまでもない。

1　アレオレ詐欺にご用心

　否決（修正）こそが議会の真髄——。

　のっけから、刺激的な物言いで恐縮であるが、これは、私が15年間地方議員を務めさせていただいてつくづく感じたことである。

　理由は簡単だ。本当の意味で議員の実績として明確にできるのは、議決した結果だけだからだ。議員は、選挙運動や日常の活動報告などで、「こんなこと

を私の提案で実現しました」と、写真とともに道路の修繕箇所などを有権者に報告する。自分がやっていないことまで「やりました」という、オレオレ詐欺ならぬ、「アレオレ（あれは俺がやりました）詐欺」を目にすることもしばしばだ。

私も、「アレオレ詐欺」には手を染めなかったが、議会での質問内容とその結果を関連付けて、市民の皆様に成果として報告してきた。

しかし、議員提案条例の制定や議会内の改革などならともかく、道路の修繕や制度の改善などの事業を実際に執行したのは首長である。因果関係を丹念に追っていけば、なるほど議員の議会内における発言がもとになっているといえなくもない。だが、確実にいえるのは、事業とそれに伴う予算案を提案したのは首長なのだ。議会には予算編成権も提案権もない。あるのは否決と修正権だけである。

2　否決に頼らず、議会提案条例という方法もあるが…

最近では、議会からの提案による条例を制定して政策を実現しようという動きが、議会で活発になっている。私も基本的には賛成である。

政策条例が制定されれば、場合によっては、政策の予算化も実現する。予算修正の場合、基本は減額修正で、増額修正は禁じられてはいないが、ハードルは高い。ましてや最初から計上されていない項目の予算化はほぼ不可能に近い。となると、政策条例制定を通じて新たな予算の獲得を目指すのは筋論としては正しい。首長からすれば「議員さんが頑張って勉強して条例をつくられたのだから、多少の予算措置はしてあげなくては」という配慮もあるようだ。しかし、執行部のとらえ方は所詮その程度のものと考えた方がよいだろう。一方で、政策条例の制定はそう簡単ではない。議会内の合意のみならず、住民からの意見聴取なども実施するとなると、ほぼ1年がかりである。そうこうしているうちに現実とのズレが生じる可能性もある。

そんな遠回りをするより、執行部提案の予算のうち市民にとって必要がない部分を否決すればよいのだ。

予算に限らず条例など全ての議案をやみくもに否決すればよい、というわけではない。ただ、構えとして、まず否決することを前提として考えてみる。そ

うしないと、いつのまにか、頭の中から否決という回路がすっぽり消えてしまう。

3　否決は蜜の味？

　現実に、地方議会で、議員として何期も経験していながら、一度も執行部提案の議案を否決したことがない、という議員は珍しくない。特に、首長と議会多数派が手を携えている場合はなおさらだ。そういう活動を長年続けていると、肝心なときに否決できなくなる。否決への恐怖心が生まれるからだ。

　所沢市議会でも、市長が交代し、それまでいわゆる与党的（地方議会は議院内閣制ではないので、与党や野党はありえない。念のため）な立場だった会派が、市長の提案にムリムリ賛同しなくてもよくなった。そこで、この機を捉えて、否決しても市民に直接影響がない市長の任期制限条例提案とこの提案に対する予算案に対する否決を持ちかけてみた。それまで反対したことがなかった議員の一部からは、「否決したら、明日から執行部の対応が冷たくなるのではないか」といった反応があった。何しろ初めてのことだから。そうこうしながら、議案は無事、否決された。否決したところで、現場の職員から提案された議案でもなかったので、執行部の態度は何も変わらなかった。

　それだけではない。否決を通じて、職員も学ぶことになる。「議案って、否決されることもあるのだ」と。むしろ、職員が改めて議会の権限のすごさを垣間見ることになる。

　議員からすれば、まさに否決という「蜜の味（議会の権限のすごさ）を知ってしまった」のだ。それまでは、「蜂の巣の中にある蜜を食べるなんて、とんでもない。刺されるぞ。木の実だけ食べていれば安全だ」というように飼いならされていた。法律では否決は可能であると知識として知っていることと、それが本当にできることを実感することとは、大きな隔たりがある。

4　反論する義務—— obligation to dissent

　そうはいっても、予算案が実際に否決される確率は、現状の議会では低い。それは、とりもなおさず、議案を提案してくる執行部も、提案に向けて議案を練り上げており、議員からすれば、それほど議案に詳しくなく、あるいはこだ

わりがなければ、否決の余地がないように見えるからだ。ここで、「やはり執行部の皆さんは大したもんだなぁ」となってはいけない。一見、何も問題がなさそうに見えても、あえて「何か問題があるに違いない」という姿勢で議案審査に臨まなくてはいけない。それが、議員の義務であるからだ。

　議員に求められているのは、チェック機関としての「反論する義務（obligation to dissent)」である。この言葉は、議会用語ではなく、ある著名な世界的規模の民間コンサルタント会社が大切にしている価値だそうである。2つの絵の間違いを探すパズルゲームの場合も、8か所間違いがあるといわれれば、必死に間違いを8か所探そうとする。ところが、もし、この2つの絵に間違いがあったとしても、「間違いはない」といわれたら、必死に探すだろうか？

　同じことが、議員活動にもいえるのだ。最初から執行部が提案してくる議案を完全なものだと思うのか、きっと何か間違いがあるに違いないと考えるのか。その違いが、おのずと議案に対する取組みの違いとなって表れてくる。実際、私も新人のときに、単純な用語のミスを指摘したことがあった。別の議員からは、「そんなの、アラ探しではないか」という声も聞こえてきたが、当事者である職員は、非常に慌てていたのが印象的だった。役所にとって、1つの言葉のミスは、議員が考える以上に重大なことであると、この時学んだ。同時に、嫌な議員だと嫌われ始めるきっかけにもなった。最初は、単純な用語のミスの指摘から始めればよい。そこから始め、勉強を進めていけば、条例上の法律的な瑕疵（間違い）や、違法・不当な状態を指摘できるようになってくるはずだ。

5　嫌われても舐められるな

　「嫌われても舐められるな」。これも、あえてお伝えしたいポイントだ。同僚議員ともよく話していたのだが、議員は、本質的に、職員に好かれることは決してない。それは、人格の問題というより、法制度上、執行部と議会は対立する（機関対立主義、権力分立の基本）ようにできているからである。適切な例かどうか分からないが、法廷における弁護士と検事との関係になぞらえるとよい。職員は、議員は何かと面倒くさい存在なので、よく「おべんちゃら」をいってくる。「いやぁ、議員さん、勉強されていますね」、「議員さんの指摘は

いつも勉強になります」などだ。しかし、本質を突いた厳しい指摘をした場合
は、そんな「おべんちゃら」をいう余裕はなくなり、本気になって反論・抵抗
してくる。「おべんちゃら」をいわれているうちは、舐められていると思った
方がよい。議員としての本来の機能を果たせば果たすほど、職員からは嫌われ
るはずなのだ。

　つまり、議員と職員との関係は３つしかない。①嫌われているけれど、舐め
られていない、②嫌われていないが、舐められている、③嫌われており、舐め
られている、の３つだけだ。嫌われておらず、舐められていない、という議員
は、現実には存在しない。もちろん、これはあくまでも政策をめぐる対立場面
でのことであり、いたずらに職員を個人攻撃することなどはあってはならない
し、こうした場合は、パワーハラスメントとして指弾されるのでご注意を。

　以上述べたことを実践しても次回の選挙で票が増えるわけではないことも、
あえて付け加えておきたい。議員の１期生というのは、４年間がお試し期間の
ようなものなので、実際は、執行部側でも議会でも「見習い」の位置付けであ
るのが現実かと思う。執行部に舐められてもいいから、再選することが優先と
いう方は、これまでの話は聞き飛ばしてもらってかまわない。しかし、もし、
自分が議員として何らかの影響力を行政に対して及ぼしたいと考えるなら、１
期目から全力で否決を目指して戦ってほしい。議員本来としての備えるべき実
力が身につくことだろう。そして、否決すべき、あるいは修正すべき、と心の
声が聞こえたなら、様々な事情があるとは思うが、行動に移してほしい。その
心の声に従わないと、そのうち声が聞こえなくなり、それは住民の声が聞こえ
なくなることにもつながっていくことを肝に銘じていただきたい。

| 第6節 | 補正予算の修正では歳入の修正部分が悩ましい |

1　見えてきた予算修正の課題

　新型コロナウイルス感染症の感染拡大で、地域経済の落ち込みに対する救済策を提案する自治体も増えている。そうした執行部側からの予算提案に対して、いくつかの議会が補正予算修正を行った、という情報が聞こえてきた。ざっと調べたところ、沖縄県那覇市議会、神奈川県鎌倉市議会が予算修正案を可決している。緊急事態ということで、議会側の審査も甘くなりがちな傾向がある中で、しっかりと内容を精査されての修正案可決にまずは敬意を表したい。

　一方で、予算修正をめぐる今後の課題も改めて見えてきた。歳出の削減は分かりやすいが、対応して歳入のどこを削減すべきか、という問題は本章でこれまで述べてきた様になかなか難しい。単純に財源となる部分を削ればいいだけではないか、という見方もあるが、事はそう簡単ではない。

　補正予算は、提案されている事業が絞り込まれているため修正がしやすい一方、当初予算に比べ、減額分あるいは増額分に歳入のどの部分を充てるかの調整が難しい。当初予算と違って、補正予算では、当初予算の変更部分のみが議案に掲載されているため、歳入の予算費目が限られているからだ。そこで、本節では、最近の他市事例を元に改めて、予算修正の難所の1つである歳入部分の修正について検討したいと思う。

2　那覇市議会の事例

　まず、新型コロナウイルス感染症関連対策についての予算修正を行った那覇市議会の例を見てみよう。2020（令和2）年4月に開会された那覇市議会臨時議会において、同年度一般会計補正予算第1号の予算修正案が可決している。

　内容は、提案理由がうまくまとまっているので、この部分を引用したい[4]。

　「『緊急性の高い新型コロナウイルス感染症対策等について市民生活への影響を最小限に留めるため』という目的を達成するためにも、予備費をさらに増額

することで、例えば医療機関及び医療関係者等への支援をはじめ、福祉、子育て分野等における様々な感染症関連対策、あるいはホテル事業者や飲食事業者等への支援施策をより迅速かつ臨機応変に対応することが可能になるものと期待される。

　市内宿泊・飲食等消費促進クーポン事業については、国や県、他市町村との連携や、事業内容についても再検討した上で、時機を見て予算化することが望まれることから221,900千円を減額修正し、新型コロナウイルス感染症に関する不測の事態に柔軟かつ迅速に対応するため、予備費を221,900千円増額修正する。」予算修正案は図表8-7のとおり。

　最初にこの修正案を見たとき、歳入の項がないため、ちょっと戸惑った。

　そこで改めて、「令和2年度那覇市一般会計補正予算及び予算に関する説明書」（2020（令和2）年4月那覇市議会臨時会提出）[5] を確認した。

　一般的に予備費計上というのは当初予算で行われて、以降は予備費の款が補正予算に登場することは少ない。いやめったにない。というのも、例えば予備費を使用した場合も、予備費という性質から、災害対応など、事前に予測不可能な事後的な対応に支弁されることが原則であり、わざわざ補正予算に計上して、その使途を確定するという性質のものではないからだ。

　ところが、今回は新型コロナウイルス感染症対策ということで、予備費が当初予算の70,000千円から400,000千円増額補正されて、470,000千円となっている。補正予算案に予備費計上がされていれば、予備費増額・削減したい予算項目減額の修正案であれば、わざわざ歳入項目を修正案に盛り込まなくてもよい。しかも、今回の予備費の増額修正にもかなった科目振替えといえる。

3　歳入を修正せず、歳出の修正だけで予算修正という方法の是非

　改めて、那覇市議会関係者に今回の予算修正の経緯などを尋ねたところ、今回の修正に限らず、すでに何回も予算修正をしているとの回答を得た。そこ

4　那覇市議会ホームページ「『議案第63号令和2年度那覇市一般会計補正予算（第1号）』に対する修正案」（https://www.city.naha.okinawa.jp/sigikai/teireikai/giketukekka/2020/202004rinjikai.files/syuseian63.pdf〔2021年2月2日最終確認〕）。

5　那覇市議会ホームページ（https://www.city.naha.okinawa.jp/sigikai/teireikai/gikaikaisai/2020/20200415.files/giansho_hosei20200415.pdf〔2021年2月2日最終確認〕）。

図表8-7　令和２年度那覇市一般会計補正予算（第１号）修正案

歳　出

(単位　千円)

款	項	原案金額	差引増減 減	差引増減 増	修正金額
7　商工費		3,071,040	221,900		2,849,140
	1　商工費	3,071,040	221,900		2,849,140
14　予備費		470,000		221,900	691,900
	1　予備費	470,000		221,900	691,900
歳　出　合　計		158,660,659	221,900	221,900	158,660,659

※　修正額　221,900千円の内容
　　歳出について、第７款 商工費、第１項 商工費のうち市内宿泊・飲食等消費促進
　　クーポン事業 221,900千円を減額し、第14款 予備費、第１項予備費を221,900
　　千円増額する。

　で、調べてみると、例えば2019（平成31）年度当初予算を審議した同年２月定例会においても、予算案の修正可決[6]がなされていた（図表8-8）。

　同年度当初予算の修正の場合は、予備費に振り替えて計上という以外の方法の選択も可能性としてはあった。当初予算の減額であれば、財政調整基金に積み増す（予算書では、歳入部分の財政調整基金繰入額を減額するという修正案となる）、増額であれば、同基金からの繰入額を増額するという方法もある。読んで字のごとし、財政調整基金だからである。

　実際に2019（平成31）年度一般会計予算[7]では、第19款「繰入金」第２項「基金繰入金」１目「財政調整基金繰入金」2,886,597千円が繰り入れられている。商工費8,696千円の減額分を繰入金の総額から減らしても、残額に十分余

6　那覇市議会ホームページ「平成31年度那覇市一般会計予算」(https://www.city.naha.okinawa.jp/admin/nahashizaisei/yosan/H31yosan.files/01_2_0_H31ippankaikeiyosansyo.pdf〔2021年２月２日最終確認〕)。

7　那覇市議会ホームページ「平成31年度（2019年度）那覇市一般会計予算及び予算に関する説明書」(https://www.city.naha.okinawa.jp/admin/nahashizaisei/yosan/H31yosan.files/01_2_H31ippankaikeiyosansyo.pdf〔2021年２月２日最終確認〕)。

図表8-8　平成31年度那覇市一般会計予算修正案

歳　出

(単位　千円)

款	項	原案金額	差引増減 減	差引増減 増	修正金額
7　商工費		1,729,040	8,696		1,720,344
	1　商工費	1,729,040	8,696		1,720,344
14　予備費		70,000		8,696	78,696
	1　予備費	70,000		8,696	78,696
歳　出　合　計		146,814,000	8,696	8,696	146,814,000

※修正額 8,696 千円の内容
　歳出について、第7款 商工費、第1項 商工費のうち、「なはけいざい MAGAZINE」発刊事業8,696 千円を減額し、第14款 予備費、第1項 予備費を増額する。

裕がある。別の方法として、第20款「繰越金」第1項「繰越金」500,000千円の繰越金が計上されているので、この部分の減額修正という方法もある。第1節で紹介した2007（平成19）年12月所沢市議会一般会計補正予算修正は、繰越金の増額という方法であった。繰越金は、キャッシュフローが実際に発生しているわけではなく、最終的には前年度の決算が閉じられて初めて額が確定する。そのため、年度当初では、ある程度前年度実績に基づき定額を計上しておく。繰越金もあくまで前年度会計の繰越しなので、繰越金の増額あるいは減額、どちらも対応可能である。

4　鎌倉市議会の事例

　続いて、鎌倉市議会の事例を検討してみよう。
　2020（令和2）年7月臨時会において、「鎌倉応援買い物・飲食クーポン」事業が提案された。この事業は、鎌倉市に住民登録がある市民に対し、1人当

たり3,000円の電子クーポンを同年10月末までに郵送で配布するというもので
あった。使用できる店舗は、市内の中小小売業・飲食業・サービス業など[8]。

　結論からいえば、7月臨時会では、この当該事業について、分割付託として
所管した総務委員会で修正案が可決し、その修正案も本会議で全会一致で可決
したことにより、事業実施はいったん見送られた。一般的には、いわゆる与党
系会派までが反対するということがないため、修正案が全会一致で可決したこ
とには大変驚いた。鎌倉市の関係者に聞いたところ、臨時会ということもあっ
て準備期間が非常に短く、事前に議会と調整する時間がなかったこと、委員会
における執行部の説明が概念論に終始し要領を得ないと受け止められたことか
ら、修正の流れが形成されたとのことであった。

　なぜ執行部の説明が不十分なものになったのか。そもそも事業が委託を前提
としていたため、事業の細部の組立てについては、予算可決後に事業者より募
集するアイデア提案の内容を踏まえて決める形式であった。そのため、委員会
の開催時点においては、踏み込んだ説明ができず、事業の練り上げ不足という
印象を与えてしまったようだ。また、電子クーポン形式ということも、情報機
器の扱いに慣れていない人にとっては使い勝手が悪いという印象も持たれたよ
うであった。

　修正案の詳細を見てみよう。修正案そのものは鎌倉市議会ホームページに
アップされていないため、執行部原案と本会議の委員長報告の2020（令和2）
年7月臨時会会議録を基に再現した（「鎌倉市議会7月臨時会議案集（その1）
令和2年（2020年）」[9]、「令和2年市議会7月臨時会提案予定議案（補正予算・
一般会計）」[10]）。

　歳出については、「鎌倉応援買い物・飲食クーポン」に関わる増額分649,769
千円を減額し、歳入ではその金額に対応する第55款「国庫支出金」第10項「国
庫補助金」649,769千円を減額している。執行部側の当初の予算書（図表8-9）

8　鎌倉市ホームページ「鎌倉市新型コロナウイルス対策（抜粋）」（https://www.city.kamakura.kanagawa.jp/
　　kisya/data/2020/documents/coronabesshi1.pdf〔2021年2月2日最終確認〕）。

9　鎌倉市議会ホームページ（http://www.city.kamakura.kanagawa.jp/soumu/documents/gikai07.pdf〔2021
　　年2月2日最終確認〕）。

10　前掲注同（https://www.city.kamakura.kanagawa.jp/kisya/data/2020/documents/rinnzikai_2.pdf〔2021
　　年2月2日最終確認〕）。

図表8-9　令和 2 年度鎌倉市一般会計補正予算（第 5 号）

歳　出

款	項	補正前の額	補 正 額	計
		千円	千円	千円
10 総務費		26,170,478	23,618	26,194,096
	5 総務管理費	24,587,217	23,618	24,610,835
15 民生費		26,730,217	38,069	26,768,286
	10 児童福祉費	11,622,610	38,069	11,660,679
20 衛生費		5,894,794	104,000	5,998,794
	5 保健衛生費	1,853,881	104,000	1,957,881
35 商工費		1,754,676	△215,431	1,539,245
	5 商工費	1,754,676	△215,431	1,539,245
55 教育費		7,802,795	565,014	8,367,809
	5 教育総務費	2,246,040	477,186	2,723,226
	10 小学校費	2,223,557	59,659	2,283,216
	15 中学校費	1,198,345	28,169	1,226,514
歳　出　合　計		84,081,531	515,270	84,596,801

歳　入

款	項	補正前の額	補 正 額	計
		千円	千円	千円
55 国庫支出金		26,843,787	1,416,400	28,260,187
	10 国庫補助金	19,566,343	1,416,400	20,982,743
60 県支出金		4,106,334	33,000	4,139,334
	10 県補助金	786,999	33,000	819,999
75 繰入金		4,846,047	△934,130	3,911,917
	5 基金繰入金	4,844,047	△934,130	3,909,917
歳　入　合　計		84,081,531	515,270	84,596,801

を見ると、この事業に対応する商工費は、減額補正額が△215,431千円となっている。理由としては、当初の補正予算案では「鎌倉応援買い物・飲食クーポン」増額649,769千円に、商店街活性化事業補助金の増額分10,000千円を加え、その額から、同じ商工費の中小企業家賃支援給付金を875,200千円減額補正した結果、649,769千円＋10,000千円＋△875,200千円＝△215,431千円が計上されている。よって、議会側からの修正案は、歳出の第35款「商工費」第5項「商工費」を△215,431千円＋△649,769千円＝△865,200千円の減額としているようだ。

　ここでは、歳入として国庫補助金の減額で対応しているが、歳入には、別途、第75款「繰入金」第5項「基金繰入金」も減額計上されている。補正前が4,844,047千円。基金繰入金の減額補正額が△934,130千円。減額補正後の金額が3,909,917千円。仮に、国庫補助金の減額ではなく、基金繰入額の減額補正額を△934,130千円＋△649,769千円＝△1,583,899千円とし、補正前の額4,844,047千円から差し引いたとしても、3,260,148千円となり、特に問題はない。

　国庫支出金の減額修正というのは、財源が「新型コロナウイルス感染症対応地方創生臨時交付金」であることから妥当な判断であるとはいえる。しかし、今回の修正案が、議会意思として、あくまでも事業の趣旨を認めつつも準備不足であることによる政策の練り直しを求めての修正提案なのか、それとも、事業の趣旨そのものに対する修正なのかによって、歳入の修正をどこに求めるかが変わってくるのではないだろうか。

　というのも、どのような政策過程を経るかにもよるが、国庫補助金の減額修正を議会が全会一致で可決したとなると、国庫補助金、つまり臨時交付金は「必要ありません」という意思表明となるリスクが生じる。少なくとも、議会が修正可決した段階で、県や国に対して何らかの報告がなされている。このことをもってして、交付金の交付決定が覆るということは考えにくいが、予算の保留という性格の修正であるとするなら、基金繰入額の減額で対応する方が、対外的なリスクを軽減できたであろう。結果としてこの事業は、9月議会に1人当たりの金額を5,000円に増額して提案し、無事可決した。議会としても、7月議会で修正可決をしたこともあり、附帯決議が付されての可決となったよ

うだ。可決したため、事なきを得たが、修正する側の議会も、なるべく多くの
リスク要因を検討した上で対処することも忘れてはならない。一方で、今回の
事例は、密室での事前調整によらずに、議会という公共空間において議会によ
る修正と、執行部も再議請求ではなく、内容を改善した上で再提案した点は、
今後の予算修正の１つのモデルとなるだろう。

5　歳入の修正についての選択基準

　以上の議論をまとめると、まず歳入のどの項目を増額若しくは減額するかを
選択する際に、

①　財政調整基金の計上の有無、計上金額と増減額を確認した上で、これら
　　の条件を満たした場合は、財政調整基金の繰入金の増減を選択。

②　上記①がない場合は、繰越金が計上されている場合は繰越金で調整。繰
　　越金についても、増額修正の場合は計上金額をマイナスと設定できないの
　　で、計上金額の範囲に収まることが重要（ただし、この手法は決算確定ま
　　で）。

③　予備費が計上されている場合は、予備費の増減で対応。

　　といった順番で考えるとよいのではないだろうか。

　ただし、あまり杓子定規に考えてしまい、予算修正をためらうようになって
はならないので、一応の基準としては、上記のような段階を踏んで歳入部分の
選択を検討すればよいというぐらいに考えていただきたい。

　あまり考えにくいが、④上記３つのいずれも計上がない場合は、拘束力はな
いが、予算は認めるものの、執行の停止を求める動議、若しくは附帯決議を付
すという方法もある。ただし、例えば増額修正の場合、無理に予算費目として
計上されていない款を設けて、そこに例えば財政調整基金繰入を増やす、など
は、首長の予算編成権の侵害に当たるので気をつけた方がよい。本節では、予
算修正に関わる歳入の扱いについてのみ議論してきた。この点に限らず、一般
論として、議員は歳出への関心ばかりでなくもっと歳入部門への関心を高める
べきである。

　次章においても、決算審査における歳入についての重要性を強調している。
建設的な提案を行うために、議員は財源確保方策もセットで考えるべきだ。予

算修正を通じて、改めて、財源確保の重要性を考える習慣を身につけていただ
きたい。

第9章

議選監査の実践的活用

［執筆者］
桑畠健也

第1節　政務活動費は監査できるのか？

1　議会から選出される監査委員「議選監査委員」

　地方自治法で、普通地方公共団体には監査委員を置くことになっている。しかも、その一定数は議員の中から選ぶことにしている地方公共団体がほとんどだ。議員から選ばれる監査委員のことを、議会選出監査委員、略して「議選監査委員」と称する場合が多い。

　2017（平成29）年6月の自治法改正で、議選監査制度が選択制となり、議選監査委員を必ずしも置く必要がなくなった。この改正を受けて、議選監査制度を廃止ないしは廃止を予定していることが確認できたのは、基礎自治体では、2020（令和2）年7月現在、滋賀県大津市、愛知県大府市、兵庫県高砂市、佐賀県嬉野市、佐賀県唐津市、沖縄県豊見城市、都道府県では、大阪府。廃止する自治体が徐々に増えてきている。十分に検討しての廃止ならば、いたしかたないが、議選監査制度の役割を十全に発揮しないまま、議会改革を偽装するための廃止であるとするならば、本末転倒である。実際に議選監査委員を廃止したある市の議会では、廃止について視察に来た議員からの、議選監査委員制度を廃止した影響についての質問に対して、「全くない」と答えたという。「全くない」議選監査委員を選んできた議会にも問題があったのではないだろうか。おそらく、使える議選監査委員を選べない議会の体質にも問題があるのだろう。

　所沢市議会は、議選監査委員は通例で議長か副議長の経験者が就任してきた（俗称では議選監査委員は「議会内三役」）。そのため監査委員を経験できる議

員は限られている。他の議会でも、議員として期数を重ねることや、いくつか
の役職を歴任することが選任の条件のようである。筆者の場合は様々な事情が
重なり3度議選監査委員を務めることとなった。

2　富山市議会政務活動費の不正を暴けない監査委員？

　監査の可能性と限界を知る上で格好の材料として、ある時期世間をにぎわせ
た、富山市議会の政務活動費の不正請求事件を取り上げる。

　この事件により、2016（平成28）年には14人の議員辞職と補欠選挙の実施と
いう事態を引き起こした。これほどまでに問題が広がる以前に、監査がしっか
り機能していれば、こうした問題の発生が防げたのではないかという声もある
ようだ。

　発端は、政務活動費ではなく、議員報酬の引上げである。2016（平成28）年
6月、富山市議会は月額の報酬60万円を70万円に引き上げた。引上げの理由
は、議員の老後の不安であった。議員は、兼業職でない場合、国民年金への加
入となる。事業者負担分がないため、厚生年金に比べて受給額は低い。それま
では、市議会議員年金制度があったが、市町村合併に伴う市議会議員の大幅な
増加に伴い、制度が立ち行かなくなり、年金支給は、終了までに3期12年以上
市議会議員を務めた議員に限定された。それ以外の議員は、一時金支給となっ
た。年金があったときは強制加入であり、筆者の場合でいえば、本人負担が月
額約9万円、市負担が約7万円だった。

　年金制度の廃止によって、市負担分の支出がなくなった。「この支出分を議
員報酬に上乗せせよ」というのが、富山市議会の議員報酬引上げの論理だ。確
かに、議員年金制度の廃止は、市議会議員にとっては、実質的な報酬引下げで
ある。しかし、議員年金制度廃止を理由として報酬を引き上げたのは、私の知
るところ富山市議会だけである。なぜ他の市議会が追随しなかったか。制度廃
止に伴って、年金や一時金支給の原資確保のために、市議会議員年金共済会に
清算金に相当する少なくない額を毎年支出しているからだ。所沢市の場合、
2011〜2015（平成23〜27）年の5年にわたって約7億1,400万円を共済給付費
負担金として支払った。

　その後、報酬引上げについて取材していた記者のメモをある富山市議会議員

が取り上げて、取材妨害をするという事件が起こった。この事件を契機として、不信がさらに膨らみ、政務活動費の詳細な内容を調査するに至る。その結果、政務活動費の「領収書のねつ造と改ざん、水増し」が次々と明らかになった。

3　監査では、領収書のチェックはよほどのこと

　監査委員というと、例えば自治会やPTAなどの会計監査を思い浮かべる方がいると思う。こういった監査では、支出の根拠となる領収書のチェックが大きな意味を持っている。しかし、現実に、日常の監査業務において、監査委員が領収書を直接チェックするという機会は経験したことはない。

　自治体の予算執行の流れでは、まず、予算に基づき支出負担行為が行われる。支出負担行為とは、「普通地方公共団体の支出の原因となるべき契約その他の行為」であり、政務活動費でいえば、交付決定がなされる行為のことである。交付決定に基づき、各担当の決裁を経て支出命令がなされ、会計管理者が法令や予算に基づいているか判断し、問題がなければ、実際に議員の指定した口座に振り込まれる。所沢市では、政務活動費は、地方自治法施行令163条2号の「補助金、負担金、交付金及び委託費」に相当し、半年ごとにまとめて前金払いとして支払われる。年度末に一括精算し、議長に領収書を提出。使用していない政務活動費は返還することになる。議員は、前金払いに対して領収書は発行しないし、口座振込みの完了をもって支出行為が確定する。ちなみに、富山市議会では、都度精算で、支出が行われるごとに議会事務局に領収書を提出していたようである。都度精算の場合は、事務局と議員との間で使途のチェックが行われ、場合によっては、出納室がチェックしていた可能性も考えられる。議員と事務局の力関係から、精査が働かなかったのだろうか。

　監査事務はいくつかの種類に分類されている（図表9-1参照）。

　中でも監査活動の中核をなしているのが、定期（財務）監査や決算審査や例月（現金）出納検査だろう。これらの監査等では、予算に従って支出が適正に確実に行われているかを主に審査する。予算を超えて支出されていたり、予算どおりに支出されていなかったり、他の予算から流用されて支出されていたりしていないかを精査する。そこから一歩踏み込んで、政務活動費のような「補

図表9-1　監査等の種類

分類	形式	名称	頻度	目的
監査	義務	定期（財務）監査	年度1回	財務事務執行が法令にのっとり適正に行われているか
	任意	行政監査	随時	事務執行が法令にのっとり適正に行われているか
		財政（援助）団体等監査	随時	財政援助団体等の出納その他の事務で財政援助等に関係する事務が適正に行われているか
		定期（財務）監査	随時	財務事務執行が法令にのっとり適正に行われているか
		指定金等監査	随時	指定金等が扱う公金の収納・支払事務が適正に行われているか
	請求	直接請求監査	住民請求時	住民の請求により事務執行を監査
		住民監査請求	住民請求時	住民の請求により財務の事務執行を監査
		議会の請求監査	議会請求時	議会の請求により事務執行を監査し議会に報告
	要求	長の要求監査	長要求時	首長の要求により事務執行を監査し首長に報告
		職員賠償責任監査	長要求時	職員の賠償責任の有無及び賠償額の決定
		指定金等監査	長要求時	指定金等が扱う公金の収納・支払事務が適正に行われているか
検査	義務	例月（現金）出納検査	月1回	会計管理者の現金の出納が正確であるか
審査	義務	決算審査	年度1回	会計管理者の調製した決算が正確であるか
		基金運用審査	年度1回	長の基金の運用が正確であるか
		健全化判断比率等審査	年度1回	長の計算した健全化判断比率が正確であるか

（参考）「地方公共団体の監査制度に関する研究会報告書参考資料14」39頁、京都市監査ホームページ「監査等の種類」

助金、負担金、交付金及び委託費」に該当する項目は、活動費を受け取った議員や団体が、どのような使途に使ったか、領収書に不正はないか、などといったことは審査しない。政務活動費やイベントの補助金、団体への補助金など、全て出納室がチェックをするとなると膨大な作業量になる。これらについては、担当課がしっかりとチェックしていることを前提としている。

4　やる気スイッチが入れば、監査の役割は大きい

監査には、図表9-1に挙げた様に、様々な種類の監査がある。政務活動費を監査する、その領収書までチェックするとなると、監査委員が主導して行える監査としては、「行政監査」の実施がある。行政監査の対象に政務活動費を選択することで、実際に支出がなされたのか、領収書は適正であるかなどが、監査できる。全国都市監査委員会のデータベースによれば、2014（平成26）年度の行政監査のテーマとして「政務活動費」を選択していたのは、埼玉県所沢

市、群馬県太田市である。所沢市監査委員会では調査に当たっては、支出項目の精査と、全ての領収書もチェックした。当然、審査の際には議選監査委員は除斥された。私もその際に除斥を経験した。その後監査委員から、市議会の政務活動費の扱いに関する指摘がいくつかなされ、その指摘に沿って政務活動費の手引きが策定された。その後、2016（平成28）年度には神奈川県鎌倉市が、2017（平成29）年度には東京都渋谷区が、「政務活動費」の「行政監査」を実施している。

　行政監査以外にも、議会や首長、住民からの監査請求もある。政務調査費や政務活動費についての住民監査請求はしばしば行われてきており、その一部が行政訴訟に発展している。

　これまでの議論をまとめると、監査委員の義務とされている、定期（財務）監査、決算審査と例月（現金）出納検査に限れば、今回のような富山市議会の政務活動費不正請求は、限りなく発見しにくい。監査事務局体制の規模によっては、この3つの監査等が中心という自治体もあるようだ。一方、任意には、十分に領収書の精査もできる制度は整えられている。問題は、監査委員、議員、首長、住民の誰かが問題意識を持ってスイッチを押さないと、政務活動費の精査は制度的には難しいということである。

　所沢市議会の場合は、政務活動費のガイドラインに基づき、しっかりと領収書や使途を精査していただいているおかげで、これまでのところは、大きな疑念を抱かれるという事態は惹起されていない。

第2節　決算審査（監査）と、決算認定（議会）はどこが違うのか？

1　識見を有していることが前提となる

　議選監査委員以外の監査委員は「普通地方公共団体の財務管理、事業の経営管理その他行政運営に関し優れた識見」（自治法196①）を有していることを前提にしている。議選監査委員も、当然ながらこれら識見を有していなければ、有効な監査活動はできない。

　監査事務局も、識見を有していることを前提にしているようだ。初めての議選監査委員就任時には、少々面食らった。所沢市の場合、議選監査委員は、その是非は別として、ほぼ 1 年交代である。6 月定例会で就任が決まり、その後、7 月には、監査委員にとって最も重要かつ、負担の重い決算審査がやってくる。監査委員の仕事や役割などについて事前のレクチャーなどがなされるかと期待していたが、そういった準備はほとんどなく、大量の資料を渡され、いきなり実際の決算審査に臨むこととなる。

　議会の決算認定の際に行政から提供される資料は、「行政報告書」と「決算書（案）」、及び監査委員が作成した「決算審査意見書」、「主要事業実績報告・概要報告」である。資料の厚さは合わせて 2 ～ 3 センチ。一方、監査事務局が、決算審査のために準備する資料は、厚さ15センチファイルにも収まらないほどの厚さである。

　事務局の体制も、議会事務局と比較すると、その体制の手厚さが分かる。所沢市議会は、議会事務局職員が14名。議員 1 名に対して職員が約0.4名である。一方、監査委員 4 名に対して監査事務局職員は 8 名。監査委員 1 名に対して職員は 2 名となる。ざっくり 5 倍の人員配置である。少し古いが、2007（平成19）年度総務省調べによる特例市の場合の平均事務局職員数は7.7人。他市では監査事務局以外の業務も兼任している例もあると聞く。所沢市は全員が監査事務局専任なので、他市に比べて、事務局体制は充実しているといえよう。

　議会の決算認定は、おおむね 4 日間。一方、監査委員による決算審査は 6 日間。決算特別委員会は 9 名であるのに対し、監査委員は 4 名。監査委員 1 名当たりの負荷は、議会の決算認定に比べて 3 ～ 4 倍といったところだ。

2　監査委員の決算審査に不認定はない

　議選監査委員が決算審査で配慮しなくてはならず、かつ、戸惑うのは、決算審査と議会の決算認定の着眼点の違いである。監査委員の行う決算審査は、「決算その他関係書類が法令に適合し、かつ正確であるか審査すること」（所沢市監査基準第 2 条四）をチェックするものだ。

　議員にとっての決算認定とは、自分たちが可決した、あるいは反対した予算や条例が、しっかり執行されているか否かを確認する機会でもある。よって、

議会はその決算を「認定」するか、「不認定」とするかの判断が求められる。一方、監査委員の決算審査に求められるのは、「意見」である。「意見」を監査委員の合議で決定し付す。

3　議会でも参考にしてほしい監査委員の着眼点

決算審査では、会計管理者が調製した決算案に対して、行政の計画の達成度をチェックすることに力点が置かれている。市監査事務局が決算審査の際に用意する決算審査資料の項目構成は以下のとおりである（図表9-2参照）。資料には、1から8までの項目がある。1から7までは予算執行が計画どおりにいかなかった理由を説明する内容になっている。「1 不納欠損処分理由」、「2 収入未済理由」、「3 歳入予算現額対調定額調（べ）」、「4 不用額理由」、「5 未執行理由」、「6 流用（増）理由」、「7 翌年度繰越額理由」である。残りが「8 歳入・歳出予算執行状況表」となる。こうした項目立ては、決算審査の成果として最終的にまとめられる「決算審査意見書」の記述内容に対応している。

図表9-2　決算審査資料の項目

```
┌─────────────────────────────────┐
│  1  不納欠損処分理由                 │
│  2  収入未済理由                     │
│  3  歳入予算現額対調定額調（べ）       │
│  4  不用額理由                       │
│  5  未執行理由                       │
│  6  流用（増）理由                    │
│  7  翌年度繰越額理由                  │
│  8  歳入・歳出予算執行状況表           │
└─────────────────────────────────┘
```

監査委員による決算審査では、この7項目が質疑の基本項目となる。7項目は、原課に記入を依頼して監査事務局で集約を行っている。当然ながらこの7項目は、議会の決算認定においても、着眼すべき項目である。これらの情報

は、議会の決算認定でも提供されてよいと思う。しかし、全て提供されてしまうと、徴収や給付に関して個人が特定されるケースが生じるなど、法律上、守秘義務が規定されていない議員に対する提供は慎重にならざるを得ないだろう（地方公務員法34条の守秘義務規定では地方議会議員は適用除外）。

「不納欠損」や「収入未済」、「歳入予算現額対調定額」など、7項目中3項目が歳入に関わる項目である。近年の歳入不足を背景として、議会でも歳入について取り上げる議員が増えてきているが、決算審査では、より時間をかけて歳入に対するチェックを行っている印象だ。所沢市の「決算審査意見書」でも、歳入の記述と歳出の記述がほぼ同量である。歳入について質問しても票にはならない。むしろ、納税者かつ有権者の責任を問うことにもなり、票を減らす可能性もあるからだ。しかし、今後は、税収が伸び悩むのであるから、議会でも歳入についての議論もしっかり行っていく必要がある。歳入に関わるこの3項目について、議員も基礎的な理解をしていくことが重要である。さらには、同規模自治体の決算審査意見書が手に入るようであれば、これらの項目を比較しながら議論をすると、より深い議論ができる。不納欠損額が他市に比べて多いことを理由に決算の不認定ということも理論的にはあり得るのだから。

歳出項目である「不用額」、「未執行」、「流用（増）」、「翌年度繰越額」については、当初予算書と決算書を見比べることで、議会の決算認定でもある程度把握できる。また、「不用額」、「翌年度繰越額」は、個々の事業単位ではないが、各款ごとの合計額については「決算審査意見書」中に記述があるのが通例のようなので、まずは、「決算審査意見書」で目星をつけて、細目については、予算書と比較してチェックするとより効率的である。

所沢市監査事務局では、これらのチェック項目を中心に、着眼点案についても準備する体制になっている。初めての決算審査に臨む監査委員でも、この着眼点案のおかげで、どんな点を質問すべきかが、実践を通じて理解することができる。

ここで、決算審査における議選監査委員の優位点についても、あえて強調しておきたい。議選監査委員は、議会での決算認定の経験がある。決算書の形式や、決算認定での勘所、急所についてはある程度理解できている。また、予算の段階で審査しているので、当該予算についての一定の理解がある。議選監査

委員や自治体職員出身の監査委員に比べ、外部から選任された監査委員は、地方自治の政策遂行の仕組みなどについて十分に承知しているとは言えないようだ。例えば、下水道建設事業、子育て施策や介護施策など、自治体個々の特殊性もあるため、専門的な書籍を読んでも理解できる部分は限られており、制度全体について正確な理解を得るためのハードルは存外高い。その点、議選監査委員は、その議員の興味関心の分野にもよるが、自治体独自の事情に通じている。しかし議選監査委員も、議会の決算認定のノリで質問をしてしまうと、「監査の質疑は、『一般質問』とは違います」と注意されたりする。

　監査事務局としても、着眼点案を用意するとはいえ、議選監査委員については、経験者であると、やりやすいようだ。筆者の2回目の議選監査委員就任時は、もう一方の方も経験者。代表監査委員も常勤監査委員も複数年経験していたため、監査の審査体制や監査報告書の形式の変更など、より一歩進んだ監査が実施できた印象がある。

　最終的に、決算審査では意見を付すが、所沢市の場合、決算審査で指摘された事項が全て記述されるわけではなく、「決算審査意見書」の「むすび」に指摘事項の中でも特に配慮を要すべき項目について記述することになる。だが、その記述は具体的ではなく、抽象的である。

　他市では、この点について工夫をしているようだ。四日市市監査委員は、「むすび」を「まとめ」と「意見」に分けて記述している。「意見」では、「3.より分かりやすい決算公表を目指して」、「4.不用額について」、「5.収入未済額及び不納欠損額について」など、7項目の意見を5頁にわたって記述している。

　大分市監査委員も、「むすび」（審査意見）とし、さらに、「むすび」（審査意見）を［総括］と［個別意見］に分けている。個別意見では、「3　プライマリーバランス（基礎的財政収支）の状況」など5つの項目について意見を述べている。

　また、会津若松市監査委員は、冒頭に「審査の意見」を配置し、審査結果についての個別意見という項目を立てて、10頁にわたって個別意見を記述している。議会改革が進んでいる市は、監査委員の審査意見も充実している印象だ。

4　監査にも議会にも有用な議選監査

　以上述べてきたように、議選監査委員の存在は、予算を審議しているという
点からも決算審査での議論に深みと広がりを与える意味で有用であるし、一方
で、議選監査を経験した議員が、監査委員としての着眼点を意識しながら、今
度は一議員として、議会の決算認定に臨むことで、議論の質がレベルアップす
るという効果も期待できる。もちろんそういう好循環を生むためには、現役の
議選監査委員や議選監査経験者が、その責任を深く自覚して行動することが重
要であることは言うまでもない。

第3節　公営企業会計の決算認定は、監査の視点が役に立つ

　議会では相変わらず、公営企業会計（以下「企業会計」という）の決算認定
を、一般会計等（企業会計を除く特別会計を含む。以下、単に「一般会計」と
いう）と同じ視点で議論している傾向がある。本節では、監査委員による企業
会計の審査を参考にすることで、議会による企業会計の予算議決や決算認定の
あり方を見直してみたい。

1　企業会計の決算認定では、財務三表の基本的な理解が必要

　都議会議員選挙候補者選定で、「筆記試験が行われた」との報に接した。多
分、都議会議員として必要最低限の学識を有しているかどうか判別したいとい
う趣旨なのだろう。実施側の気持ちはよく分かる。選挙という過酷な経験を耐
え抜ける力が筆記試験で測れるのか疑問が残るところではあるが、一定程度の
知識を有していなければ議員として、そして議選監査委員として住民から期待
されている活動ができないのは事実だ。

　特に、企業会計の決算認定や審査に当たっては、必要最低限の会計に関する
知識は必要だ。発生主義と複式簿記、減価償却などの会計についての基礎的な
概念。財務三表と呼ばれる貸借対照表、損益計算書、キャッシュフロー計算書
のそれぞれの意味と相互の関係性。こうしたことについての理解と知識は必須

である。企業会計を理解するためには、民間企業の会計についての解説書が有用である。しかし、これだけでは不十分だ。一般的な民間企業の会計と、公営企業会計はいくつかの相違点があるからだ。その相違点を知るためにも、ぜひとも総務省が公表しているマニュアルを参照していただきたい[1]。

2　一般会計の決算と企業会計の決算は同列に扱えない

　前節にて、監査委員の決算審査と議会の決算認定の違いについてご紹介した。その際、意図的に、企業会計の決算には触れなかった。一般会計の決算と企業会計の決算の性質が大きく違うからだ。発生主義と現金主義、単式簿記と複式簿記など形式上の違いもあるが、審査に臨む視点が根本的に違うのだ。

　まずは、監査委員がどのような視点で企業会計の決算審査を実施しているかをご紹介する。

　監査委員による企業会計の決算審査は、一般会計の決算と同時に行われる決算審査と毎月実施される例月出納検査がセットになっている。この2つは不可分のものだ。

　例月出納検査の結果は、地方自治法235条の2第3項の規定により議会への報告義務があるため、毎月議会に報告されている。あまり報告書に目を通したことがない方のために、例月出納検査報告書の企業会計に関わる部分について、所沢市の報告書の書式に従い、改めて説明しておこう（図表9-3）。

　企業会計については、月次（合計残高）試算表に各企業会計分についての資料が添付されている。月次試算表では、各勘定科目が資産、負債、資本、剰余金等の貸借対照表に関連する科目と、収益、費用という損益計算書に関連する科目に分類されている。各勘定科目についての当月の変動と、変動に伴う累計額、残高が一覧表で示されている。月次試算表の残高をチェックすることで、その月時点における貸借対照表と損益計算書がチェックできる。監査委員は、

1　「地方公営企業法の適用に関するマニュアル」（総務省、2015（平成27）年1月）では企業会計についての基礎的な概念がうまく説明されていると同時に、民間企業会計と公営企業会計の違いにも言及している。特に序章「はじめに」と第1章「地方公営企業法の適用の必要性等」、第6章「公営企業会計に関する留意事項」は分かりやすい。この3つの章を読み込めば、企業会計に関わる基礎的な概念がおおよそ理解できることと思う。また、「統一的な基準による地方公会計マニュアル」（総務省、2019（令和元）年8月改訂）の「財務書類作成にあたっての基礎知識」も同様にご参照いただきたい。

企業会計について、例月出納検査で12回、そして最終決算で１回、計13回審査を実施している。一方、議会は、予算審議で１回、決算認定で１回、都合２回の企業会計のチェックにとどまっている。民間企業で例えると、監査委員は監査役、議会は株主代表と考えるとよい。

　なぜこれほど監査委員が、企業会計のチェックに重要な責任を負っているのか。それは、一般会計の予算と企業会計の予算の構成の違いにも起因している。このことについて次に見てみよう。

3　あくまでも予定にすぎない予算

　一般会計の予算書と企業会計の予算書は構成が大きく異なっている。企業会計の予算書では、２条（業務の予定量）、３条（収益的収入及び支出）、４条（資本的収入及び支出）と、いずれも予定額が文言で記載されている。これらを含めて全８条、本文は３頁である。附属資料として、一般会計の予算書と同様の形式の予算実施計画が、収益的収支と資本的収支に分かれて記載されている。この実施計画は一般会計の予算書と書式が類似しているため、予算審議でも質問は実施計画部分に集中する傾向がある。

　一般会計であれば、予定額という記載はない。一般会計の場合、「予算で支出を縛る」ことが前提であるため、増額も減額も議会の議決事項である。予算という設計図を粛々とこなすことが民主的な統制の証しである。しかし、企業会計は、予定の予算を議決することとなる。当たり前だが、一般会計が予定の予算で提案されることはあり得ない。

　予定を前提にしている理由を、水道事業を例に考えよう。水道使用量が増えた場合は、それに見合う形で費用も増える。予定量を超えれば、予算を超えて費用も支出しなくては対応できない。水道使用量は、夏場の天候に左右されやすい。３か月に１度開催の議会で、７月の水道使用料の変化には対応できない。企業会計を予算でがちがちに縛って、変更の都度、議決が必要となってしまったら、経営の能率が低下し、本来の企業体としての効率性が発揮できない。そういった事情から、地方公営企業法24条３項で、業務に直接必要な経費については、議決を伴わない予算超過支出が認められている。同様に、資産についても、行政財産とは異なり、財産の取得や処分、使用料徴収、土地の貸付

図表9-3　月次合計残高試算表の様式例

月次合計残高試算表
平成●年●月31日

借方			勘定科目	貸方		
残高	累計	当月		当月	累計	残高
○○○	○○○	○○	固定資産	○○	○○○	○○○
○○○	○○○		有形固定資産			
			┊			
○○○	○○○		無形固定資産			
○○○	○○○	○○	流動資産	○○	○○○	○○○
○○○	○○○	○○	現金預金	○○		
○○○	○○○	○○	未収金	○	○○	
			貸倒引当金			○○○
			┊			
			貯蔵品	○	○○	
			┊			
			前払金	○	○○	
			その他流動資産			
			┊			
			固定負債		○○○	○○○
	○○○	○○○	企業債		○○○	○○○
			┊			
	○○○	○○○	引当金		○○○	○○○
	○○○	○○○	流動負債	○○○	○○○	○○○
	○○○	○○○	企業債		○○○	○○○
	○○○	○○○	未払金		○○○	○○○
	○○○	○○○	引当金		○○○	○○○
	○○○	○○○	その他流動負債	○○○	○○○	○○○
○○○	○○○	○○	繰延収益	○○	○○○	○○○
			長期前受金	○○○	○○○	○○○
			長期前受金収益化累計額		○○○	
			資本金		○○○	○○○
	○○○		剰余金		○○○	○○○
			資本剰余金			
	○○○		利益剰余金		○○○	○○○
			┊			
○○○	○○○	○○	貸借合計	○○	○○○	○○○

借方			勘定科目	貸方		
残高	累計	当月		当月	累計	残高
	○○○	○○	事業収益	○○	○○○	○○○
	○○○	○○	営業収益	○○	○○○	○○○
			┊			
			営業外収益			
			┊			
			特別利益			
○○○	○○○	○○	事業費用	○○	○○○	
○○○	○○○	○○	営業費用	○○	○○○	
○○○	○○○	○○	営業外費用			
○○○	○○○	○○	特別損失			
○○○	○○○	○○	損益合計	○○	○○○	○○○
○○○	○○○	○○	合計	○○	○○○	○○○

けなどは、議決は必要とされていない。公営企業の目的は予算を正しく使うことではなく、企業の設立目的が十分果たされることにある。水道事業でいえば、安全で適正価格の水道水が安定的に供給されることだ。一方で、予算の執行について自由度が高いということは、予算のみの統制では企業活動の統制は十分に働かない。そのため、監査委員が毎月行う例月出納検査によって経営を統制していくこととしている。

4　企業会計の決算では予算以上に財務三表の評価が重要

　次に、企業会計の決算書を確認する。決算書の収入欄では、「予算額に比べ決算額の増減」という項目がある。この項目に、これまで述べてきた一般会計の決算と企業会計の決算の違いが集約されているといえよう。一般会計では、この増減をなるべく小さくすることに意を尽くすわけだが、企業会計では、増減が当たり前のものとして扱われている。企業会計の決算で重要なのは、公営企業の経営についての評価である。決算書には、１年間の経営活動の結果である損益計算書と貸借対照表が、決算附属書類には、キャッシュフロー計算書が附属している。この財務三表をもとにした質疑はどの議会でもあまり活発ではないようだ。しかし、本来であれば、企業会計の決算は、企業の本来の目的が果たされているかをチェックする、つまり経営状態の評価が重要な役割であり、そのためには、財務三表こそが重要な資料といえる。「利益の割には、営業キャッシュフローは不足気味ではないか。無理に益出しをしているのでは」などといった株主総会で交わされるような議論も本来はあってしかるべきだ。

　企業会計の評価で重視すべきといわれている概念は、経済性（Economy）、有効性（Effectiveness）、効率性（Efficiency）の３Eである。一般会計では、予算が遺漏なく執行されているかをチェックすることに重点が置かれるが、企業会計では何よりも経営の評価という視点が重要である。例月出納検査や決算審査での経営の評価で重視すべきは、「投下資本や投資に対して、どれだけ有効に利益や便益が確保されているか」である。一般会計の予算や決算では、資産や資本という意識が全くない。それは当然で、一般会計の予算や決算には、貸借対照表や複式簿記の概念がほとんど含まれていないからである。ただ、そのような状況に変化も訪れつつある。

5　一般会計にも貸借対照表が導入される

　総務省では、平成32年度（当時の表記、現在の元号表記では令和2年）までに、全ての自治体に対して統一的な基準による地方公会計の整備促進の方針を打ち出している。その柱は3つである。①発生主義・複式簿記の導入、②固定資産台帳の整備、③自治体間の比較可能性の確保である。日本が少子高齢化社会を迎え、公共施設が供給過剰状態になり、また公共施設の維持管理コストが財政を圧迫しつつあることが背景のひとつにある。これまでも、固定資産の評価は行われてきたが、その形式が自治体によってまちまちだったために、自治体間比較が容易ではなかった。そこで、全国統一の基準で、企業会計のように貸借対照表の作成を義務付けることとなった。これによって、公共施設の整理に向けての住民合意形成のための基礎的な情報が提供されることとなる。

　この地方公会計改革によって、企業会計の決算にとどまらず、一般会計予算の審議や決算認定に当たっても、貸借対照表や減価償却の概念を前提にした議論が必要になる。特に重要なのが資本、つまり公共施設や投資の効率の評価である。一般会計と企業会計の視点の違いをよく認識して、かつ発生主義や複式簿記、減価償却の概念をしっかり理解していただくことは、企業会計の決算認定の質を高めるために重要であるばかりでなく、今後は一般会計における予算審議や決算認定でも重要になる時代がやってくる。例月出納検査報告書にも、これまで以上にしっかりと目を通す必要があるだろう。

　議選監査委員やその経験者は、企業会計の決算審査の視点を一般会計の予算審議や決算認定にも取り入れていく義務を負っていることは言うまでもない。そういう働きをしっかりしないと、ますます「議選監査委員はいらないよ」と言われてしまうことだろう。

第4節　議選監査委員と決算等審査委員会委員との二重所属は許されるのか？

　本節では、これまでの議選監査選択制に係る議論と、議選監査制度が抱えている課題について現場からの経験をお伝えしたいと思う。

1　地方制度調査会での議選監査についての議論

　地方制度調査会は、地方制度のあり方について全般的に検討を加えるため、地方制度調査会設置法に基づき設置される組織だ。地方自治制度の改正について最も影響力のある審議会のひとつといえよう。この地制調の答申は、地方自治法の改正案に大きく影響を及ぼす。地制調では、おおむね3年程度の調査審議で答申案が作成され、内閣総理大臣に提出される。議選監査のあり方について積極的な議論が行われたのは、2007～2009（平成19～21）年にかけて開催された第29次地制調である。第29次地制調における諮問事項は、「市町村合併を含めた基礎自治体のあり方、監査機能の充実・強化等の（中略）地方行財政制度のあり方について」とあり、監査機能の充実・強化が掲げられていた。一方、答申では、副題が「今後の基礎自治体及び監査・議会制度のあり方に関する答申」と改められ、諮問事項にはなかった「議会制度」が加えられた。これにより、監査と議会の双方に関係する議選監査のあり方は議論の大きな争点のひとつとなった。

　論戦の舞台は主に、28回にわたって開催された専門小委員会である。このうち15回が、主に議会制度と監査制度の議論に費やされた。答申内容は、議選監査制度の廃止までは踏み込めずに、廃止論と存続論の両論併記となった。

　その後の第30次地制調では、大阪都構想に引きずられ、大都市制度の見直しが中心テーマとなり、監査制度については答申に盛り込まれなかった。引き続いて設置された第31次地制調では、第29次地制調を引き継ぐ形で、監査制度改革を再び取り上げた。「人口減少社会に的確に対応する地方行政体制及びガバナンスのあり方に関する答申」（2016（平成28）年3月）では、「議選監査委員のあり方」として、「各地方公共団体の判断により、監査委員は専門性のある識見監査委員に委ね、議選監査委員を置かないことを選択肢として設けるべきである」と明記された。このことをきっかけに議選監査選択制は、正式に地方自治法改正の論点となった。

2　議選監査委員は言うべきことを言っていない？

　第29次地制調及び第31次地制調の専門小委員会における議選監査に係る議論

を改めて読み直してみた。同じ議選監査廃止論者にも、議選監査の実態や限界、問題点をある程度理解して発言されている方と、地方自治や議会、議員、職員 OB に対してステレオタイプの見方で、現場の実態を知らずに議論をされている方がいるように見受けられた。後者の立場の方々の意見を要約すると、「監査委員の自立性、独立性、専門性を高めるべき」、「そのためには、当然議選監査委員や職員 OB の常勤監査委員はふさわしくない」、「専門性を高めるためには、弁護士や公認会計士、税理士などの『士』業資格保有者が中心となるべきである」などである。暗黙の前提として、議選監査委員や職員 OB の監査委員は、監査対象である行政に対して、言うべきことを遠慮して言っていないのではないかという認識があるようだ。

　こうした批判は分からないでもないが、現場感覚から相当のズレを感じる。例えば監査委員が、ある事業について、その背景をよく理解しており、かつ、指摘をすることによるデメリットが十分予測できる場合に、指摘内容について配慮することがある。守秘義務に触れない範囲で例示するならば、一般廃棄物焼却施設、斎場、最終処分場など、いわゆる迷惑施設設置に関わる周辺住民に対する様々な事業である。こうした事業について、合理性や効率性の観点だけで問題点を指摘することは簡単であるが、例えば一般廃棄物焼却施設などは、廃棄物の処理及び清掃に関する法律で、自区内処理の原則が定められており、何としても施設を自らの自治体に設置しなくてはならない。もちろん、監査委員としてこうした課題について、問題点を全く指摘しないということはあり得ないし、ある迷惑施設建設に伴う施策について指摘を行い、是正した実績もある。

　一方で、地方自治体にとって、迷惑施設の建設ほど困難なものはないことは、職員 OB や期数を重ねた議員であれば、痛いほどよく分かっている。安易な指摘によって、現に計画中の施設について影響を及ぼす可能性については、配慮せざるを得ない。迷惑施設や計画道路の用地取得などは、強制代執行で確保すればよいのではないかという議論もあるかもしれないが、そうなると、それ以降の迷惑施設の用地確保は、話合いの端緒も築けないという危険性もある。どこまで問題点を指摘すべきかについてのバランス感覚は、議選監査委員や職員 OB の監査委員の方が、いきなり監査委員としての専門性だけで選任さ

れた監査委員より、一日の長があるとあえて言わせていただきたい。監査の指摘を受ける現場職員が指摘に対して一定の納得感が得られることも重要である。現場の事情を知らない外部の有識者が、いきなり指摘をしても、指摘事項に対する面従腹背の結果となることもある。

　また、全国的に議選監査委員や職員OB監査委員以外の監査委員の人材確保には相当の労力を要している。常勤監査以外の監査委員の報酬は、「士」業の方々を拘束できるほどの金額ではない。確定申告などの事務で繁忙期となる2月に、監査日程が立て込んでいる。こうした中で、監査委員に就任していただく方は、ご自身の仕事や収入を犠牲にしなければならない。公共に対する格段の奉仕精神がなければ務まらないし、そうした方々は簡単に見つからない。報酬単価を上げればいいのではないかという議論もあるが、住民の理解を得るのは容易ではない。職員OBが監査委員を務めることについて批判される方もいるが、上場企業の監査役も社員OBの割合は少なくない。

　第29次地制調での議論で浮かび上がってきた論点で「議選監査委員を廃する代わりに、議会に対して強力な実地検査権を与えよ」という提案もあった。理屈としては分からないでもないが、現状の議会活動においても、現場視察などが積極的に行われており、新たに実地検査権が与えられることにより、議会の権能が高まる具体的なイメージは想像しにくい。

　もちろん、議選監査委員全員が十全の働きをしていると強弁する気はない。また、議選監査委員を送り出す議会側も、議選監査選択制導入に当たって考慮すべき課題を抱えている。

3　議選監査委員と決算等審査委員会委員との兼任が3割超

　自治体によっては、議選監査委員でありながら、議会の同一年度の決算に関わる委員会にも所属している例があることが、全国市議会議長会による「令和元年中市議会の活動に関する実態調査結果」で報告されている。

　全国市議会議長会は、2016（平成28）年度から新たにこの項目を調査項目に加えたようである。

　この調査によれば2019（令和元）年に二重所属を容認している市議会が230市議会あり、全体の3割に達している。しかも調査開始の2016（平成28）年が

図表9-4　議選監査委員の委員就任状況（2019（令和元）年12月31日現在）（単位：市の数）

人口段階別	決算審査 常任委員会	決算審査 特別委員会	予算・決算審査 常任委員会	予算・決算審査 特別委員会
5万人未満	0	32	45	7
5～10万人未満	1	26	33	10
10～20万人未満	1	16	18	3
20～30万人未満	0	6	3	1
30～40万人未満	0	3	4	設置なし
40～50万人未満	設置なし	2	3	設置なし
50万人以上	設置なし	5	2	設置なし
指定都市	設置なし	7	1	1
全市計	2 (12.5%)	97 (18.7%)	109 (87.2%)	22 (91.7%)

出典：全国市議会議長会「令和元年中市議会の活動に関する実態調査結果」

204市議会であったので、増加傾向にある（図表9-4）。

　最近では、予算・決算を連動して審査する委員会の設置が増えている（149市：予算・決算審査常任委員会125市＋予算・決算審査特別委員会24市）。予算・決算を連動して審査する委員会が全議員で構成され、議選監査委員との二重所属を禁じた場合、議選監査委員は予算審議にも加われないことになってしまう。議選監査委員が議会の決算認定に加わることは、監査委員は決算審査の内容を当然よく知っていることから、議会の決算認定の充実の観点からもよいと思う。ただ、ここで問題になるのが、監査委員の守秘義務規定である。監査委員の決算審査においては、守秘義務規定を前提としているからこそ、より詳細な情報が提供されているといってよいだろう。もし、議選監査委員が、守秘義務規定に抵触しないことを厳密に守るとなると、議会の決算認定では、なるべく発言を控えることになる。守秘義務規定を狭く捉えて、監査での決算審査の内容を基に、議会の決算認定で積極的に発言した場合、次年度から、監査委員による決算審査のために提出される執行部からの情報が抑制されることは十分あり得る。この問題を解決するためには、決算等審査委員会の構成は選抜制とするか、私は賛成しかねるが、議選監査制度を選択制にして、監査から議員

を引き揚げるかである。市議会側が、深い考えもなしにこうした二重所属を放置しているようでは、議選監査制度廃止論は、勢いを増すことになる。二重所属を容認している議会は、今回の地方自治法改正による議選監査選択制の導入に当たって、課題を整理し、そのあり方を検討していただきたい。以上のような事情もあって、全国市議会議長会は二重所属に関する調査を開始し現在も調査をおこなっているのだろうと推察する。

　議選監査委員選択制を導入した地方自治法改正は、第31次地制調答申に沿った形でとどまった。しかし、第31次地制調でも、議選監査制度廃止論は根強く存在していることも確認できた。行政にとっても議会にとっても、議選監査委員の役割は大きい。しかし、議選監査委員も、議選監査委員を送り出す議会側も、議選監査制度を取り巻く状況をしっかりと認識し、言うべきことは言い、正すべきは正していかなくてはならない。

第 5 節　定期監査の対象は、財務だけに限定されているわけではない

　2017（平成29）年地方自治法改正では、「議選監査委員の選任の義務付けの緩和」、つまり議選監査選択制が盛り込まれたが、「義務付けの緩和」は、総務省の法案要綱を見る限り、今改正では主要な論点という扱いではなさそうだ。監査制度改正の要点は、むしろ「監査基準」を設定することにあるようだ。

　法案では、2020（令和 2）年 4 月 1 日までに、各地方公共団体は「監査基準」の制定が義務付けられた。所沢市も、「地方自治法等の一部を改正する法律（平成29年法律第54号）」により、これまでの監査基準を全部改正した。

　改正という表現が用いられているのは、所沢市では、全国都市監査委員会（以下「全都監」という）の会員都市であることもあり、全都監の都市監査基準準則にのっとり、2011（平成23）年 4 月より、すでに全32条からなる監査基準を作成して運用していたためだ。「監査基準」は単独ではなく、「監査事務提要」に含まれていたが、この改正により、独立した基準となった。

　監査基準のみならず、所沢市では毎年 3 月に、次年度の監査計画を策定している。監査計画は、「基本方針」、「監査方針」、「年間監査計画」、「年間監査計

269

画表」を含んでいる。「年間監査計画」及び「年間監査計画表」には、定期・行政監査、学校監査の具体的な監査対象と日程案が書き込まれている。行政監査や財政援助団体監査、工事監査については、計画策定の段階では未定となっており、6月の決算審査を終えてから改めて決定することとなっている。所沢市では、この「年間監査計画」に重要な変更を加えることとなった。

1　実態に合わせて監査計画を改定

　変更のポイントは2つ。まず、「定期監査」を「定期及び行政監査」とした。これに伴い、「定期監査」の目的「財務に関する事務の執行」に「その他の事務事業の執行」を追加した。

　「何だ、たったそれだけ」と思う方もいるだろう。しかし、この変更の意味は大きい。変更の背景には、いまだに職員の中に、「定期監査」は「財務に関する事務」に限定されていると思い込んでいる方がいるからだ。「定期監査」は、カネの出入りに関する事務だけではなく、「その他の事務事業の執行」、つまり行政の活動そのものも監査対象としている。そのことを職員に対して改めて周知徹底するための変更である。

　「定期監査」は、地方自治法では、199条4項に規定されており、「毎会計年度少くとも1回以上期日を定めて第1項の規定による監査をしなければならない」監査である（第1項の規定については後述）。

　一部の職員が、「定期監査」の対象は財務事務、つまりカネにまつわる事務に限定されると思い込んでしまっている原因は、いくつか考えられる。

　最も大きな原因は、1991（平成3）年の地方自治法改正まで、定期監査の対象が、「財務に関する事務」に限定されていたことだ。ここで、定期監査に関わる自治法199条の改正の歴史を、参考資料を参照しながら確認しておこう。

　1963（昭和38）年、地方自治体における財務会計制度の全面改正に伴い、自治法199条1項が改正された。同項及び2項の「出納その他の事務の執行」は、「財務に関する事務の執行」に範囲が限定された。この変更により、「その他の事務の執行」についての監査である「行政監査」は、「財務に関する事務の執行」には含まれないものと明確に線引きされることとなった。一方で、「行政監査」は、4項に新設された求めに応じて実施する「随時監査」でどうぞ、と

いう構造になった。この構造が支配していた時代が、1991（平成 3 ）年の法改正まで実に28年続いたことになる。現在の幹部職員が、行政の基礎を学んだ時期に一致する。

　ここで、1991（平成 3 ）年の法改正を確認する。この改正では、自治法199条に現在の 2 項が付け加えられた。「 2 　監査委員は、前項に定めるもののほか、必要があると認めるときは、普通地方公共団体の事務又は普通地方公共団体の長若しくは委員会若しくは委員の権限に属する事務（政令で定めるものを除く。）の執行について監査をすることができる」となった。この条項の追加によって、定期監査が「行政監査」まで明確に拡大されることとなった。

　思い込みのもう 1 つの要因は、定期監査を定めた 4 項が、「第 1 項の規定による監査をしなければならない」という表現であることだろう。 1 項とは、財務監査のことであり、条文を狭く解釈すれば、定期監査＝財務監査となる。しかし、 4 項では「ならない」と規定しているのは財務監査だけであり、広義に解釈すれば、 4 項は「最低限、財務監査は実施してください」ということであり、定期監査において、行政監査をしてはならないという規定ではない。また、後から追加された 2 項は、 1 項で定めるもののほか、必要があれば行政監査ができる規定になっており、この点からも、行政監査は可能であると判断できる。それでも納得いただけない方もいることから、所沢市では、「定期監査」をわざわざ「定期及び行政監査」とし、その目的規定も改定したということである。

2　定期監査とはどんな監査なのか

　ここからは、「定期監査」の具体的内容を紹介する。
　決算審査以上の業務量となるのが定期監査である。
　定期監査の対象部署は、全ての部と上下水道事業や病院事業である。毎年全ての部を対象とするのが理想ではあるが、物理的・時間的な制約もあり、所沢市では、 2 年に 1 回のサイクルで定期監査を実施している。
　年間 8 部署を対象としており、 1 部署につき、おおよそ 3 日をかけて監査を行う。 1 日は実地検査である物品等調査、 1 日は対象部署施設調査（公民館や体育館など）、最後の 1 日は提出していただいた資料に基づき、説明聴取を行

う。決算審査は全部署を対象に審査を行うが、基本的には、決算審査に関わる実地検査は、企業会計の貯蔵品調査が全体で1日、一般・特別会計の公有財産調査が同じく全体で1日、全部で2日と少ない。一方、定期監査は、対象部署が半分でありながら、対象部署につき半日から1日を費やすので、7日程度を実地検査に費やすことになる。

　各担当部署からの提出資料は、決算審査の際の提出資料と重なる点もあるが、より行政監査の要素が多くなった内容となっている。提出される項目は図表9-5のとおりである。定期監査資料は、課単位で提出される。それぞれの課について、「1　事務事業の概要」、「2　組織図」、「3　現在職員数調（べ）」、「4　担当事務」、「5　要綱、内規等」、「6　不納欠損の状況」、「7　収入未済の状況」、「8　審議会等の開催状況」、「9　修繕の内容」、「10　業務委託及

図表9-5　定期監査資料の項目（各課ごと）

1 事務事業の概要
2 組織図
3 現在職員数調（べ）
4 担当事務
5 要綱、内規等
6 不納欠損の状況
7 収入未済の状況
8 審議会等の開催状況
9 修繕の内容
10 業務委託及び貸借契約の内容
11 工事請負契約の状況
12 公の施設の指定管理者の内容
13 補助金等財政援助の状況
14 前回の定期監査での指摘事項及び注意事項
15 懸案事項
16 歳入・歳出予算執行状況表

び貸借契約の内容」、「11　工事請負契約の状況」、「12　公の施設の指定管理者
の内容」、「13　補助金等財政援助の状況」、「14　前回の定期監査での指摘事項
及び注意事項」、「15　懸案事項」、「16　歳入・歳出予算執行状況表」が提出さ
れ、この内容を基に説明聴取を行う段取りである。

　説明聴取に当たっては、同時に実施した物品等調査や施設調査の実地検査の
結果も含めて質問を行う。施設調査についても詳細な資料が用意されており、
施設ごとの概要や公有財産調書、登記簿、契約書、位置図などが用意される。
説明聴取においても、決算審査と同様に、監査事務局がチェック事項を用意す
る。

3　定期監査の説明聴取では、行政監査は当たり前

　「定期監査」では、ある事業について監査するため、以下のようなやりとり
が行われる。例えば、①その事業の概要について、②その事業の目的や効果に
ついて、③事業の利用実績について、といった項目を質問していく。この内容
は、まさに「行政監査」であり、一般質問の項目立てに極めて似ている。

　では、一般質問と「定期監査」における質問の違いは何か。一般質問では、
新たな事業の提案に言及することがしばしばある。行政監査では、原則それは
ない。しかし、提案とまではいかなくても、質疑のやりとりを通じて、他市事
例を参照した代替案について話が及ぶこともある。

　ここまでであれば、「行政監査」の範囲内であろう。このあたりのバランス
は、微妙ではある。以上のような事情もあり、一般質問項目が「定期監査」の
項目と重なる場合は、やんわりと訂正や変更を促されることもある。議選監査
委員も、守秘義務に抵触したくはないので、この指摘には素直に従うことが多
い。

　財務的な内容が中心となる「財務監査」的な質問の例は、以下のとおり。例
えばある契約について、随意契約となった理由や契約方法について質問する、
あるいは、歳入についても不納欠損の状況やその対策はどうするのか、といっ
た質問である。いずれにせよ、財務の事務と、それ以外の事務とを明確に分け
て質問していては、やりとりがぎこちなくなるので、実際の「定期監査」で
は、この2つが渾然一体となって質問が進む。

　「定期監査」の結果は、最終的に報告書としてまとめられ、議会や市長、関係者に提出され公表される。報告書も、以前は具体的な内容に触れることは少なかったが、最近ではより具体的に指摘するようになってきた。その結果、報告書の具体的な記述内容を基に一般質問を行う議員も出てきている。

　そういった形で発展することは、望むところである。どうしても、監査委員の議論では、他市の事例による代替案やより積極的な解決策までは言及することができない。しかし、議会の一般質問は発展的である。「定期監査」報告書は大いに活用していただきたいし、もし報告書の内容が抽象的であるなら、もっと具体的になるよう議選監査委員などに働きかけていただきたい。

　また、「定期監査」の議事録は、守秘義務に触れる部分以外は原則公開であるから、機会があればぜひとも参照していただきたい。議員にとっては、一般質問のネタの宝庫である。監査事務局の用意するチェック事項や議選監査以外の監査委員の質問も、一般質問の作成に大いに参考になる内容である。「ああ、こういう切り口で行政に対して質問すればいいのか」という気づきが得られる。議選監査委員を経験した議員は、それ以前に比べて、一般質問の内容のレベルが数段高まらなくてはいけないし、その結果、一般質問に答える行政側も一目置くようになる印象がある。「定期監査」の結果だけでなく、多少手間取るが、その結果に至った議論のプロセスにも着目していただきたい。

　本節冒頭で紹介した改正地方自治法では、監査の充実強化とともに、内部統制の方針策定も大きな論点となっている。この２つは、一見別の論点のように見えるが、本来密接に関連している。監査委員が、もっと真摯に「行政監査」に取り組めば、「行政監査」は、「法令等の定めるところに従って適正に行われているか（合規性）」を監査することも目的としているのであるから、内部統制の充実につながるはずである。そういった点からも、「定期監査」＝財務監査＋行政監査が当たり前になっていかなくてはならない。

〔参考文献〕
地方自治総合研究所監修、今村都南雄＝辻山幸宣編著『逐条研究地方自治法Ⅲ　執行機関―
　　給与その他の給付』敬文堂、2014年、1016〜1028頁

第6節	監査では、実地検査（実査）でどんなことをしているのか？

　前述したように、議選監査委員制度を廃止するバーターとして、「執行機関を監視する機能を強化するため、議会に実地検査権を付与すべきではないか」という議論が第29次地方制度調査会においてなされた[2]。

　戦前の議会には実地検査権が付与されていたそうだが、戦後は廃止されたので、多くの議員や議会にとっては、実地検査のイメージはつかみにくいのではないだろうか。

1　公立病院の貯蔵品実査に見る実地検査権（実査）の実態

　実地検査権とは、具体的にどんなものなのであろうか。具体例として監査委員の実地検査の事例をご紹介したい。これにより、議会に実地検査権が与えられたメリットと、議選監査制度を失うデメリットとは釣り合いがとれないという私の主張も、ご理解いただけることと思う。

　ここで、あらかじめ語句の定義をしておきたい。というのも、「実地検査権」という語句は、監査基準にも、監査計画にも、登場しない。実地検査権に相当するものが、「実査」という語句である。「実査」の定義は、監査基準では、「事実の存否について、実地に現物検証、現場検証等によって直接検証する」こととある。実地検査＝実査と素直に見てよいであろう。以降は、実地検査権＝実査として論を進める。

　まずは、市が運営する公立病院の貯蔵品実査を事例に、実地検査のイメージをつかんでいただこう。この貯蔵品実査は、病院事業会計の決算審査の一部として実施される。監査計画では、決算審査の実施方法として、「決算書類の計数確認や調査等を行うとともに、財産の増減及び現在高を確認するため、一般会計の公有財産調査及び企業会計の貯蔵品実査を行い、その後、説明聴取を実

2　「『議会の実地検査権等の監視機能』について　④　議会の実地検査権等の監視機能　監査委員について、仮に議員選出の監査委員を廃止するのであれば、議会が独自に執行機関を監視する機能を強化するため、議会に実地検査権を付与すべきではないかとの意見があった」（第29次地方制度調査会第27回専門小委員会資料（平成21年5月15日））。

施する」と書かれている。

　監査計画の中に「実査」の言葉が出てくるのは、この貯蔵品実査しかない。市の公立病院の貯蔵品は、主に薬品や診療材料である。あらかじめ公立病院の事務責任者が、実地たな卸を実施し、監査委員は、当該実地たな卸実施後の「たな卸資産たな卸表」をもとに実査を行う。

　「在庫」といっても、例えば薬品だけで約400品目あり、その全てをチェックすることは困難である。そのため「たな卸資産たな卸表」からいくつか抽出してサンプル調査を実施する。このサンプル調査のことを、監査基準では、「試査」として、以下のとおり定義している。「試査は、監査等の対象となっている事項について、その一部を抽出して調査し、その結果によって、全体の正否又は適否を推定する」。

　単価の高い薬剤に関しては、転売も可能である。神奈川県のある市立病院で、同病院の薬剤師が抗がん剤54万円分を転売して逮捕された。ただしこのケースでは、監査による貯蔵品実査で転売が発覚したのではなく、病院内部での指摘によって明らかになったようだ。

　いわゆる麻薬類については、全品目をチェックすることとしている。この全品目のチェックを監査基準では「精査」といい、「試査」と違い、「全部にわたり精密に調査」すると定義されている。

　麻薬類は、主に鎮痛剤としての利用が想定されている薬品である。なぜ、麻薬類を「精査」対象にしているかといえば、これらの薬剤は、窃取した場合、刑法の窃盗罪のみならず、麻薬及び向精神薬取締法の罰則規定にも触れることとなるからだ。

2　学校監査でも薬品チェックは重要

　貯蔵品たな卸とともに、実査として時間をかけて取り組んでいるのが学校監査である。学校監査は、定期監査及び行政監査の実査として実施される。所沢市の場合、市立小中学校が学校監査の対象となる。市内公立小中学校全てを3年かけて学校監査する。

　学校を運営する教職員は、ほとんどが都道府県職員である。しかし、学校の施設や備品は、市の所有物であり市の管理下にある。学校施設の不備によって

訴えられるのは、市である。よって、監査の対象は、学校教育内容などではな
く、施設や備品の実査が中心となる。筆者が学校監査を初めて経験した際に
は、それぞれの学校運営方針などを冒頭に説明いただき、それに対する質疑応
答などもなされていた。しかし、そうした質疑応答は、そもそも学校監査の本
来の目的からそれることと、この質疑応答によって、実質的な実査の時間も
減ってしまうことから、近年は、そうした質疑応答は極力簡素化することとし
た。

　学校監査の実査では、基本的には、何らかの事故につながりかねない項目に
ついて念入りにチェックを行っている。中でも、理科室の薬品類の管理状況、
薬品類、特に、鍵をかけての保管が義務付けられている硫酸や塩酸、水銀など
毒劇物に相当する事故の発生危険度が高い薬品は、「精査」の対象である。

　塩酸や硫酸などは使用時ごとに分量を「薬品受払簿」という薬品の管理簿
に記載することになっている。実査の際には、記載された重量と、実際の重量
を量ってチェックする。初めて学校監査の実査で理科室をチェックした際は、
この記載量と実重量が違っているケースが多かった。また、学校ごとに記載
フォーマットが違うため、適正に管理している学校を手本に管理方法の統一化
をお願いしてきた。この点については近年随分と改善された。学校の場合は、
転売の可能性は少ないが、児童生徒の興味本位の持ち出しなどによる事故が懸
念される。文部科学省も「学校における毒物及び劇物の適正な管理について
（平成12年1月11日）」を各教育委員会に通知し、管理の適正化を喚起してい
る。薬品以外に、包丁やはさみ、錐など、凶器となる可能性のある教材につい
ても、管理状況などを含めて「精査」対象としている。

3　学校開放時の利用団体の私物管理が大きな課題

　学校監査において、薬品や教材などの実査とともに重点的にチェックしてい
るのが、施設等の安全管理状況である。ここ数年集中して問題点を指摘してき
たのが、学校開放時に学校施設を利用する外部団体の私物管理である。学校施
設の有効活用として、学校施設を地域の外部団体に開放することは望ましい。
しかし、各団体の私物が体育用具室やグラウンドの体育用具倉庫などに許可な
く放置されていても、最近は、地域に開かれた学校を標榜しているため、なか

なか学校側からは、指摘しづらいようだ。

　しかし、こういった私物は、校長の管理下にないため、防災上あるいは教育上の観点からも管理が行き届かない。ある学校では、グラウンドの体育用具倉庫が丸ごと外部利用団体の備品で占領されており、その鍵も管理職が保有していなかった。そのため、学校監査の際に、当該倉庫内部の実査ができないという事態に陥った。学校敷地内に、即座に移動可能な市販の物置を設置することは、学校長の許可があれば認めている。しかし、ある学校では、外部利用団体が、地面に固定され容易に移動ができない、つくりつけ物置を学校内に設置していた。監査委員会としては、この物置のすみやかな撤去を指摘した。

　また、最近では、生徒数の減少に伴う「転用可能教室」いわゆる「空き教室」の管理が課題となっている。ある学校の「転用可能教室」には、市の防災関係の備品が保管されていた。各学校には、防災時の地域住民の用に供するために、あるいは学校が避難所となった際に利用するための用具類を格納する防災倉庫が設置されている。そういった防災倉庫は、校舎外に設置されている。ところが、当該防災関係備品は、そういった目的ではなく、市全体の防災用の備品類であった。別の施設調査で、市の防災倉庫が、格納に十分なスペースを有していることを実査で確認済みであったため、転用可能教室を倉庫として利用することは教育財産である学校の利用目的にそぐわないと、その対処を具申した。このようなこともやはり実査を通じて発見できた。監査委員にとって実査は大変重要であるといえる。

4　実地検査権が議会の権限となると、議会そのものが監査を行うことになるのでは？

　さて、ここまでの説明で、おおむね実地検査の実態と、その有効性をつかんでいただけたと思う。議会に実地検査権が付与されることは望ましいことと思っている。ただ、当然ながら実地検査権を行使するためには、いくつかの課題を解決しなくてはならない。まず、これまでの議会事務局の体制では実地検査権の行使に実質的には対応できない。実地検査のノウハウが議会事務局には蓄積されていないからだ。もちろん、実地検査を経験している監査事務局経験者が異動すれば、この点については対応可能である。しかし、職員の定員管理

が厳しい中では現実的には難しいだろう。議会事務局として、これまでの事務に加え実地検査の人員を増強しなくてはならないのである。また、議会に実地検査権を与えるからといって、監査委員会の実地検査権を廃することはできないだろう。となると、監査を受ける現場は、監査委員会と議会の両方から実地検査を受ける可能性が生じる。

　これらの課題に加えて、もっと根本的な問題として、自治法216条の予算や決算に対する議決の制約の問題がある。同条では、「歳入歳出予算は、歳入にあつては、その性質に従つて款に大別し、かつ、各款中においてはこれを項に区分し、歳出にあつては、その目的に従つてこれを款項に区分しなければならない」とされている。この条文では、議会が議決する予算、決算は款項に対象を限定している。つまり、款項以下の目節間の流用は議決を必要としないとされているのだ。一方、監査委員会は、目節間の流用も監査対象としている。前述した実地検査の実態を見ていただければ分かるように、病院における薬品の購入や、学校の備品である薬品購入は、所沢市の予算上は、款項ではなく、節で計上されている項目である。現状の予算決算サイクルからすれば、実地検査権は、決算審査に伴って行われる性格のものになるだろう。しかし、決算として議決対象でない項目を、果たして議会の実地検査権の対象としてよいのだろうか。この点について法の該当条文の改正もないままに、実地検査権を仮に与えられたとしても、様々な制約から十分に実地検査権が機能しない可能性がある。このことから、いくら実地検査権が付与されたとしても、議会にとって虎の子ともいえる議選監査制度を手放すというのはどうしても納得できないということがご理解いただけたであろうか。

第 7 節　監査委員による行政監査、財政援助団体等監査

1　行政監査と財政援助団体等監査の多面的な成果

　行政監査と財政援助団体等監査には、ざっくりいって、監査委員の活動全体の 2 〜 3 割程度の労力をかけている。監査を受ける側の団体や担当部局は、監

査対象となっただけで、相当に緊張するようだ。いつ自分たちの事業や団体が対象となるかもしれないという事実が、緊張感をもたらし不正行為を抑制する。3年余りの議選監査委員の経験では、この2つの監査において、重大な瑕疵を指摘した、あるいは対象となる事業や団体のあり方を揺るがした、というような直接的な成果はなかった。そもそも、そんな重大な瑕疵が見つかるようでは、日常の監査活動が機能していないともいえる。だからといって、この2つの監査が必要ないということにはならない。直接的な成果以外にも、多面的な成果が期待できるからだ。

　そのことをより深く知っていただくために、監査委員が、具体的にどのようにして監査対象先を選定するかをご紹介する。行政監査、財政援助団体監査ともに、まず、基本的には事務局原案が示される。事務局原案では、過去の実績に基づき、これまで実施していない、あるいは実施してから年月を経過した事業や団体がリストアップされる。また、定期監査などで問題点が指摘されてきた事案も対象となる。例えば、行政監査の対象として「消耗品の購入」や「市の加入する保険」を横断的なテーマとしている。こういった部局横断的なテーマは、議会の一般質問や所管委員会調査などで取り上げにくい、まさに、行政監査らしいテーマといえる。行政監査以降は、定期監査などで、指摘された事項について改善が図られているかチェックすることになる。

　議選監査委員を務めていた3年の間、行政監査対象先の選定については、事務局原案ではなく筆者の提案が採用されたのが2回、事務局原案に従ったのが1回であった。

　財政援助団体監査については、例年2ないし3団体を対象とするが、毎回必ず1つは、これまでの議員活動を通じて精査すべきと思った団体を対象とした。それまでは、対象先の選定に、議選監査委員が積極的に提案するということは、それほどなかったようだ。本来、議選監査委員が議員として問題意識を持って活動をしていれば、積極的な提案があってしかるべきだ。これこそ、議選監査委員の優位点である。行政監査や財政援助団体監査のテーマとして取り上げたおかげで、議員の議会活動だけではなかなか得ることができない調査活動ができ、新たな知見を得ることができた。その知見に基づき、守秘義務に抵触しない範囲で私の所属する委員会の特定事件として、その団体に関わる調査

へつなげていった。

　行政監査の場合、監査事務局が対象事務や団体に対して、時間をかけてヒアリングや資料収集を行う。議会にも調査担当は置かれているが、これほどの対応は望むべくもない。所沢市議会の場合、33人の議員に対して、調査担当はわずか3人。調査担当は、広報誌作成も担当しているから、調査だけに専念しているわけではない。結局、一般質問のための調査は、議員個人の作業となる。それが、監査事務局の場合は、事務局職員が専任で対応してくれる。事務局からは、テーマに関係する資料作成に加えて、質問すべき項目案の提案がある。資料は、テーマによるが、おおむねＡ4サイズで、少ない場合でも30頁程度。多い場合は、200頁ほどになることもある。これらの資料は、行政内部のみならず議会にとっても貴重な資料であり、問題のない内容については監査結果も含めてウェブ上への全面公開が望ましい。所沢市に限らず、多くの市町村が行政監査の資料と結果を公開することで、行政監査のレベルと同時に議会の審査能力もアップしていくことは想像に難くない。

　さて、資料が一定程度整い、調査が進むと、関係者からのヒアリング実施となる。ヒアリングについては、実施日を決めて関係者と面談を行う。行政内部であれば、日程調整は比較的容易だが、外部の方々をヒアリングにお招きする場合、対象者の都合に合わせて日程を調整することとなる。また、外部の方々へのヒアリングは、専門用語などを使わないよう配慮する必要がある。それでなくても、監査を受けるなどめったにないことなので、多くの場合、緊張されている。詰問調にならないよう気をつけなくてはならない。

　用意した質問項目について、当日、担当の監査委員がまとめて質問し、補足の質問を担当外の監査委員が質問するという形式をとっている。民間の方が対象の場合、用語なども慣れていないことが多く、正直にいえば、行政内部に対する監査に比べて、質疑については手間取る場合が多い。また、監査権限があるといっても、やはり民間の方が対象の場合は、こちらも遠慮がある。そのため財政援助団体監査については、よほどの不正などが見られない限りは、ツッコミが弱い印象は否めない。その分、財政援助支出を担当する側の行政部門への質問でカバーすることとなる。監査の対象に聖域はないのだということを知らしめ、厳正に監査を行うということが重要である。これまで監査を受けたこ

とがない財政援助団体を監査の対象とすることそのものも、成果といえるの
だ。

2　テーマ選定にリスクアプローチを

　以上、行政監査や財政援助団体等監査の多面的成果についてご紹介してきた
が、テーマ設定やチェック項目設定については、現状のままで必ずしもいいわ
けではない。議選監査選択制を含む改正地方自治法（2017（平成29）年6月2
日成立）には、地方自治体の内部統制に関する方針の策定義務も盛り込まれて
いる。この義務の対象は、現状では都道府県及び政令市のみとなっており、そ
れ以外の市町村は努力義務にとどまっている。しかし、内部統制の考え方を監
査についても取り入れていく必要性は、全国都市監査委員会も強調している。
例えば、同委員会が、2016（平成28）年に改正した都市監査基準7条（監査等
の実施）では、「監査委員は、監査等の対象に係るリスクを考慮して、効果的
かつ効率的に監査等を実施しなければならない」とされ、「リスクの重要度に
ついては、必要に応じて内部統制の整備及び運用状況の有効性を評価した上で
総合的に判断」することを定めた。

　これまでのテーマ選定に当たっては、先ほども述べたとおり、調査の間隔、
頻度がまず考慮された。また、担当部局が一部局に集中しないように配慮して
きた。私が提案したかったあるテーマ案は、たまたま数年前に取り上げられた
ために、テーマとしてふさわしくないとされた。しかし、そのテーマが、行政
にとって問題が発生するリスクが高いものであれば、間隔を置かずに再びテー
マとすることは何ら問題ないはずだ。内部統制の考え方では、限られた監査資
源を効率よく投入するために、対象事案のリスクをあらかじめ評価し、着手す
る対象を選定するリスクアプローチという手法が重要であるとされている。調
査の間隔よりリスクの高さを優先すべきなのだ。行政監査のテーマ選定に当
たっては、リスクの可能性が定期監査などでたまたま顕在化したテーマを対象
とするなど、議選監査委員や監査事務局の経験や勘に頼っていた。しかし、内
部統制の考え方からすれば、考えられるリスクを総ざらいで評価し、リスク評
価を「見える化」して、リスクの高いテーマから取り組んでいく必要がある。
さらに、リスクの評価については、毎年とはいわないまでも、数年ごとに見直

していく必要はありそうだ。そうすればテーマ設定の際に大事なテーマを見逃しているのではないかという不安は解消される。テーマだけではなく、調査項目についても、リスクアプローチは重要なようだ。確かに、漫然と調査項目を設定していては、リスクの管理は難しい。実際、監査を実施したあるスポーツ団体が、その数年後、新聞紙上にも取り上げられるような重大なミスを犯した。しかし、そうしたミスをリスクとして認識して質問していた痕跡は、改めて確認したところ見つけることはできなかった。今後は、行政の内部統制の体制整備とともに、監査委員会においても、万能ではないが、リスクアプローチの手法を取り入れていく必要があるだろう。政令市以外の市町村では、内部統制に関する方針の策定は義務化されていないが、自治体監査の充実と向上を願うなら、内部統制に関する方針の策定を行うことは最低限必要である。

第8節　包括外部監査の監査結果を有効利用しているか

1　包括外部監査契約の締結状況は？

　本節では、包括外部監査について、その成果をどのように議会活動に生かしていくかを考えたい。

　ここで、改めて包括外部監査制度とは何か、確認する。1996〜1998（平成8年〜10）年にかけて設置された「第25次地方制度調査会」による「監査制度の改革に関する答申」（1997（平成9）年2月24日）において「外部監査制度の導入」が答申された。この答申を受けて、地方自治法が改正され、同法第2編第13章「外部監査契約に基づく監査」が追加された。外部監査契約には、①包括外部監査契約、②個別外部監査契約の2種類がある。②個別外部監査契約が、住民、議会、首長からの個別の事項についての監査請求に基づき、個別の外部監査人と契約に基づき監査を実施するのに対し、①包括外部監査契約では、契約を結んだ包括外部監査人が自ら監査テーマの選定を行い、文字どおり包括的な事項について監査を実施するものである。監査の基準からすると、「行政監査」に該当しよう。

　所沢市では、現在、包括外部監査契約を休止している。しかし、過去3年間実施し、いずれも充実した内容であり、議選監査委員の立場でも議員の立場でも、質問の参考として大いに活用させていただいた。当時、政令市でも中核市でもなかったため、包括外部監査契約に当たっては「外部監査契約に基づく監査に関する条例」をわざわざ制定した。条例制定に当たっては議会でも賛否があり、執行部側の予定より1年遅れでスタートした。

　包括外部監査契約を締結する自治体は一定規模以上の自治体に限定されている。議選監査委員選択制の法改正で、包括外部監査の実施頻度については会計年度にとらわれず何度でも実施することが可能になった。参考に、包括外部監査契約の締結状況を確認する。少し古いが、2012（平成24）年度の契約状況が総務省から報告されている。この報告によれば、「都道府県、指定都市及び中核市（以下「都道府県等」という）は地方自治法（昭和22年法律第67号）上、包括外部監査契約を締結することを義務付けられており、その数は平成24年度末において108団体」である。また、指定都市及び中核市以外の市区町村で包括外部監査に関する条例を制定している団体は、12団体とどまっている。この調査を行った時点での市区町村数が、1,742団体であるから、全体で見れば約4％の市区町村しか包括外部監査契約を締結していないことになる。

　所沢市が、包括外部監査契約を休止した理由として、3回の実施で、行政の問題点を包括的に取り上げたために、「包括外部監査テーマの材料も出尽くした」と執行部からは説明があった。包括外部監査契約を始めた首長が交代し、新しい首長になったことなどもあるが、対応する行政側の負担が大きいという点もあるように思う。通常の監査に加えて、包括外部監査契約による監査が加わるのであるから、対象となった部署にすれば、本来の業務に充てる時間が限られてしまうという問題もあったようだ。2年か3年に1回程度のペースで実施すれば、否定的な反応も抑えられたのかもしれない。

2　包括外部監査報告書の中身を見てみよう

　多くの自治体では、包括外部監査契約を締結していないため、そもそも包括外部監査契約がどのようなテーマを選択しているのか、その報告書の中身はどうなっているのか、ご存じない方も多いと思われる。そこで、2007（平成19）

図表9-6　東京都町田市の包括外部監査テーマ

年度	テーマ
平成19年度	土地の取得、処分及び管理等について
平成20年度	補助金等について
平成21年度	下水道事業等について
平成22年度	施設の管理運営について―行政コストの実態と受益者負担のあり方―
平成23年度	ごみ処理に関する事務の執行について
平成24年度	介護保険等に関する事務の執行について
平成25年度	債権の管理等に関する事務の執行について
平成26年度	委託に関する事務の執行について
平成27年度	町田市の小学校・中学校等に関する財務事務等の執行について
平成28年度	町田市の子ども・子育て支援事業に関する財務事務の執行について
平成29年度	防災に関する財務事務の執行について
平成30年度	物品等の管理に関する財務事務の執行について
平成31年/令和1年度	保健所に関する財務事務の執行について
令和２年度	外郭団体に係る財務事務の執行等について

年度から包括外部監査契約を締結し、現在も実施している、東京都町田市の包
括外部監査契約のテーマを確認する（図表9-6）。

　町田市の包括外部監査契約で選択したテーマは、所沢市が複数回実施した
テーマとほぼ重複する。テーマを見ると、やはり監査基準でいう「行政監査」
に近い内容である。テーマ選定は、包括外部監査人に任せられているが、やは
りいずれの自治体においても課題が共通するためか、あるいは、包括外部監査
人相互間の情報交流も盛んに行われているせいか、テーマ重複が多いようであ
る。もちろん、それが悪いということではなく、選ばれたテーマは、それだけ
自治体にとって重要な課題であることを示している。町田市で取り上げられた
テーマが、議員としてもいずれも問題意識を有するべきテーマであることは言
うまでもないことだ。

　監査委員会との違いは、報告書の充実度の違いであろう。2013（平成25）年
度町田市包括外部監査報告書「債権の管理等に関する事務の執行について」
（以下「町田市報告書」という）を例に挙げて解説しよう。町田市報告書は、

誰でも簡単にウェブ上から入手することができる[3]。総頁数は203頁。対して、所沢市の行政監査結果報告書はおおむね20頁程度であった。かけている費用と時間が違うので当たり前だが、町田市報告書は、用語解説が充実しており、行政についてそれほど基礎的な理解がない読者であっても分かりやすい。市民に見られることを前提として記述しているのだろう。市民だけでなく当然、議員にとっても有用である。ちなみに、町田市の場合は、定期的な行政監査は行っていないようだ。おそらく定期的な行政監査は、包括外部監査の役割としているのだろう。

　町田市報告書は、用語解説だけでなく、「債権管理事務の流れ」として、事務執行に当たってのフローも説明されている。また、他市との比較や具体的なケースへの言及がなされているなど、うまく利用すれば、1定例会分の一般質問のネタとなる要素が含まれているといえよう。もちろん、町田市以外の議員であっても、町田市報告書の分析の視点で自分の所属する自治体の質問を組み立てることも可能だ。ぜひとも、これを機会に読者には、町田市に限らず、他市の包括外部監査報告書のご一読を強くオススメする。

　これだけ有用な包括外部監査契約であるが、実際には広がりを見せていないようだ。その最大の理由は、高い費用と人材確保の困難さにあるといえよう。所沢市の場合も、包括外部監査人に対して、年間約1,000万円を支出していた。また、監査人は、弁護士や公認会計士など、専門性のある人材に任せることが多いため、その確保も課題のようだ。そのため、ある程度の規模以上の自治体に契約締結が限定されてくるのだろう。

　結局、外部監査制度の導入だけでは、まだまだ監査制度の充実が不十分という反省から、2017（平成29）年、地方自治法の改正に至ったのだろう。制度の改正も重要だが、本来は今ある制度を、例えば包括外部監査制度などは典型であるが、もう少し有効活用すべきだ。

3　町田市「包括外部監査の結果と措置進捗状況」（https://www.city.machida.tokyo.jp/shisei/gyousei/keiei/gaibukansa/kekka_shintyoku.html）〔2021年2月2日最終確認〕

| 第9節 | それでも議選監査委員制度を廃止したいなら、保障措置を |

　議会とは、当たり前だが住民のものであって、議員のものではない。議選監査制度の継続は、住民の利益を守るためである。しばしば、「議会はコストセクター」ととらえる意見に出くわすことがある。なるほど、身近な地方議員を見渡してみると、そのような思いにとらわれてしまう気持ちもわからなくもない。しかし、制度として議会を考えた場合、行政の不条理や不合理に対抗する力を有しているのが議会であり、議員である。筆者は、現在議員ではなくなったため、住民として、行政のおかしなやり方に異を唱えようとしても、できることは限られていることを痛感している。

1　実地検査権や少数派の行政調査権の付与を検討すべき

　議選監査制度廃止は、住民の権限の一部を奪う行為に等しいのだ。それでもなお、議選監査委員制度を廃止するなら、議会の権限保障のみならず、住民の権限を保障する意味でも、代わりの制度を確保、保障すべきである。

　まずは、実地検査権の付与と、付与のための条例制定である。また、現状では、多数決若しくは全会一致則に縛られて、少数派の行政調査権（以下「少数者調査権」という）が制限されているが、少数者調査権も確保することである。これらの制度は筆者独自の考えではなく、去る2018（平成30）年8月11日、山梨学院大学にて「自治体学会議員研究ネットワーク2018研究フォーラム」（主催：自治体学会議員研究ネットワーク、ローカル・ガバナンス学会）においてパネラーから提起されたアイディアである。このフォーラムは、内部統制・監査制度等の改革と住民自治をテーマに開催したフォーラムである。筆者もパネラーとして参加した。

　実地検査権については、江藤俊昭山梨学院大学教授から、少数者調査権については、幸田雅治神奈川大学教授からフォーラムにおいて提起された。

　実地検査権については、前節でもその実現の困難さをご紹介したところであるが、少数者調査権は、新たな提起であり、実現へ向けてのハードルも実地検査権に比しても低い。特に、議選監査委員制度廃止の消極的な支持者は、議選

監査委員になることが現状では極めて困難な議会内少数派である。そうした少数派も議選監査委員に選出されるような工夫が必要であるが、議会の現状から、実現は容易ではない。

その点、少数者調査権の付与というのは、国会でも「予備的調査」という先例もあるとのことなので、国会の先例が幅を利かせる地方議会においては、この概念に注目さえ集まれば、実現の可能性は高い。議会内における議選監査委員制度維持の広範な支持を得る方策としても有効性が期待できる論点である。同フォーラムにおいて、幸田教授は、「議会の少数者権について日本は非常に弱い。日本の国政調査権の行使も、過半数議決が必要。自治法の100条調査権も同様に過半数が必要」「ドイツでは国政調査権は4分の1の議決で行使できる。監視機能あるいは監査というのは問題点を是正するものだから、多数派でなければ是正できないというのはおかしい」「衆議院には予備的調査というのが認められている。委員会における議決、若しくは40人以上の議員の賛同で発動できる。国政調査権とは違って強制権限はない。当初は、公明党などが活用して実効が上がっていたが、最近では例が少なくなっている。参議院にはこのような制度はない」「条例で予備的調査のような制度を制度化する可能性はあるのではないか。しかし現状では、そういった制度を制定している自治体はない。こういった点も含めて、議会の監視機能について幅広く議論すべきである」との見解を示された。

2　見習うべき滋賀県大津市議会の議選監査委員制度廃止に伴う保障措置

法改正後、いち早く議選監査委員制度を廃止した滋賀県大津市では、制度廃止に伴う保障措置を講じた。この措置は議会の失った権能を不十分ながらも保障している。同フォーラムにおいて、大津市議会議会局次長（当時）清水克士氏は、以下のように、議選監査委員制度廃止に向けての経過について紹介されている。

「大津市議会としては、機能論の観点から議論した。同志社大学の新川達郎教授を議員研修会に招聘して、議員全員で監査のあり方についての認識を共有した。次に議選監査委員経験者にアンケートとヒアリングを行い、識見監査委員にもヒアリングをした。その結果、議選監査委員個人として得た情報を、議

会の監視機能強化に生かすことは制度上困難であり、自治法上の独立性と専門性を担保する観点から、最終的には議選監査委員制度は廃止することとした」とのことであった。

　「さらにこれまでの議論の経緯から、議選監査委員が果たしてきた役割を踏まえて、議会と監査委員との情報共有の仕組みを考えていこうということになった。具体的には、監査情報の共有という意味で、これまでも決算常任委員会において代表監査委員から意見陳述をしてもらっていたが時間的にも短かったので、今後は質疑応答も含めて半日確保するなど、議事日程の観点から充実を図ることとした。定期監査結果は、市長には年2回報告されていたが、議会には書面が回ってくるだけだったので、全員協議会で定期監査結果の報告を受けることになった。さらに、議会の情報を監査にフィードバックするために、詳細な議事日程が決まった段階で監査事務局に伝え、監査委員にできるだけ委員会傍聴に来てもらいやすくするよう措置することにした。また、本会議と委員会の会議録調製には通常3か月かかっていることから、初校の段階で内部情報として監査委員に渡すことによって、議会の議論を迅速に伝えることにした。大津市議会としては、これらの措置をもって、議選監査委員制度に代えて議会の監視機能強化を図ることになったのである」。

　議選監査委員制度を廃止するのであれば、最低限大津市議会のような保障措置をとるべきであろう。この対応に加えて、議選監査委員制度を残したなら、議選監査委員も議会から行動をチェックされているという緊張感を持って、さらに議選監査委員制度が充実したのではないかと悔やまれる。しかし、大津市議会では、条例で、議員が識見監査委員になる道をも閉ざしてしまった。最低限、識見監査委員として議員が登用できる仕組みを残しておくことが、執行部に対するけん制にもなったと思うのだが。

　現状で、議選監査委員制度を維持している議会にとっても、この大津市議会の監査委員との情報交換の試みは是非部分的にでも取り入れていくべきだろう。

終章

議会からの政策サイクルのもう一歩
──政策財務と政策法務

［執筆者］
江藤俊昭

第1節　政策財務と政策法務

1　議会からの政策サイクルを作動させるための2つの知識

　本書を通じて政策財務を議会からの政策サイクルと連結させることの重要性を強調してきた。それは二元的代表制を作動させるためである。議会からの政策サイクルは住民福祉の向上を目指すがゆえに、住民の意向を踏まえながら、執行機関を監視し、それに対して政策提言をすることが不可欠である。そのためには政策についての知識が必須である（「in の知識」）。法律知識はもちろんのこと、政策ごとに、環境、福祉、都市計画、教育等に関する知識である。これを束ねる総合計画や財政の知識も、議会からの政策サイクルの成果（政策）を創り出すに当たって必要不可欠である。これらは、一般に政策提言力・監視力といわれる能力の重要な構成要素であり、つまり政策財務や政策法務は、この「in の知識」に該当する。

　さらに、この知識にとどまらず、成果（政策）を生み出すためのプロセス（政策サイクル）の構築と改善のための知識の必要性も強調したい。これは「of の知識」と呼ばれるものであり、政策サイクルの構築・改善の知識である。執行機関の政策サイクルそして議会からの政策サイクルを作動させることが重要となっているからである。これら両者の知識があいまって、二元的代表制は作動する（図表10-1）。

　財政や法律（条例等）に関する知識は、「in の知識」である。政策財務を作動させるための知識は、それと議会からの政策サイクルの知識（「of の知識」）の結合である。

図表10-1　議会からの政策サイクルを作動させる 2 つの技術

	①議会からの政策サイクルの作動上の技術	②議会からの政策サイクルそのものの技術
知識	「in の知識」 (knowledge in process)	「of の知識」 (knowledge of process)
定義	政策決定に利用される知識	政策のプロセスの構造と動態に関する知識
学問領域	「政策分析論」「政策デザイン論」 ・政策決定のための情報分析 ・政策案の設計のための技術 ・政策の評価	「政策過程論」 ・政策決定（問題の発見・定義、政策案の設計、政策案の決定）のメカニズムに関する研究 ・政策実施のメカニズムに関する研究
主要関連学問	システム工学、政治学、経済学、法学（立法学）、個別学問（例：交通論）	政治学、行政学
議会の対応	議員・会派・委員会による学習・視察、専門的知見の活用等	

注：秋吉（2017：29）の「表　公共政策学における 2 つの知識」を基に議会の対応を追加、また「in の知識」「of の知識」の欄に「議会からの政策サイクルの作動上の技術」「議会からの政策サイクルそのものの技術」を追加した。

2　政策財務と政策法務の異同

　本書では、政策財務を軸に議会からの政策サイクルを検討してきた。今日重視されている政策法務も同様な視点から作動させる必要がある。政策法務は、徐々に開拓され議会・議員が活用できる文献も登場している（礒崎2017、津軽石2020）。本書で検討した政策財務の視点から政策法務についても確認しておきたい。政策財務と政策法務は、議会改革の第 2 ステージの重要な知識である。

　①　政策財務と政策法務には、財政や法律の知識（in の知識）とともに、それらを作動させる政策サイクルの知識（of の知識）と実践が含まれている。このことを本書では強調している。予算修正や条例提案といった政策提言は必要だが、それをさらに充実させるには、決算や現行の条例評価・首長からの条例提案への審議といった監視・評価を踏まえることが不可欠である。

②　政策財務と政策法務にかかわるに当たり、地方財政や法律知識は重要であるが、それらとともに福祉、都市計画、環境、交通、教育等といった地域政策にかかわる知識、そして自治基本条例・議会基本条例、会議規則等といった組織政策にかかわる知識が必要である（そしてこれらを統合する政策サイクルの知識）。政策財務と政策法務は、それらを含みこみながらそれらを束ねる知識形式である。政策財務と政策法務は、体系的で多様な知識の総体を意識したものである。

③　政策実現に当たって、その道具を意識する。議決権、条例提案権、検査・検閲、監査請求権、要望・意見書・提言・報告書、質問・質疑、委員会からの提言、といった道具を活用する。これらを束ねるのは、総合計画である。総合計画を意識して政策を考えるとともに、総合計画自体の改定も視野に入れる必要がある。

政策法務と政策財務を実現するには、それらの知識（in と of を含めて）だけではなく、それを実現したいという熱き想い（情熱）が不可欠である。そして、議員は選挙によって選出された公職者であるがゆえに、責任（倫理責任を超えた結果責任）を伴う。M. ウェーバーが指摘した政治家の資質（判断力・情熱・結果責任）と重なる。これらを作動させるために、議員間、議会・議員と住民、議会・議員と首長等とのコミュニケーションが不可欠である。議会の存在意義は、「公開と討議」を作動させることにより政策財務と政策法務を作動させることができる。

政策財務と政策法務は、知識形式の相違に過ぎないと指摘したが、財務と法律は全くとはいえないまでも異なる知識である。それぞれの知識を学び実践することが必要である。政策財務を本書では議論してきたが、本書を閉じるに当たって、今日脚光を浴びている政策法務と議会の関係、より正確には議会からの政策サイクルを政策法務に活用する手法を検討したい。議会改革の動向を踏まえて、政策法務の展開を議会側から、つまり議会の政策法務を考えることである。

第 2 節　議会の政策法務

1　議会改革と政策法務

　議会改革は、地方分権時代に展開してきた。それと平行するように自治体（この場合は首長等）の政策法務は急展開している。議会改革は、その動向と並走している。議会の政策法務の進展や課題を、議会改革の進展の動向を踏まえて考えたい。

　議会は、地域の新しい課題に応えなければならないし、今日試行錯誤しながらこの課題に応えつつある。もちろん、法令には従わなければならない。その論点について「禁止されていないものは自由にやっていいのか」という問いに、総務省行政課長は「具体的には、個別に考えなければいけませんけれども、一般論としてはそういうことになります。」（第29次地方制度調査会第11回専門小委員会議事録）と答えている。総務省が自治法の唯一の解釈者ではないとしても、この解釈は新しい時代に即したものであり、大いに歓迎すべきである。

　議会としてかかわる政策法務には、「議会への（議会に関する）政策法務（組織法務）」と「議会による（政策過程における）政策法務（地域政策）」という２つの側面がある（江藤2011、ここではほとんど議論できないが、議会からの政策法務（議会からの法改正に係る提案）も念頭に置いている）。前述したように、知識には２つの領域がある（秋吉2017）。政策を産出する上で活用する知識である「in の知識」。法律知識はもちろんのこと、政策ごとに必要となる福祉、都市計画、教育等に関する知識である。もう１つは、この知識にとどまらず、政策（生産物）を生み出すためのプロセス（政策サイクル）の構築と改善のための知識（「of の知識」）である。善き政策の産出には、議会からの政策サイクルの構築こそが主題化されなければならない。「of の知識」は、そのプロセス（議会からの政策サイクル）を設計するために必要となる知識である。政策法務も、この２つの知識の中に位置付けられる。議会による政策法務は「in の知識」及び「of の知識」両者とかかわることは理解しやすいと思

われるが、議会への政策法務も同様である。

2　議会にかかわる2つの政策法務

①　議会への政策法務（新たな議会運営の転換）

　まず、議会の組織運営にかかわる側面である議会への政策法務を考えよう。新しい議会運営を踏まえて、自治・議会基本条例が広まり、それが議会の組織運営の新たな課題を呼び起こす（江藤2018）。執行機関と議事機関との新たな関係（例えば自治法96②の追加の範囲、出資法人への調査の範囲）を問うこともその1つである。また、議員報酬・定数等の議会の組織運営にかかわる事項を住民自治の視点からどのように考えるかといった課題など、議会への政策法務の領域は広がっている。

　議会への政策法務として、まず議会の組織運営を規定している議会基本条例（議会条項が多いとすれば自治基本条例）が取り上げられる。議会基本条例を制定した自治体は900に近づいている。まさに、バクハツという状況である。これは、制定自治体数の増加だけを意味しているのではない。議会基本条例に含まれている議会運営は、自治の理念と運営を宣言し明文化しているからである。

　多くの議会基本条例が規定しているように、この条例は議会の組織運営（したがって自治の運営）の最高規範であり、憲法・法令の解釈基準である。議会基本条例は、議会運営の体系性、透明性、最高規範性を有したものである。

　同時に、議会の組織運営を基本条例に昇華させたことは、議会が住民代表機関であることを再確認したということでもある。

　議会の組織運営に関しては、議会運営を活性化させる意味では自由な解釈が可能だ。歳費（北海道福島町議会基本条例14）といった自治法の名称（議員報酬（自治法203））と異なる用語を用いること、また参画を奨励する規則の制定（福島町、自治法上は傍聴人に関する規則（自治法130））のように自治法の規定とは異なる規則を制定すること、また議会の附属機関といった自治法には明記されていない機関を設置すること、などを想定している。このように住民自治を進めるためには、議会運営の法律の趣旨を活かしながら解釈することも必要である。

②　議会による政策法務（議会からの政策サイクルにおける政策法務）

　議会による政策法務は、地域政策に議会がかかわる側面である。議会は追認機関を脱して、政策サイクル全体にかかわるようになってきた。その際、執行機関の政策サイクルとは異なる特性を活かした政策サイクルへのかかわり方が模索されるようになる。そこで、住民参加と討議を通じての総体的・相対的判断という議会の特性から、議会による政策法務の特徴を浮き彫りにする。

　議会からの政策サイクルの中に、議会による政策法務を位置付ける。たとえば、環境、都市計画、福祉、教育といった分野において、規制とともに誘導（補助金等の経済的誘導、及びそれを含まない正統性を重視する非経済的誘導（価値的道徳的なもの）を含む）といった手法が活用される。これら政策形成だけではなく政策過程全体を政策法務から考えることが、議会による政策法務である。この文脈では、「中央照会型法務」（兼子仁）を脱して、「執行法務」「評価・訴訟法務」「立法法務」から執行機関による政策法務を豊富化してきた蓄積を活用する。とはいえ、同じ視点からではなく、住民代表機関であり合議体である議会の特性を活かしたものになる。

　議会による政策法務といえば、まずもって議員提出条例が想定されるが、議員提案条例にのみスポットが当たることには違和感がある。まずもって、首長から提出される議案審査の意義を強調してもし過ぎることはないであろう。もちろん、議員提案条例を否定するものではない。

　今日その数は増加している。議会が議決機関、監視機関だけではなく政策提言能力を有する議事機関（憲法93）であることからすれば、こうした傾向は高く評価されるべきである。条例を議員が提出することによって、議員のその経験が執行機関から提出される膨大な議案に対する監視能力を飛躍的に高める。また、三重県議会の議員提出条例に係わる検証検討会のように、議員が提出して制定した条例のフォローアップをすれば、議員の政策法務能力を高めるとともに、条例に責任を持つ議会のイメージの浸透に役立つ。

　本書では、議員・会派の想い（公約）から出発する議員提出条例の意義は十分認めつつも、執行機関とは異なる議会の特性を活かした議会による政策法務を強調する。

　合議体という議会の特徴から、縦割りの専門性ではなく全体を視野に入れた

総体的・相対的判断からの政策法務となる。しかも、それは、今日の議会改革
の水準からすれば、議会の独善的判断ではなく、議会報告会や意見交換会と
いった議会への住民参加を踏まえたものである。住民参加を踏まえた議員同士
の討議を通じて、優先順位をつけ、少数者の見解も重視し、適切な時期を選択
することになる。

　同時に、その場合でも議会事務局を想定すれば理解できるように、執行機関
と比較すれば、議会による政策法務を進める上での資源は脆弱である。

　合議体と資源の脆弱性という2つの要素を考えると、議会はまず総合的な政
策にかかわるべきであろう（本書序章参照）[1]。総合計画条例の制定にとどま
らず、その策定自体にかかわる。全体を見回しながら、現存していても不備の
ある条例等をあぶりだすとともに、条例化されていない場合には新たな条例の
提案をする（江藤2011）。法令の縛りがあり条例化できないもの、現行では時
代遅れなど不備のあるもの、首長からは提案されにくいもの、がある。後二者
は、まずもって議会として検討する必要がある。

第3節　法改正を議会改革に活用する

　地方分権改革以降の自治法改正（議会制度、あるいは議会・議員にとって重
要なもの）をまとめたものが図表10-2である。これらを議会改革のさらなる展
開に活用したい。自治法等の一部改正（2017年）を素材に議会による活用を示
している（図表10-3）。活用していただきたい。

図表10-2　議会にかかわる主な制度改革

・議会制度に関する改正
議員の議案提出要件及び修正動議の発議要件の緩和（1999年）、政務調査費の制度化、意見書の国会提出、常任委員会数の条例化（以上2000年）、議員派遣の制度化（2002年）、議会の定例会回数の条例化（2004年）、議長に議会招集請求権付与、専門的知見の活用、議員の複数委員会の所属可能、委員会に議案提出

1　執行機関の執行の論理、タテ割り、豊富な資源に対して、住民目線、多様性、脆弱な資源といった議会の特
　性を踏まえれば、議会は包括的ではなく全体性の視点から政策にかかわる。

権の付与、専決処分の明確化（以上2006年）、全員協議会等の制度化、議員報酬
への名称変更と規定の明確化（以上2008年）、議員定数の上限値の撤廃、法定受
託事務の議決事件の対象化、共同設置に議会事務局等を対象化（以上2011年）、
専決処分の厳格化・首長の対応、議会招集に当たって首長が招集しない場合に議
長に招集権を付与、条例で定例日を定めて定期的に議会を開催することのできる
通年期制の導入、政務調査費の政務活動費への変更、本会議でも公聴会開催・参
考人招致（以上2012年）、議選監査委員の選択制、決算不認定の際の首長の対応
（2017年）

・議会・議員に比較的関連のある改正
指定管理者制度の導入（2003年）、市町村の基本構想の法定化の廃止（2011年）、
議員年金制度の廃止（2011年、地方公務員等共済組合法）

図表10-3　2017年自治法改正項目と議会力アップ

改正項目		議会の関わり
議会の監視力アップ	・内部統制方針策定 ・監査基準策定 ・監査委員による勧告制度	策定の内容は妥当か 方針、基準、勧告を参考に監視を行う ＊市町村でも策定する提案 ＊議会でも内部統制の方針の策定 ＊監査基準の策定に当たって国の「関与」は妥当かどうかの検討、問題があれば国に意見書提出
	・決算不認定の場合の首長から議会等への報告規程整備	予算審議に活用
監査委員との連動による監視力アップ	・監査委員の議選廃止（選択制）	監査委員制度、議選の役割等を議論 議会としての監査機能を充実させる 監査委員との連動を模索する
	・議選の監査委員の継続（選択制）	監査委員制度、議選の役割等を議論 議会及び監査委員との連動を模索する
住民福祉への連動を意識する	・地方独立行政法人の業務への窓口関連業務等の追加 ・体制整備（業務方法書への記載の義務付け）	（活用することを検討する場合（選択制）） アウトリーチ（窓口業務が地域の課題を発見する） 機能の弱体化を招かないか（委託も含めて） 雇用者が「安上がり」の給与により地方創生に逆行しないか （活用した場合） 上記の点とともに、業務方法書等を素材に監視

住民への 説明責任	・首長等の損害賠償責 任の見直し ・損害賠償請求権を放 棄する場合、監査委 員からの意見聴取	賠償責任額を限定する条例についての住 民に対する説明責任 損害賠償請求等の放棄の議決の際には、 住民に対する説明責任（賠償責任額の限 定以上に放棄する根拠）

　もちろん、議会力アップに係る要素は、これらのチェック項目だけではない
が、2017年の自治法等改正だけでも活用できる項目は多い（江藤2017）。とは
いえ、これを実現するには条件が整備されなければならない。議会事務局、政
務活動費、議会図書室といった条件である（江藤2012）。それらは、議会の政
策法務の充実にとっても必須である。

第4節　議会による政策法務の誤解
——議員提案条例だけを目標にすべきではない

　地方分権改革によって自治体の政策法務が重要になった。これを強調し過ぎ
ることはない。中央集権から解放され、自治体による独自条例が脚光を浴びて
きた。そして、行政だけではなく、議会でも条例制定を、という議論が広がっ
ている。その流れで議員・委員会による条例提出・制定は評価されている[2]。
議会からの政策サイクルの質ではなく、議員提案条例の件数で議会改革を判定
する思考がマスコミ等を中心に広がってきた。議会の監視機能がなかなか見え
にくいことがこれに拍車を掛けている。このために、重要な条例と、（宣言で
もいい）どうでもいい条例が混在することになる。

　議会の政策法務のうち、「議会による政策法務」は単に議員提案条例数だけ
で評価できない。より正確には、議案として上程される条例案のほとんどが首

2　政策法務の大きな潮流の1つに、自治体職員によるものがある。この潮流は、「現職自治体職員及び職員を経
　て大学教員となったものの存在感が圧倒的という点で、特徴的な法学分野である」（北村　2019：17）。「そこ
　で重視されていたのは、法令の自治解釈及び条例を中心とする自治立法である」（北村　2019：13）。ここで
　は、自治体の条例制定に力点がおかれる。念頭にあるのは、自治体の独自条例、したがってそのほとんどは
　首長提案条例である。これを議会にあてはめた場合、議員・委員会提案条例も高く評価される。筆者は、議
　員・委員会提案条例の意義を認めるとしても、議決責任を重視する議会にとって、議案審査（そのほとんど
　の議案は首長提案）の意義も強調したい。もちろんそれでも、「法令の自主解釈及び条例を中心とする自治立
　法」能力は制定と審査いずれにおいても不可欠である。

長提案であることを考慮すれば、議員提案条例制定とともに（より正確には比重を移動させながら）、まずもって首長提案条例案の審議の充実を図ることが必要である。そのためには、議案には政策情報が添付されることが不可欠である（栗山町によって発見された「町長による政策等の形成過程の説明」「予算・決算における政策説明資料の作成」の活用（栗山町議会基本条例6、7））。それらを活用し、質疑・議員間討議を通して論点整理を行い、修正・附帯決議などを考慮する。今後この過程を充実させるには、首長による議案提出予定の年間スケジュール情報を議会も得て、委員会活動等によって準備を進める必要がある。

　なお、新規に上程される議案を念頭にここまで議論してきたが、既存条例についても議会は責任がある。議会として全面的にかかわることは、議会が有する人的物的資源等を考慮した場合、難しいことも多い。そこで、重要条例については、見直し規定を附則等に挿入し、首長側で定期的に見直しを実施し、議会に報告する義務を課す仕掛けを検討することも必要である。

　議会の地域政策力向上、つまり「議会からの政策サイクル」を作動させる際には、「議会」の特性を確認すべきである（序章参照）。執行優先に対する住民意向の重視、タテ割りに対する総合性、豊富な資源に対する少ない資源、これらを考慮すれば議会は全てにかかわれるわけではない。住民意向を踏まえた総合的視点からの作動が主となる。議員個々の意向は尊重すべきであるが議会として、ニッチ（隙間）、総合計画等を集中的に担うことになる。

第5節　住民の意見は提案・監視の素材の宝庫

　住民の要望・提案は、議員や議会の提案・監視力を高めるということを強調したい。個々の議員による支援者等からの要望も議員の提案・監視力に当たっての重要な素材である。今日、議会報告会や住民との意見交換会が広がっているが、そこでは広報とともに広聴が重視されている。それは議会として住民の要望・意見を受け取り、行政等への提案の素材とするためである。重要な点は「機関」として聴くということで、これにより説明責任が生ずる。また、機関

として広聴することにより、議員間に共通認識が生まれるということも重要な
ポイントである。共感の空間を創出する場となる。

　このように、住民の要望・意見は政策形成に当たっての重要な素材である
が、この素材をより積極的に位置付けたのが犬山市議会の市民フリースピーチ
制度である。公募市民が議場で市政に関する提案を行い、それを市民からの提
案として議会審議に活かすというものである。議場が開放され、発言する市民
は主権者そのものとして登場した。一方的な提案ではない。提案後に議員から
の質問を受ける。その議員とのキャッチボールによって提案内容はより明確に
なる。まさに、議場が市民と議員との討議空間となった。その提案を受けた議
会は同じ会期中に開催される全員協議会における議員間討議によって、その後
の対応を議論する。その提案を委員会所管事務調査とする場合、一般質問の素
材にする担当議員を決める。ここでは市民が議会のシンクタンクとして位置付
けられている。一般質問の意味転換も必要である。一般質問は、従来あくまで
議員個人としての提言だった。犬山市議会では市民からの政策提言を議会とし
て精査し、所管事務調査あるいは一般質問に振り分ける。ここでは一般質問は
議員個人から議会の質問へと転換している。市民フリースピーチ制度は、一般
質問を「議会の代表質問」にした。議会運営の大きな展開である。

　さらに、一般質問の反省会を行い、追跡調査を行う議会、所管事務調査の
テーマとする議会も増加してきた。また、委員会代表質問を採用している議会
もある（例：可児市議会）。住民の要望・意見には議会・議員の政策化に当
たっての重要な「種」がちりばめられている。まさに宝庫である。

＊　＊　＊

　議会の政策財務を充実させるには「in の知識」及び「of の知識」両者と、
その連動が必要である。同時に、二元的代表制を作動させるには、議会の政策
法務も不可欠である。これも両知識とそれらの連動が必要である。議会の政策
法務でも、政策財務と同様に、提案は重要であるが議会の監視の重要性を再確
認して欲しい。

〔参考文献〕

秋吉貴雄（2017）『入門 公共政策学』中央公論新社

江藤俊昭（2011）「議会の政策法務」北村喜宣ほか編『自治体政策法務』有斐閣

江藤俊昭（2012）『自治体議会学』ぎょうせい

江藤俊昭（2017）「地方自治法等の一部改正と住民自治（上）（下）——議会による活用の可能性を探る——」『議員 NAVI』2017年6月26日、7月10日

江藤俊昭（2018）「地方議会改革と議会基本条例」『自治体法務研究』2018年夏号（No.53）

北村喜宣（2019）「『平成』の政策法務」『自治体法務研究』2019年冬号（No.59）

自治体議会政策学会監修、礒崎初仁著（2017）『自治体議員の政策づくり入門——「政策に強い議会」をつくる——』イマジン出版

津軽石昭彦（2020）『「生きた」議員提案条例をつくろう』第一法規

おわりに

　議会改革は進展している。運営改革（形式的改革）から、住民の福祉向上を
実現する改革（実質的改革）を実践する議会も登場している。議会改革の本史
の第2ステージへの突入である。議会の監視・政策提言機能を開花させること
でもある。そのために開発されたのが議会からの政策サイクルである。本書は
これを充実させることを目指している。監視・政策提言機能の強化には、政策
法務と政策財務の充実が重要である。議会・議員がかかわる政策法務の重要性
は、徐々に広まってきた。残念ながら政策財務についての研究・実践は蓄積さ
れていない。地域経営にとって財政は重要であり、財政民主主義は強調される
ものの、その実質化の議論は弱い。その穴を埋めるために編まれたのが本書で
ある。議会・議員が財政（そして総合計画）という地域経営の本丸にかかわる
手法を開発する。

　本書の特徴を改めてあげておこう。

①　地方財政に関する研究蓄積は豊富にある。住民や議会・議員が活用する
　　には、それを踏まえてその活用手法を含めて会得する必要がある。議会・
　　議員、そして住民の立場から地方財政、政策財務を理解する書としてい
　　る。その上で本書では議会からの政策サイクルを軸に検討している。

②　議会からの政策サイクルというと、政策提言をイメージしやすいが、そ
　　れを実質化するには監視を踏まえた上での政策提言が有効である。これ
　　は、政策財務だけではなく、政策法務にも有効な視点である。監視からの
　　政策提言を重視するが、政策財務については、決算からの予算提言、そし
　　て予算審査といった一連の流れだけではなく、現行の予算執行も視野に入
　　れている（昨年度（決算）、来年度（次期予算）だけではなく、執行され
　　ている予算といった三層）。

③　議会からの政策サイクルという道具を軸に政策財務の充実手法を開発す
　　る。機関として作動させる手法である。これを展開させるには、このサイ
　　クルの精緻化とともに、議員力の向上が不可欠である。議員力の向上に
　　は、第一部とともに、第二部、第三部の実践事例で瞬発力を養うことを目

指している。

　本書の特徴は、これらにとどまらない、実践的な活用を目指していることから、索引を充実させている。また、細目次を掲載しているのもこのためである。

＊　＊　＊

　2020年、新型コロナウイルスが世界をおそった。自治体議会の成熟度があぶりだされた。本書の主題は、危機状況でも活用できる。新川達郎・江藤俊昭共著『非常事態・緊急事態と議会・議員』（公人の友社、2020年）では、「おわりに」において、次のように強調している。

① 　議会活動は不要不急ではなく、冷静に判断し行動できる必要緊急な活動である：行政は対応にアップアップするとともに、場当たり的対応を行う首長もいる。個々バラバラに議員が行政と対応するのではなく、議会という機関として対応する必要がある。

② 　議会運営の再検討：一般質問は重要ではあるが、議案審査がより重要である。議案審査の際、首長等は出席せずとも審議可能であることを再確認すべきである。

③ 　オンラインなどの活用は重要であるが、議会は「公開と討議」が原則：議員間の議会運営だけではなく、住民とのコミュニケーションを常に意識して新たな道具としての活用を模索したい。

④ 　非常事態への対応の制度化：災害対策基本条例制定、議会 BCP 策定などの体系的な制度化を事前に行う必要がある。

　政策財務に関して、④は異質だと思われるかもしれないが、事前の準備ということでは考慮されるべきである。本書に通底する議会からの政策サイクルは、通常状況だけではなく、危機状況でも大いに活用できる。より正確に言えば、非常事態だからこそ政策法務や政策財務を作動させる必要がある。

　さらに、苦しんでいる住民に対して自治体の役割を明確にし、必要があれば住民に何らかの要請を行う場合には条例が必要だ。長野県の新型コロナウイルス感染症等対策条例は、感染拡大防止策とともに、限定的ではあるが「人の往来を誘発させる施設」の使用制限などを遠回しながら規定している（6条）。また、経済的な支援（7条）や患者、医療関係者等への配慮（10条）も規定さ

れている。新型コロナウイルス感染拡大防止のためのクラスター対策等に関する条例でも、クラスターが発生した施設の所有者に使用禁止と調査の協力を義務付けている。33の県と市町ではこれらの対応条例が制定されている（『朝日新聞』2020年12月13日）。

コロナ禍に対応するための財源として国からは「新型コロナウイルス感染症対応地方創生臨時交付金」が交付された（令和2年度第1次〜3次補正予算計4.5兆円）。各自治体は創意ある政策を実施しているといえる。しかし、中には、差別や誹謗中傷の是正のための「誓いの鐘」を設置する（その後、撤回）など、首をかしげたくなる提案もあった。

当初予算も補正予算も、首長が提案するが、議決し責任を持つのは議会である。議会が審査・審議をしっかりやることが、翻って、住民の福祉向上につながるのである。それを専決処分（議会に議案を提出せずに首長が専決するという現行法律では厳格化されている首長の権限）で行ってしまえば、よりよい財政の使い方を議論する場を失うことになる。

日頃から「住民自治の根幹」としての議会の役割、そしてそれを作動させる議員の役割の自覚が必要である。

＊　＊　＊

本書は、ウェブマガジン『議員NAVI』において特集された論稿を中心に構想された。特集では、決算審議（審査）・予算審議（審査）を扱ったが、政策財務にかかわる先駆議会の動向を読者に伝えることを企図していた。これに、特集掲載と重なるように、財政にかかわる議員の役割について実践的な紹介をペンネームで書いていた論考を含めることにした。議員が政策財務にかかわる際に悩み、それを解決する「瞬発力」を読者に追体験していただきたいからである。同時に、財政についても議員力を高めるための理論化を精力的に行っている新川達郎先生に相談して、第一部として掲載できることになった。これによって、基礎編から応用編、さらには先駆編まで、総体的に把握できる一冊となった。

第一法規（株）編集第二部の石川智美さんには、『議員NAVI』の掲載時からも大変お世話になっていた。同時に、出版事情の厳しい折、またコロナ禍で大変な時期に住民自治を進化させる本書の出版を地道に計画していただいた。

この場を借りて感謝したい。

　議会改革の進展によって「眠れる獅子」が動き出した。その獅子である議会・議員が、毅然と凛々しく「住民自治の根幹」として活動する矜持を保つには理論と実践が不可欠である。本書がそのための一助となれば幸いである。

2021年1月2日

編著者を代表して

江藤俊昭

初出一覧

・序章 （江藤俊昭）
　書き下ろし
・第 1 章（新川達郎）
　『地方議会人』「議員研修講座『具体例から学ぶ地方財政の基礎知識』第 1
　回〜第12回」2019年 6 月号〜2020年 5 月号。
・第 2 ・ 3 章（新川達郎）
　『地方議会人』「議員研修講座『議会と予算決算』第 1 回〜第12回」2018年
　 6 月号〜2019年 5 月号。
・第 4 章（江藤俊昭、湯澤啓次）
　ウェブマガジン『議員 NAVI』「特集　はじめての議案審査　決算編」
　2019年 7 月10日、 8 月13日。
・第 5 章（江藤俊昭、清川雅史、川上文浩）
　ウェブマガジン『議員 NAVI』「特集　はじめての議案審査　予算編」
　2020年 1 月10日、 2 月10日、 2 月25日。
・第 6 章（江藤俊昭）
　『ガバナンス』2018年 3 月号〜2019年 4 月号、『山梨学院大学　法学論集』
　第85号（2020年 3 月）。
・第 7 章（桑畠健也）
　ウェブマガジン『議員 NAVI』「特集　はじめての議案審査　決算編」
　2019年 8 月27日、「特集　はじめての議案審査　予算編」2020年 2 月25日。
・第 8 章（桑畠健也）
　ウェブマガジン『議員 NAVI』「予算修正のすゝめ」2018年 2 月〜2019年
　 5 月。
・第 9 章（桑畠健也）
　ウェブマガジン『議員 NAVI』「議選監査のすゝめ」2016年12月〜2017年
　12月。
・終章（江藤俊昭）
　書き下ろし

（注：大幅に加筆・修正しているものもある）

〔編著者〕

江藤俊昭

山梨学院大学法学部教授　博士（政治学）

中央大学大学院法学研究科博士後期課程満期退学。

第 29 次・第 30 次地方制度調査会委員（内閣府）、「町村議会のあり方に関する研究会」委員（総務省）、全国町村議会議長会「議員報酬等のあり方に関する研究会」委員長等を歴任。現在、マニフェスト大賞審査委員、全国町村議会議長会特別表彰審査委員、全国市議会議長会 90 年史編纂委員会有識者会議座長、議会サポーター・アドバイザー（北海道栗山町、同芽室町、滝沢市、山陽小野田市）等。

主な著書に『議員のなり手不足問題の深刻化を乗り越えて』（公人の友社）、『議会改革の第 2 ステージ―信頼される議会づくりへ―』（ぎょうせい）、『自治体議会学』（ぎょうせい）、『非常事態・緊急事態に議会・議員はどう対応するか』（新川達郎・江藤俊昭、公人の友社）、『自治体議会の政策サイクル』（編著、公人の友社）など多数。

メール：teto0717@gmail.com

新川達郎

同志社大学大学院総合政策科学研究科教授

早稲田大学大学院政治学研究科博士課程、東京市政調査会研究員、東北学院大学法学部助教授、東北大学大学院情報科学研究科助教授等を経て現職。専門は行政学、地方自治論、公共政策論。

地方公共団体情報システム機構代表委員（2020 年 3 月まで）、消費者委員会委員・地方消費者行政専門調査会委員、公益財団法人京都地域創造基金理事長、一般財団法人地域公共人材開発機構理事長、LLP 議員力検定協会共同代表、政治社会学会会長、元日本公共政策学会会長、元日本計画行政学会副会長等。

主な著書に『公的ガバナンスの動態研究』（編著、ミネルヴァ書房）、『政策学入門』（編著、法律文化社）、『京都の地域力再生と協働の実践』（編著、法律文化社）など多数。

メール：tniikawa@mail.doshisha.ac.jp

〔執筆者〕

川上文浩

可児市議会議員、元議長

1960 年生まれ。可児市議会議員 4 期目。国際医学総合技術学院放射線科卒、診療放射線技師。現在は有限会社ファインフード代表取締役。一般社団法人可児青年会議所 25 代理事長。議長を 3 期務める。

清川雅史

会津若松市議会議長

1961 年生まれ。福島大学大学院地域政策科学研究科修了（修士：地域政策）。公益社団法人会津青年会議所第 42 代理事長。会津若松市議会議員 4 期目。文教厚生委員会委員長、副議長（2 期 4 年）等を歴任。2019 年 8 月から議長。

桑畠健也

元所沢市議会議員、議長。国立研究開発法人農業・食品産業技術総合研究機構（農研機構）本部 NARO 開発戦略センター主席研究員

1964 年生まれ。筑波大学博士（農学）。松下政経塾、所沢市議会議員（2004 年～ 2019 年）を経て、現職。メール：pdg02641@gmail.com

湯澤啓次

飯田市議会議長

1952 年生まれ。会社員等を経てシステムサービス会社を自営。飯田市議会議員 3 期目。社会文教委員会副委員長、リニア推進特別委員会副委員長、産業建設委員会委員長等を歴任。2019 年 5 月から飯田市議会議長、南信州広域連合議会議長。

サービス・インフォメーション

――――――――――――――――――――――――――――――― 通話無料 ―――

①商品に関するご照会・お申込みのご依頼
　　　　TEL 0120(203)694／FAX 0120(302)640
②ご住所・ご名義等各種変更のご連絡
　　　　TEL 0120(203)696／FAX 0120(202)974
③請求・お支払いに関するご照会・ご要望
　　　　TEL 0120(203)695／FAX 0120(202)973

●フリーダイヤル(TEL)の受付時間は、土・日・祝日を除く
　9:00～17:30です。
●FAXは24時間受け付けておりますので、あわせてご利用ください。

自治体議員が知っておくべき政策財務の基礎知識
―予算・決算・監査を政策サイクルでとらえて
財政にコミットできる議員になる―

2021年3月15日　初版発行

編著者　江　藤　俊　昭・新　川　達　郎
発行者　田　中　英　弥
発行所　第一法規株式会社
　　　　〒107-8560　東京都港区南青山2-11-17
　　　　ホームページ　https://www.daiichihoki.co.jp/

議員政策財務　ISBN978-4-474-07464-4　C0032　(1)